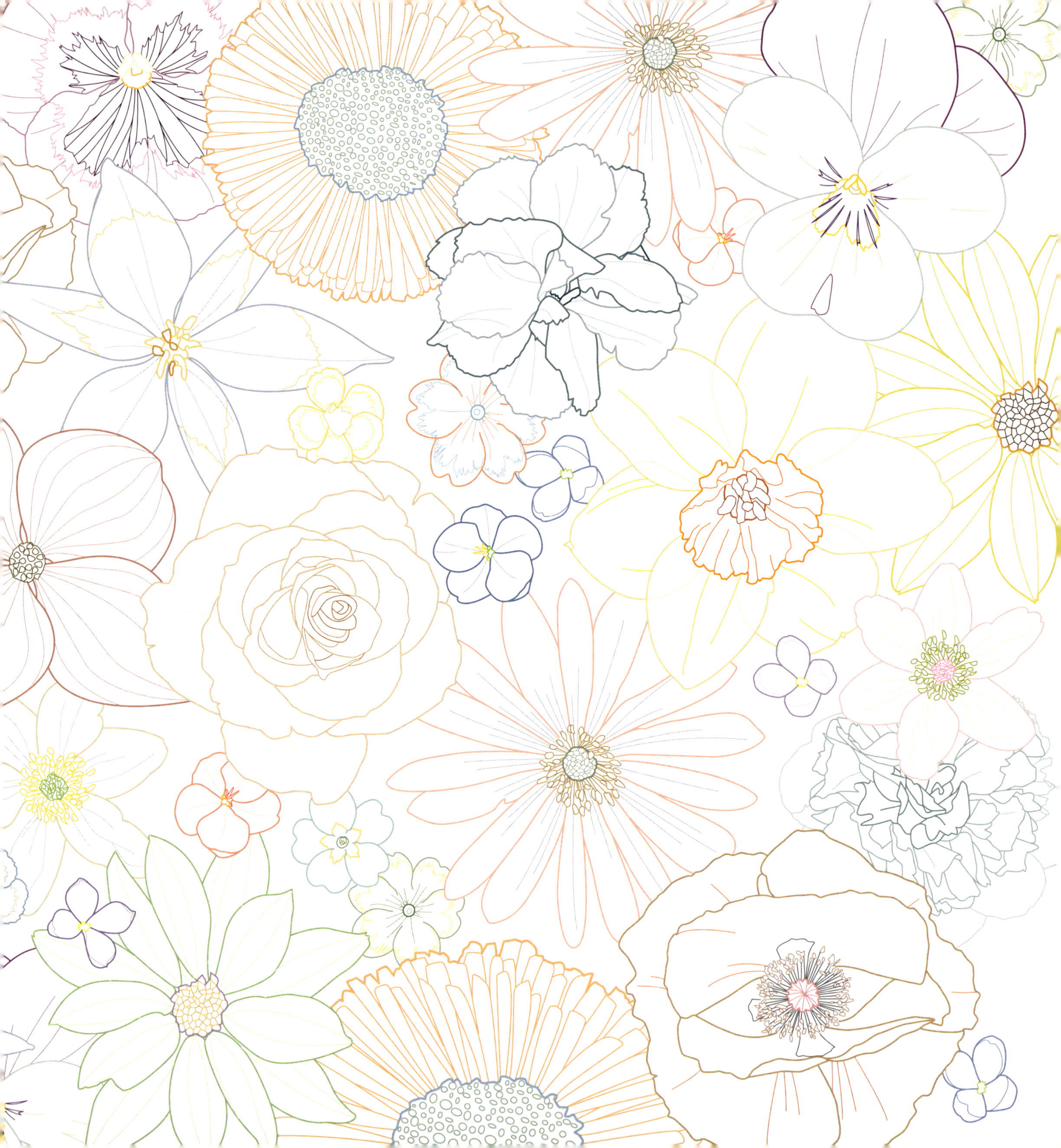

STRICKMUSTER VON ANNETTE DANIELSEN

Inspiriert von der dänischen Insel Fünen

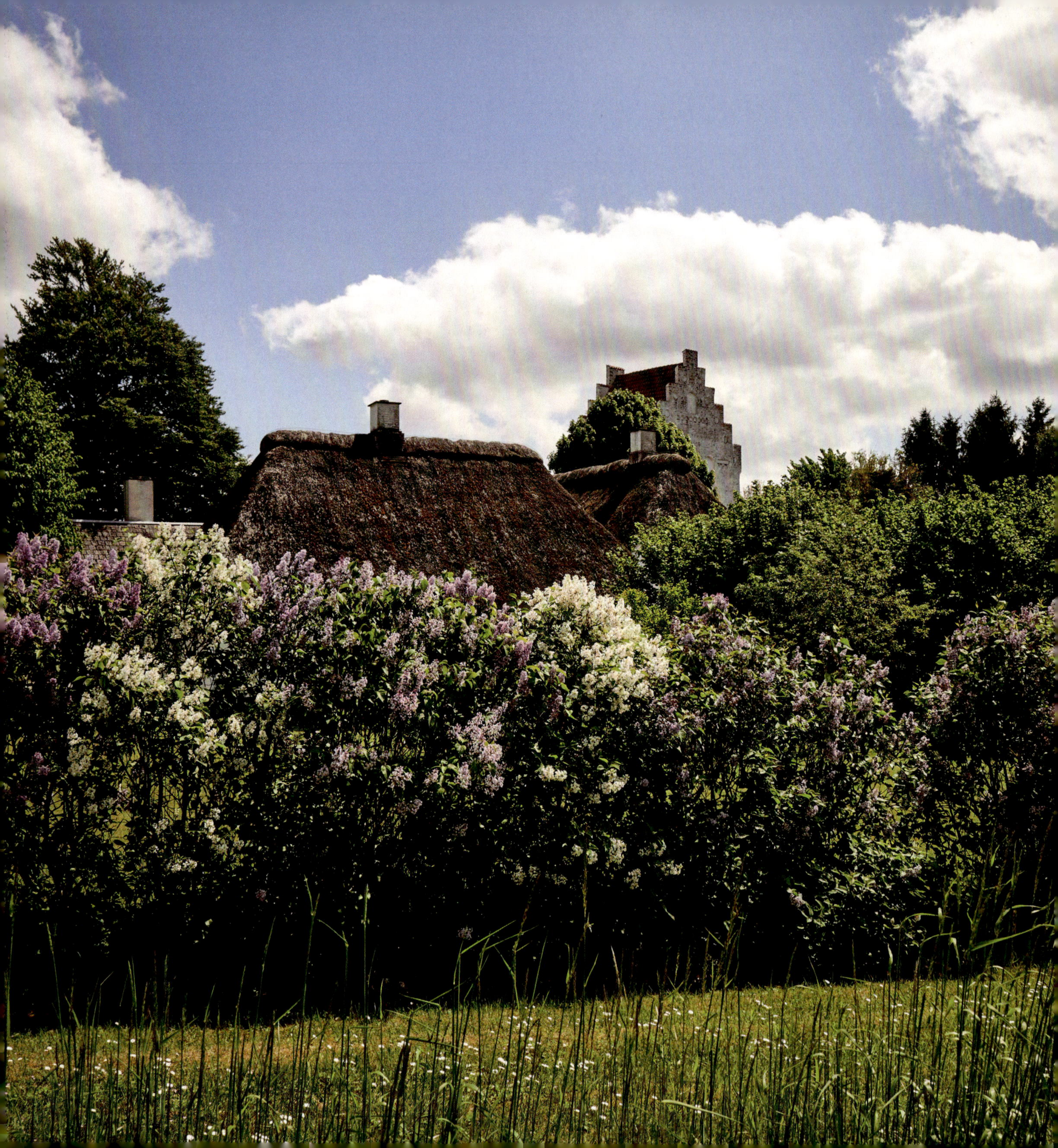

INHALT

ABKÜRZUNGEN/ ERKLÄRUNGEN

abh = **abheben**
abhFh = abheben mit dem Faden hinter der Masche
abhFv = abheben mit dem Faden vor der Masche
abk = abketten
abn/ Abn = abnehmen / Abnahme(n)
anschl = anschl
beg = beginnen
Hilfs-Nd = Hilfsnadel
Hin-R = Hinreihe = Außenseite
li = links
M = Masche(n)
Nd = Nadel(n)
R = Reihe(n)
Rd = Runde(n)
re = rechts
Rück-R = Rückreihe = Innenseite
str = stricken
U = Umschlag (den Faden von vorne nach hinten über die rechte Nadel legen)
verschr = verschränkt
wdh = wiederholen
zun/ Zun = zunehmen / Zunahme(n)
zus = zusammen
zw = zwischen

1 neue re = den Querfaden vor der nächsten M auf die li Nd heben und re verschr str
1 neue li = den Querfaden vor der nächsten M verdreht auf die li Nd heben und li str
2aus1M str = 1 M aus dem vorderen Maschenbogen re str, dann eine 2. M aus dem hinteren Maschenbogen derselben M re verschr str

KORREKTUREN

www.annetted.dk
Die Korrekturen für die dänische Ausgabe wurden in der deutschen Ausgabe bereits berücksichtigt.

VERWENDETE GARNE

Die Informationen zu den Garnen und den empfohlenen Isager-Geschäften befinden sich auf der Homepage: www.isagerstrik.dk

URHEBERRECHT

DANK

Tausend Dank an alle, die mir geholfen haben, dieses Strickbuch fertigzustellen. Mein Dreamteam: Randi, Sanne und Stine, Gitte, Signe, Bodil und meine Mutter. Ihr wisst, ich bin dankbar für Eure fantastische Stimmung, Eure Arbeit und nicht zuletzt Eure Unterstützung.

Dieses Mal bekam ich auch viel Hilfe von VisitFyn, dem Johannes Larsen-Museum in Kerteminde und den Fotografen Knud Mortensen und Henrik Kreiner, die mich mit den Fotos unterstützt haben.

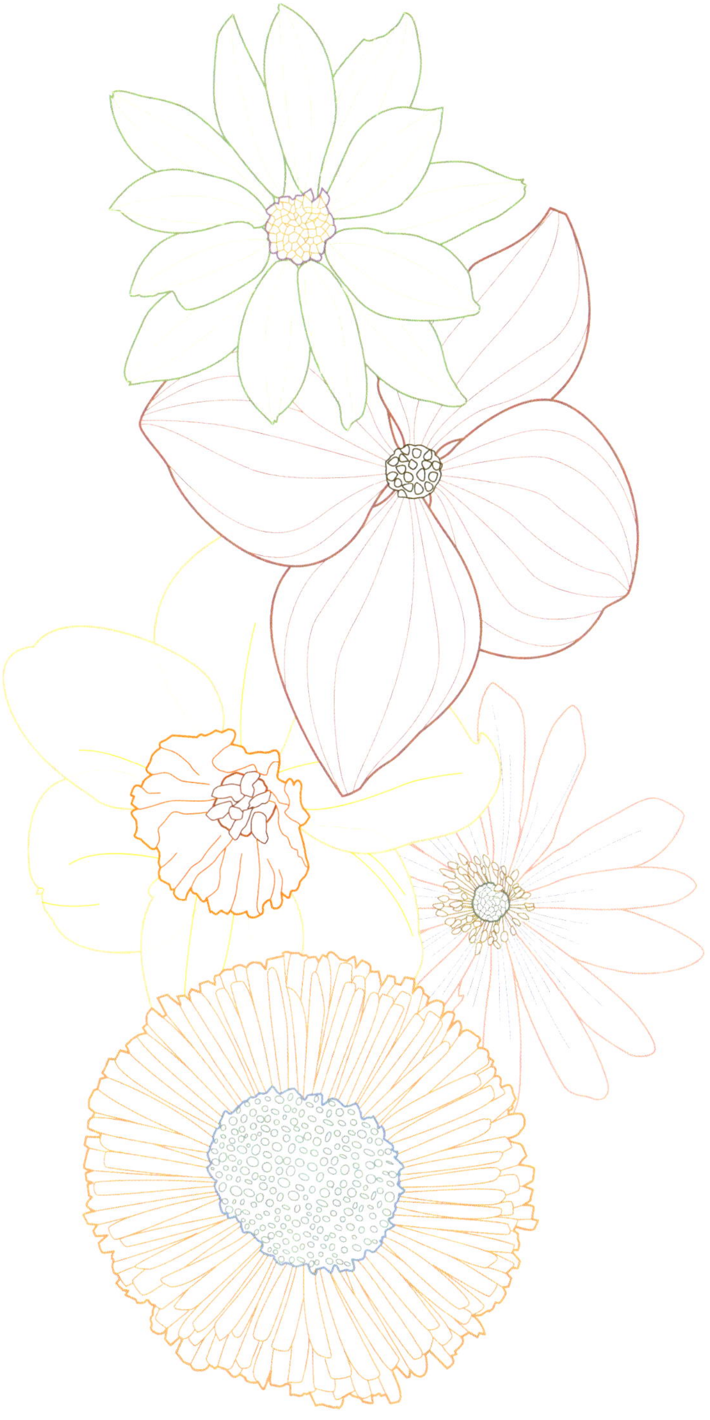

VORWORT

Ich habe oft gesagt: *„Mein Leben ist zu kurz für Fünen“*, wenn ich die Schnellfähre von Aarhus nach Odden bestieg. Aber das war früher – jetzt hat sich die Perspektive geändert. Auf unergründlichen Wegen bin ich nun ganz vertraut mit Fünen – und seinen Bewohnern geworden. Der charmante singende Dialekt lässt mich lächeln und das Tempo ist hier etwas ruhiger als ich es gewohnt bin. Der fünische Autofahrer hält sich zugunsten der Fußgänger zurück, was ich als Fußgängerin genieße, aber als Autofahrerin erst lernen musste.

Von hier aus könnte man eine Postkarte verschicken mit dem Motiv eines idyllisch liegenden Hauses, hier, wo der Weg in eine Bucht übergeht. Die Wände sind leicht schief und die Fenster recht klein. Die Tür scheint halb in die Knie zu sinken und dort steht ein Hund und bellt, die kleine Kreatur. Unter dem Dach zwitschert die Schwalbe, während die Sonne untergeht.
Eine Postkarte, die ein ganz kleines Märchen von H. C. Anderson erzählen könnte.

Es sollte ein Buch über Fünen werden und die fünische Inspiration hat sich in Strickpullover verwandelt.
Mithilfe ortskundiger Strickerinnen habe ich Orte, Geschichten und Aussichten gefunden, die nach einer Umsetzung in ein Strickprojekt gerufen haben.
Es gibt noch so viel mehr auf Fünen, das gerne gestrickt werden würde, aber das wird auf ein anderes Buch warten müssen.

Wenn Du das nächste Mal quer durch das Land fährst, solltest Du den Weg über Fünen und abseits der großen Autostraßen nehmen. Plane einen zusätzlichen Tag ein und genieße die schöne Natur von Fünen.

Viel Strickvergnügen wünsche ich Euch allen.

Die besten Grüße von Annette

EIN WORT ZU STRICKPROBEN

Ihr solltet Strickproben anfertigen!

Erledigt es jetzt. Ihr müsst viele Stunden stricken, also warum solltet Ihr riskieren, einen Pullover fertigzustellen, mit dem Ihr nicht zufrieden seid? Denkt daran, dass Ihr gerne strickt und eine Strickprobe maximal eine Stunde dauert. Trinkt in der Zwischenzeit einen guten Kaffee, esst etwas Leckeres und genießt es.
Erst wenn die Strickprobe passt, startest Du Dein Projekt. Bewahre die Strickprobe auf, um beim Stricken immer wieder vergleichen zu können. Überprüfe die Maschenprobe Deines Strickprojektes zwischendurch 5-mal.
Wenn das Stricken beendet und der Pullover komplett fertiggestellt ist, spüle ihn in lauwarmem Wasser aus. Schleudere in der Waschmaschine vorsichtig möglichst viel Wasser aus und wenn in der Anleitung nichts anderes steht, lege den Pullover zum Trocknen flach aus und ziehe ihn in Form.

So geht's:
So viele Maschen wie die Maschenprobe angibt + weitere 6 Maschen anschlagen – so kannst Du innerhalb der äußeren Maschen messen. Stricke 13 cm, damit Du innerhalb der ersten und letzten Reihe messen kannst. Wenn die Probe glatt rechts gestrickt wird, stricke nur die alleräußersten Maschen in jeder Reihe rechts, NICHT die äußeren 4-5 Maschen kraus stricken. Das würde die Seiten zu sehr zusammenziehen und das Höhenmaß beeinträchtigen.

Messe zuerst die Höhe Deiner Strickprobe.
Passt die Reihenanzahl auf 10 cm zu der angegebenen Maschenprobe? Wenn sie übereinstimmt, ist alles gut.

Messe danach die Breite Deiner Strickprobe
Passt die Maschenanzahl auf 10 cm zu der angegebenen Maschenprobe? Wenn sie übereinstimmt, ist alles gut.

Aber was ist, wenn die Strickproben nicht passen?

Wenn die Probe zu viele Maschen auf 10 cm + zu viele Reihen auf 10 cm hat:
Gehe mit der Nadelstärke hoch und stricke eine neue Probe.
(Sind im Bus zu viele Menschen – so brauchst Du einen größeren Bus).

Wenn die Probe zu wenige Maschen auf 10 cm + zu wenige Reihen auf 10 cm hat:
Gehe mit der Nadelstärke runter und stricke eine neue Probe.
(Sind im Bus zu wenige Menschen – so benötigst Du einen kleineren Bus).

Wenn die Maschenanzahl auf 10 cm passt, aber Du zu viele Reihen auf 10 cm hast – also wenn die Breite passt, aber die Höhe zu gering ist: Ziehe Deine Probe etwas in die Länge und messe erneut. Nun passt die Reihenanzahl – aber die Breite stimmt nicht mehr: Du hast zu viele Maschen auf 10 cm bekommen. Gehe mit der Nadelstärke hoch und stricke eine neue Probe.

Sind nun zu wenige Maschen auf 10 cm (die Strickprobe wird zu breit) und vielleicht immer noch ein bisschen zu viele Reihen auf 10 cm (die Strickprobe ist noch ein wenig zu kurz)? Dann ziehst Du Deine Probe wieder in die Länge – diesmal nicht so kräftig. Messe erneut. Nun passt die Reihenanzahl – und durch das Ziehen in die Länge bekommt man auch die passende Maschenanzahl für die richtige Breite. Wenn dies nicht beim ersten Mal glückt – so probiere es noch einmal mit einer größeren Nadel.

Das bedeutet, dass Du auch während des Strickens Dein Projekt immer wieder in die Länge ziehen solltest. Jedes Mal wenn Du Deine Strickarbeit messen sollst, ziehe sie ein wenig in die Länge, sodass die Maschenprobe passt.

„Die Höhe meiner Strickprobe ist mir nicht so wichtig, ich stricke einfach ein paar Reihen mehr."
Im Vergleich zur Maschenprobe strickst Du zu fest. Das Ergebnis der Strickarbeit wird nicht so werden wie erwartet und Du riskierst, zu wenig Garn zu haben. Am Ende wird der Pullover oder die Ärmel zu kurz und Du wirst den Pulli automatisch lang ziehen, sodass die Ärmel und der Pulli zu eng werden.

Ich würde Dir dringend dazu raten, eine Strickprobe zu erstellen, die passt – auch in der Höhe.

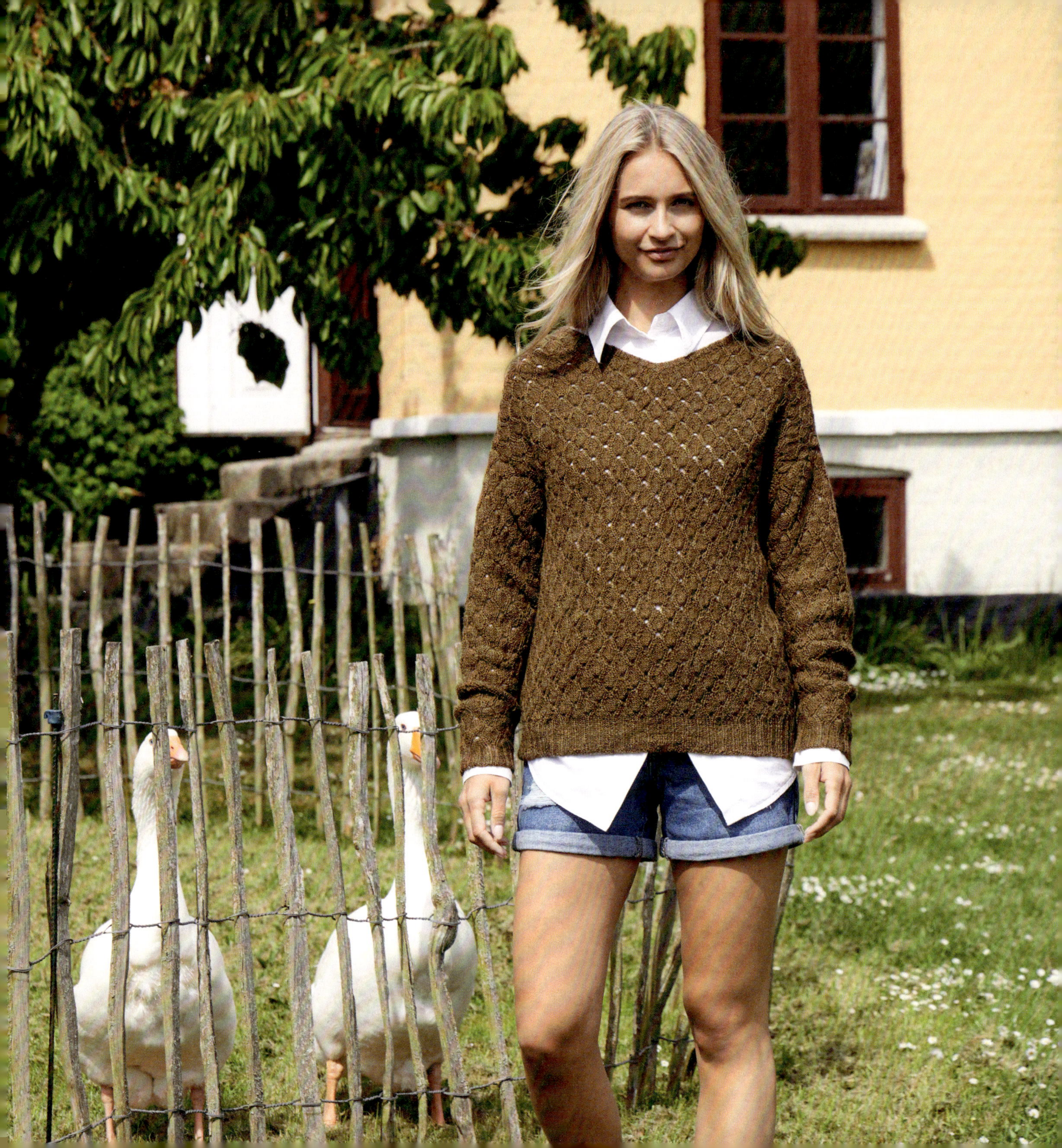

BRUNSVIGER

Ist der Hefekuchen Brunsviger eine Erfindung der Fünen? Tja, das wissen wir nicht mit Sicherheit, aber klar ist, dass die Fünen den landesweiten Rekord im Brunsviger-Essen halten. Viele besitzen ein Rezept, das über Generationen von Küchentisch zu Küchentisch weitergegeben wurde und es ist fast undenkbar ein anderes als das Familienrezept zu verwenden. Die schwammige Konsistenz des Teigs und die Menge der köstlichen karamellisierten Füllung müssen stimmen. Dieses Rezept, mit dem viele Erinnerungen verbunden sind, durfte ich mir ausleihen. Mit viel Ehrfurcht und der demütigen Erkenntnis, dass ich nicht von Fünen stamme, habe ich dieses Rezept das erste Mal zubereitet und bitte um ein wenig Geduld mit mir...

MUTTERS BRUNVIGER

8 große Stücke

Teig:
100 ml Milch
15 g Hefe
40 g weiche Butter
2 TL Zucker
½ TL Salz
1 Ei
200 g Mehl

Füllung:
100 g Butter
100 g brauner Zucker

Milch erwärmen und die Hefe unterrühren. Zucker, Salz, weiche Butter, Ei und Mehl hinzufügen. Den Teig rühren, bis er glatt und geschmeidig ist. Den Teig in einer kleinen gefetteten Form (20 × 30 cm) verteilen, zudecken und an einem warmen Ort für etwa 40 min gehen lassen.

In der Zwischenzeit die Füllung zubereiten: Die Butter schmelzen und den Zucker hinzufügen. Während des Erhitzens die Mischung ständig rühren. Etwas abkühlen lassen. Wenn der Teig aufgegangen ist, Vertiefungen mit einem Löffel eindrücken und die Füllung darin verteilen.
15 min bei 220 °C auf mittlerer Schiene backen (Umluftofen 200 °C).

Gr.: S(M)L(XL)XXL
Halbe Oberweite: 48(52)59(62)66 cm
Länge: 57(59)57(57)59 cm
Ärmellänge ab Armausschnitt: 46(44)42(42)41 cm

Material
300(350)350(350)400 g Isager Highland Farbe Clay

Rund- und Strumpfnadeln Nr. 2½ und 3

Maschenprobe glatt rechts mit Nd Nr. 3: 10 cm = 26 M und 36 R
Maschenprobe im Muster mit Nd Nr. 3: 10 cm = 29 M und 38 R

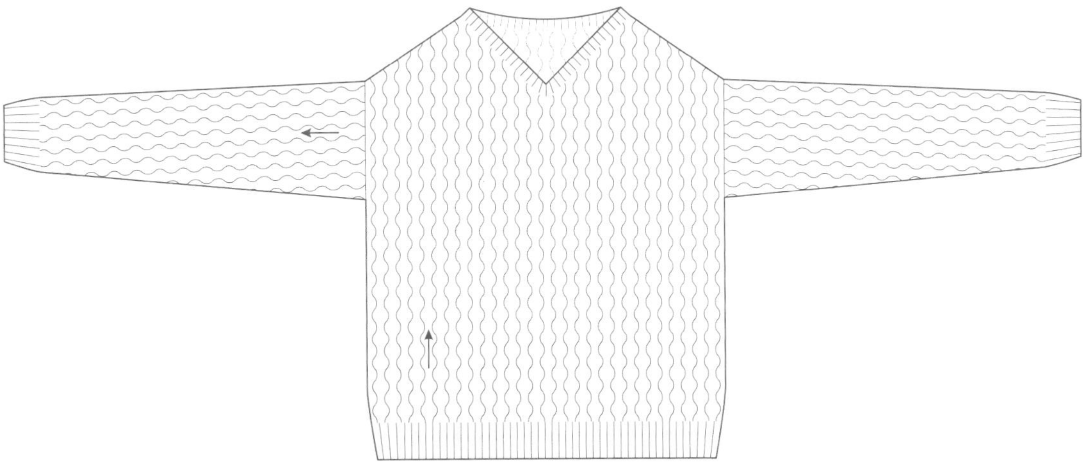

7in1M: **1 re in die linke M der vorherigen R str und diese nicht von der li Nd heben, U*. Von * bis * insg 3-mal str in dieselbe M str, noch 1 re in dieselbe linke M der vorherigen R str und nun die M von der li Nd gleiten lassen.*

2 re verschr zus: *1 M re abh, 1 re str, die 1. M über die gestrickte M heben.*

3 re zus: *2 M gleichzeitig re abh, 1 re str, die beiden ersten M über die gestrickte M heben.*

KÖRPER

280(300)340(360)380 M mit Nd Nr. 2½ anschl und zur Runde schließen.

Der Pullover wird von der Innenseite gestrickt und später auf die Außenseite gewendet, um das Stricken von linken M zu vermeiden.

Stricke Rippenmuster: *3 re – 1 li – 3 re – 1 li – 1 re – 1 li*. Von * bis * wdh.
Insg 20 R str.
Die Arbeit misst ca. 5 cm.

Zu Nd Nr. 3 wechseln.

Rd 1: *7 re – 3 li*. Von * bis * wdh.
Rd 2: *2 re zus – 3 re – 2 re verschr zus – 1 li – 7in1M – 1 li*.
Von * bis * wdh = 392(420)476(504)532 M.
Rd 3: *5 re – 1 li – 7 re – 1 li*. Von * bis * wdh.
Rd 4: *2 re zus – 1 re – 2 re verschr zus – 1 li – 7 re – 1 li*.
Von * bis * wdh = 336(360)408(432)456 M.
Rd 5: *3 re – 1 li – 7 re – 1 li*. Von * bis * wdh.
Rd 6: *3 re zus – 1 li – 7 re – 1 li*.
Von * bis * wdh = 280(300)340(360)380 M.

Rd 7: *2 li – 7 re – 1 li*. Von * bis * wdh.
Rd 8: *7in1M – 1 li – 2 re zus – 3 re – 2 re verschr zus – 1 li*.
Von * bis * wdh = 392(420)476(504)532 M.
Rd 9: *7 re – 1 li – 5 re – 1 li*. Von * bis * wdh.
Rd 10: *7 re – 1 li – 2 re zus – 1 re – 2 re verschr zus – 1 li*.
Von * bis * wdh = 336(360)408(432)456 M.
Rd 11: *7 re – 1 li – 3 re – 1 li*.
Von * bis * wdh.
Rd 12: *7 re – 1 li – 3 re zus – 1 li*.
Von * bis * wdh = 280(300)340(360)380 M.

Die Rd 1 – 12 insg 8(8)7(5)5-mal str.
Die Rd 1 – 6 str.
Der Körper misst ca. 32(32)29(22)22 cm.

Nun den Rücken über die zuletzt gestrickte Hälfte des Körpers str.

RÜCKEN

Die Strickarbeit nach außen wenden und die M in Rücken und Vorderteil aufteilen (Hin-R/ Außenseite): 1 re – *7 li – 3 re*.
Von * bis * insg 13(14)16(17)18-mal str – 7 li – 2 re zus = 139(149)169(179)189 M. Wenden.

Die anderen 140(150)170(180)190 Vorderteil-M stilllegen.

Stricke in Reihen hin und her.
Reihe 1 (Rück-R): 1 re – *2 re zus – 3 re – 2 re verschr zus – 1 li – 7in1M – 1 li*.
Von * bis * wdh. Ende mit 2 re zus – 3 re – 2 re verschr zus – 1 re = 189(203)231(245)259 M.
Reihe 2: 1 re – *5 li – 1 re – 7 li – 1 re*.
Von * bis * wdh. Ende mit 5 li – 1 re.
Reihe 3: 1 re – *2 re zus – 1 re – 2 re verschr zus – 1 li – 7 re – 1 li*.
Von * bis * wdh. Ende mit 2 re zus – 1 re – 2 re verschr zus – 1 re = 161(173)197(209)221 M.
Reihe 4: 1 re – *3 li – 1 re – 7 li – 1 re*.
Von * bis * wdh *. Ende mit 3 li – 1 re.
Reihe 5: 1 re – *3 re zus – 1 li – 7 re – 1 li*.
Von * bis * wdh. Ende mit 3 re zus – 1 re = 133(143)163(173)183 M.
Reihe 6: *3 re – 7 li*. Von * bis * wdh. Ende mit 3 re.

Reihe 7: 1 re – *7in1M – 1 li – 2 re zus – 3 re – 2 re verschr zus – 1 li*. Von * bis * wdh.
Ende mit 7in1M – 1 re = 191(205)233(247)261 M.
Reihe 8: 1 re – *7 li – 1 re – 5 li – 1 re*.
Von * bis * wdh. Ende mit 7 li – 1 re.
Reihe 9: 1 re – *7 re – 1 li – 2 re zus – 1 re – 2 re verschr zus – 1 li*. Von * bis * wdh.
Ende mit 8 re = 165(177)201(213)225 M.
Reihe 10: 1 re – *7 li – 1 re – 3 li – 1 re*.
Von * bis * wdh. Ende mit 7 li – 1 re.
Reihe 11: 1 re – *7 re – 1 li – 3 re zus – 1 li*.
Von * bis * wdh. Ende mit 8 re = 139(149)169(179)189 M.
Reihe 12: 1 re – *7 li – 3 re*. Von * bis * wdh.
Ende mit 7 li – 1 re.

Die Reihen 1 – 12 insg 5(5)5(7)7-mal str.

Gr. (M)L, XXL:
Die Reihen 1 – 5 str.
3 re zus str – im Muster bis zu den letzten 3 M str – 3 re verschr zus = (139)159, 179 M.

Alle Gr.:
Der Armausschnitt misst ca. 16(17)17(22)24 cm.
Die M stilllegen.

VORDERTEIL

Die 140(150)170(180)190 Vorderteil-M wieder auf eine Nd heben.

Abnahme str (Hin-R): 1 re – *7 li – 3 re*.
Von * bis * insg 13(14)16(17)18-mal str – 7 li – 2 re zus = 139(149)169(179)189 M.

Wie am Rücken str, bis die Reihen 1 – 12 insg 3(4)4(5)5-mal gestr sind.
Die Reihen 1 – 11(5)5(11)5 str.

Für den Halsausschnitt abk (Hin-R): 1(3)3(1)3 re – *7 li – 3 re*.
Von * bis * insg 6(6)7(8)8-mal str – 7 li – 1 re – 1 M re abk – 1 re (diese M ist bereits auf der Nd) - *7 li – 3 re*. Von * bis * insg 6(6)7(8)8-mal str – 7 li – 1(3)3(1)3 re.
Den Faden nicht abschneiden.

VORDERTEIL LINKE SEITE

5 R im Muster über die ersten 69(71)81(89)91 M str.
Die Rand-M am Halsausschnitt in allen R re str.
Die nächste R beg mit 3 re zus – im Muster wie bisher str.

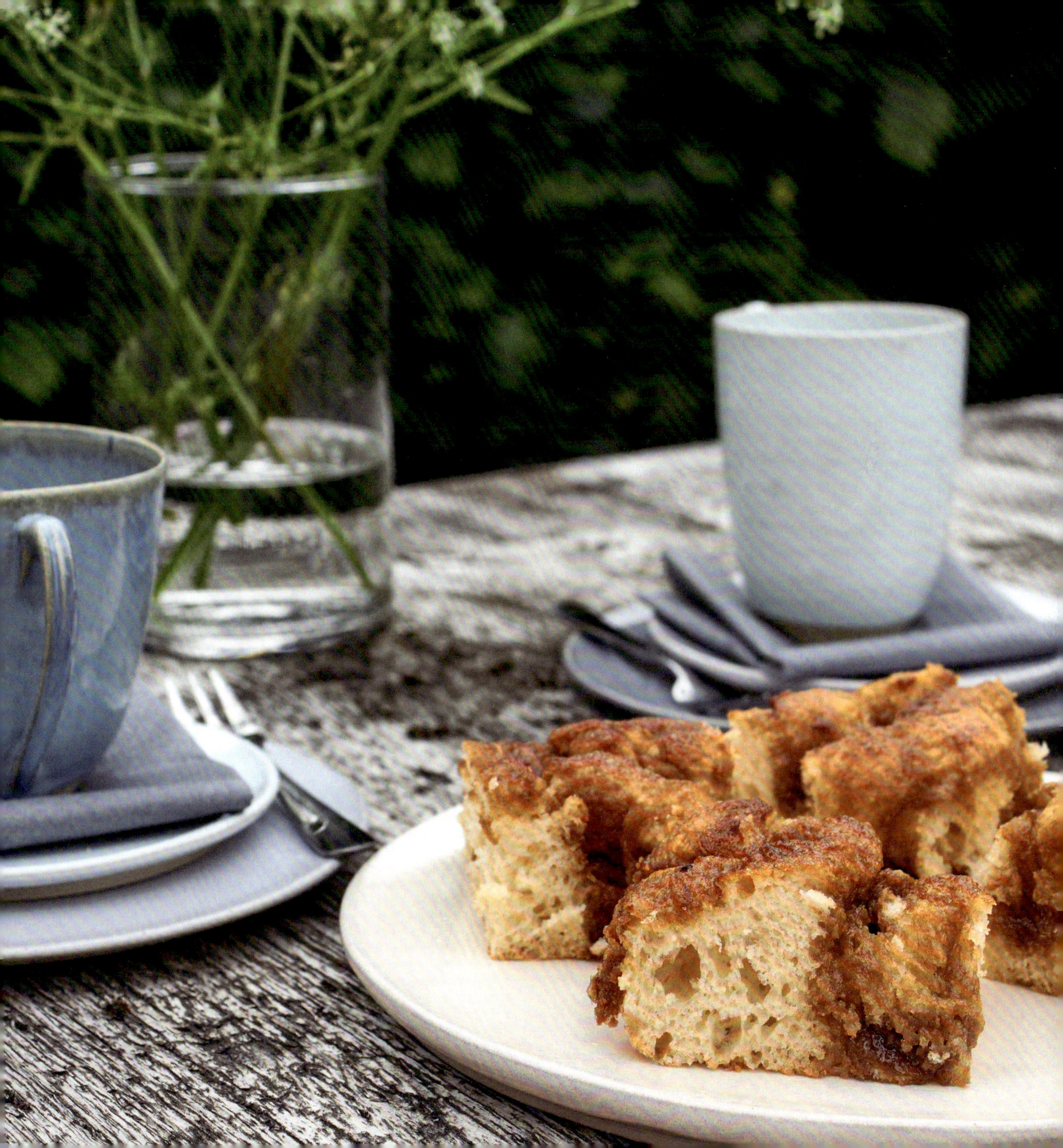

Wieder 5 R im Muster str.

Gr. S(XL):
Die nächste R beg mit 3 re zus – im Muster wie bisher str = 59(79) M.
Den Faden abschneiden.

Gr. (M)L, XXL:
Die nächste R beg mit 3 re zus – im Muster bis zu den letzten 3 M str – 3 re verschr zus = (59)69, 79 M.
Den Faden abschneiden.

Alle Gr.:
Der Armausschnitt misst ca. 17(18)18(23)22 cm.

VORDERTEIL RECHTE SEITE

Die M auf der Nd verschieben, um mit dem Stricken in der Vorderteilmitte zu beg.

5 R im Muster über die letzten 69(71)81(89)91 M str.
Die Rand-M am Halsausschnitt in allen R re str.
Die nächste R bis zu den letzten 3 M im Muster str – 3 re verschr zus.
Wieder 5 R im Muster str.

Gr. S(XL):
Die nächste R bis zu den letzten 3 M im Muster str – 3 re verschr zus = 59(79) M.

Gr. (M)L(XXL):
Die nächste R beg mit 3 re zus – im Muster bis zu den letzten 3 M str – 3 re verschr zus = (59)69, 79 M.

Alle Gr.:
Der Armausschnitt misst ca. 17(18)18(23)22 cm.

SCHULTER

Die Rücken-M wieder auf eine Nd heben.

Im Muster str und alle Teile zusammenfügen (Rück-R): Die 59(59)69(79)79 M vom rechten Vorderteil str – eine Markierung setzen – über die 139(139)159(179)179 Rücken-M str – eine Markierung setzen – weiter über die 59(59)69(79)79 M vom linken Vorderteil str.

Reihe 1 – 5: 1 re – im Muster bis zur Markierung str – im Muster bis zur Markierung str – im Muster bis zur letzten M str – 1 re.

Reihe 6 mit Abnahmen: 3 re zus – im Muster str und 3 M vor der Markierung enden – 3 re zus – 3 re verschr zus, dafür die 1. M re abh, 2 re zus str und die 1. M über die beiden zus gestr M heben – im Muster str und 3 M vor der Markierung enden – 3 re zus – 3 re verschr zus – im Muster bis zu den letzten 3 M str – 3 re verschr zus = 227(227)267(307)307 M.

Die Reihen 1 – 6 insg 6(6)7(8)8-mal str = 81(81)91(101)101 M.
Den Faden nicht abschneiden.

HALSRAND

Zu Nd Nr. 2½ wechseln.
Den Pullover nach außen wenden, sodass nun von der Außenseite weiter gestr wird.
48(48)54(60)60 M aus dem linken Vorderteil heraus str (5 M aus den links gestr M + 1 M aus der rechts gestr M) – 1 M aus der Mitte des Vorderteils str und diese M markieren – 48(48)54(60)60 M aus dem rechten Vorderteil str – über die Nacken-M wie folgt str: 2 re zus – Markierung setzen – *3 li – 1 re – 3 li – 3 re zus*.
Von * bis * wdh. Ende mit 3 li – 1 re – 3 li – 2 re zus – Markierung setzen = 162(162)182(202)202 M.

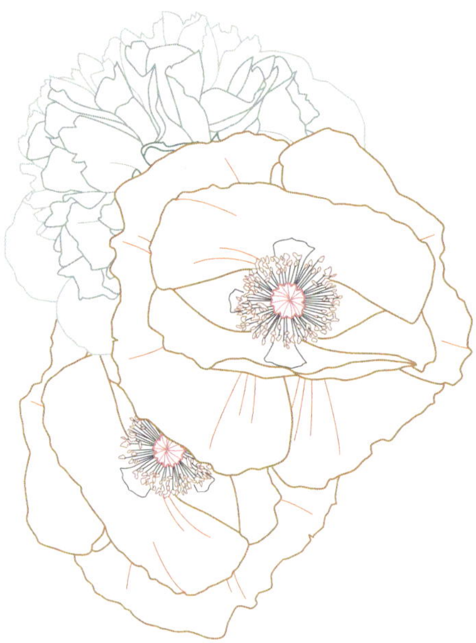

Rd 1: *2 li – 1 re*. Von * bis * wdh und 3 M vor der Mittel-M am Vorderteil enden – 2 li – 3 re zus – von * bis * bis zur Markierung wdh – *3 li – 1 re*.
Von * bis * bis zur Markierung wdh = 160(160)180(200)200 M.

Rd 2: *2 li – 1 re*. Von * bis * wdh und 2 M vor der Mittel-M am Vorderteil enden – 1 li – 3 re zus – 1 li – *1 re – 2 li*.
Von * bis * wdh und 1 M vor der Markierung enden – 1 re – *3 li – 1 re*. Von * bis * bis zur Markierung wdh = 158(158)178(198)198 M.

Rd 3: Das Muster ohne Abn str.

Rd 4: *2 li – 1 re*. Von * bis * wdh und 1 M vor der Mittel-M am Vorderteil enden – 3 re zus – *1 re – 2 li*.
Von * bis * wdh und 1 M vor der Markierung enden – 1 re – *3 li – 1 re*. Von * bis * bis zur Markierung wdh = 156(156)176(196)196 M.

Rd 5: *2 li – 1 re*. Von * bis * wdh und 3 M vor der Mittel-M am Vorderteil enden – 2 li – 3 re zus – von * bis * bis zur Markierung wdh (die Nacken-M nicht str).

Im Muster abketten.

ÄRMEL

Die Ärmel werden von oben nach unten und ebenfalls von der Innenseite gearbeitet.
Wie am Körper in Rd str.

100(110)110(130)140 M mit Nd Nr. 3 anschl.
Die Rd 1 – 12 des Körpers insg 2(2)1(2)2-mal str.
Ärmelabnahmen str:
Rd 1: *7 re – 3 li*. Von * bis * wdh.

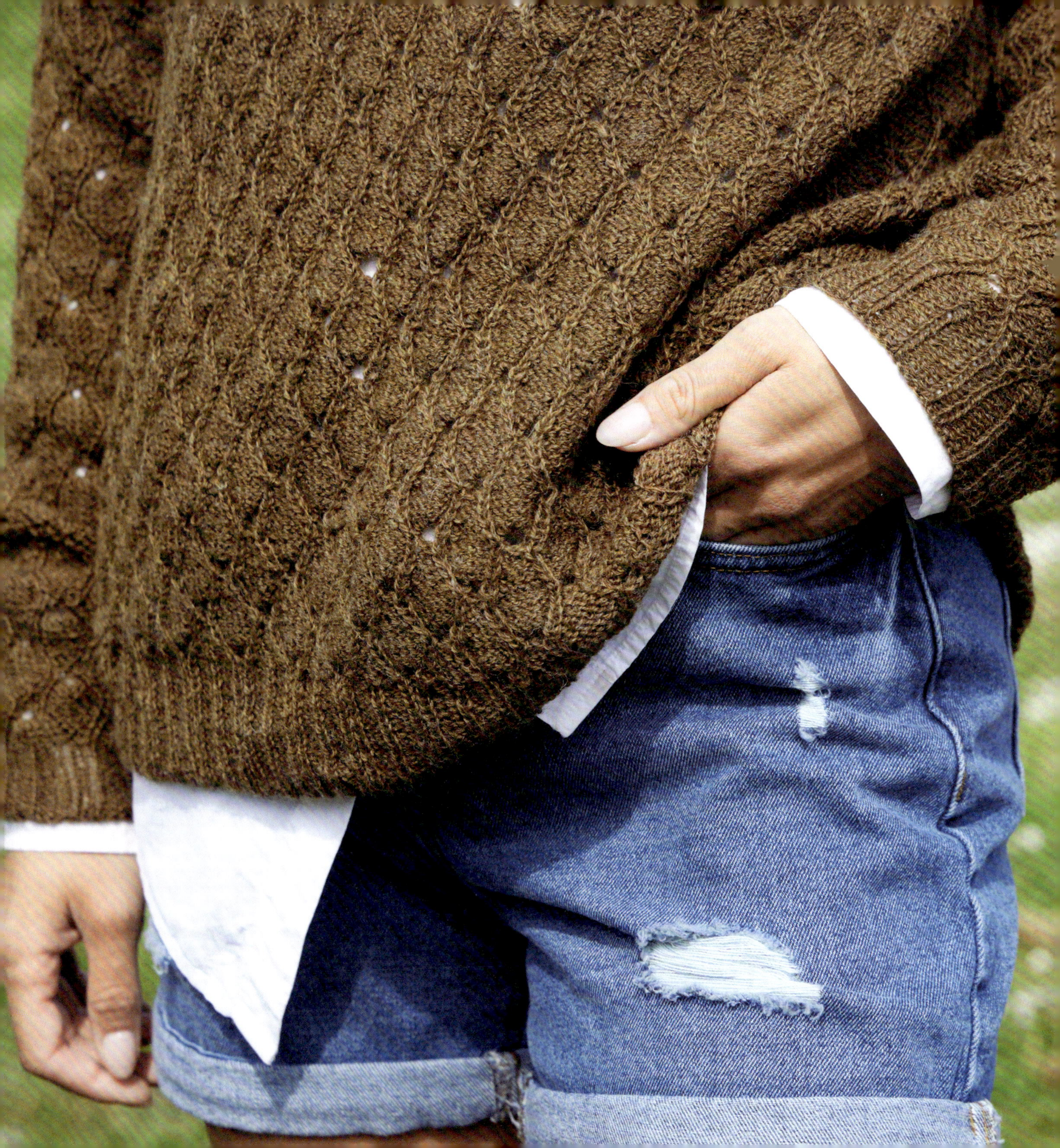

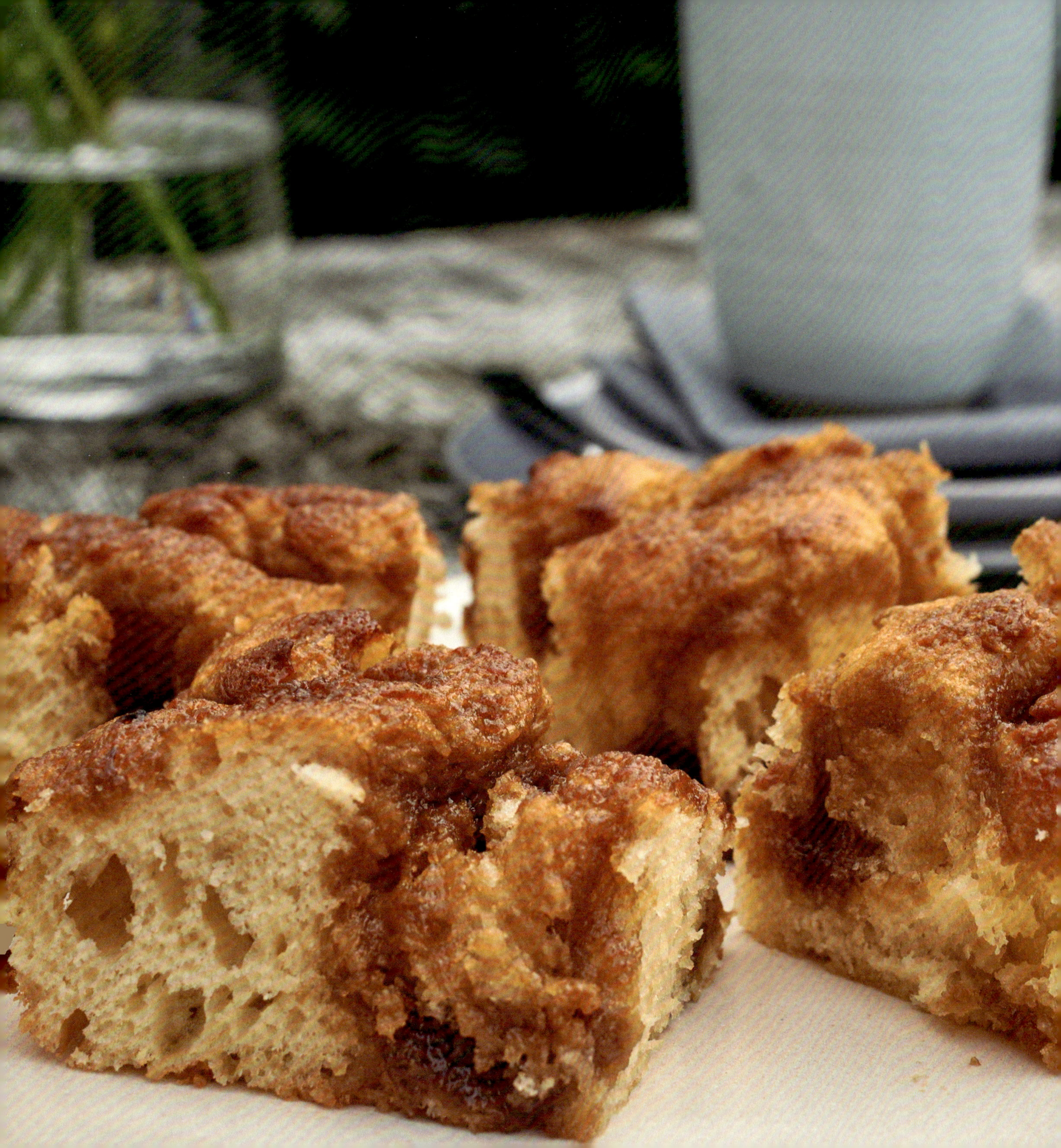

Ende mit 7 re – 3 li zus = 98(108)108(128)138 M.
Rd 2: *2 re zus – 3 re – 2 re verschr zus – 1 li – 7in1M – 1 li*. Von * bis * wdh.
Ende mit 2 re zus – 3 re – 2 re verschr zus – 1 li = 132(146)146(174)188 M.
Rd 3: *5 re – 1 li – 7 re – 1 li*.
Von * bis * wdh. Ende mit 5 re – 1 li.
Rd 4: *2 re zus – 1 re – 2 re verschr zus – 1 li – 7 re – 1 li*.
Von * bis * wdh. Ende mit 2 re zus – 1 re – 2 re verschr zus – 1 li = 112(124)124(148)160 M.
Rd 5: *3 re – 1 li – 7 re – 1 li*.
Von * bis * wdh. Ende mit 3 re – 1 li.
Rd 6: *3 re zus – 1 li – 7 re – 1 li*.
Von * bis * wdh. Ende mit 3 re zus – 3 li zus (die letzten 2 M sind aus der nächsten Rd) = 90(100)100(120)130 M.
Eine Markierung für den neuen Rd-Beginn setzen.
Die Rd 1 – 12 des Körpers insg 2(2)2(1)1-mal str.
Die Ärmel-Abn Rd 1 – 6 str = 80(90)90(110)120 M.

Die Rd 1 – 12 des Körpers insg 2(2)2(1)1-mal str.
Die Ärmel-Abn Rd 1 – 6 str = 70(80)80(100)110 M.

Die Rd 1 – 12 des Körpers insg 2(2)2(1)1-mal str.
Die Ärmel-Abn Rd 1 – 6 str = 60(70)70(90)100 M.

Die Rd 1 – 12 des Körpers insg 2(2)2(1)1-mal str.
Die Ärmel-Abn Rd 1 – 6 str = 50(60)60(80)90 M.

Gr. (XL)XXL:
Die Rd 1 – 12 des Körpers str.
Die Ärmel-Abn Rd 1 – 6 str = (70)80 M.
Die Rd 1 – 12 des Körpers str.
Die Ärmel-Abn Rd 1 – 6 str = (60)70 M.

Alle Gr.:
Die Rd 1 – 12(6)12(12)6 des Körpers str.
Der Ärmel misst ca. 43(41)39(39)38 cm.
Zu Strumpf-Nd Nr. 2½ wechseln.
Weiterhin von der Innenseite str.

Gr. (M)XXL:
Rippen in Rd str: *1 re – 1 li – 3 re – 1 li – 3 re – 1 li*.
Von * bis * wdh.

Gr. S, L(XL):
Rippen in Rd str: *3 re – 1 li – 3 re – 1 li – 1 re – 1 li*.
Von * bis * wdh.

Alle Gr.:
Insg 12 Rd str.
Im Muster abketten.

Den zweiten Ärmel genauso str.

FERTIGSTELLUNG

Vor dem Einnähen die Ärmel mit Nadeln in den Armausschnitt heften. Von der Außenseite einnähen.
Alle Fäden vernähen.

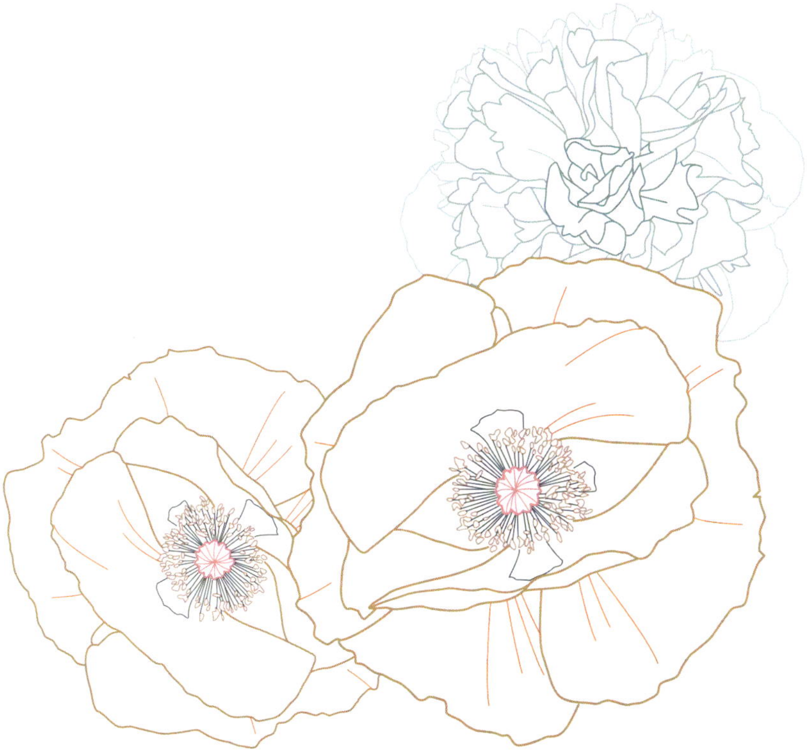

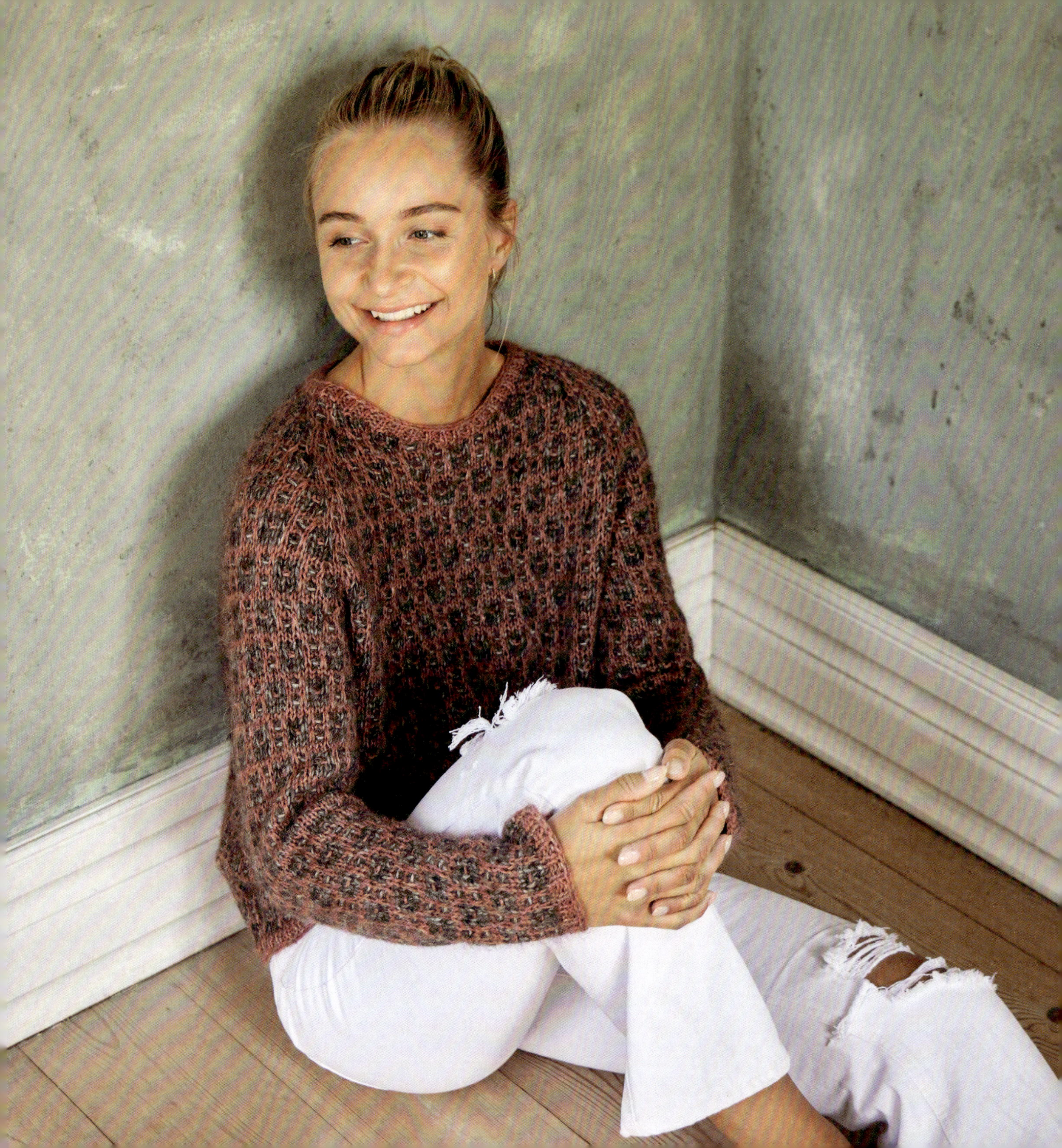

SCHLOSS EGESKOV

Wenn man von Fünen spricht, spricht man auch von Herrenhäusern und Schlössern.
Nirgendwo sonst in Dänemark stehen die mächtigen Bauten so dicht wie auf Fünen.
Sie liegen inmitten herrlicher Natur und sind gefüllt mit Abenteuern und Märchen.
Und denkt man an Märchen kommt man nicht an H. C. Andersen vorbei – unserem weltberühmten Bewohner von Fünen, den alle Kinder kennen.

Wie alle anderen bin auch ich mit Märchen über Prinzen und Prinzessinnen in Schlössern mit unendlich vielen Zimmern und unendlich vielen Fenstern unter Spitzentürmen aufgewachsen.
Über Egeskov wurde geschrieben, es habe so viele Fenster wie Tage im Jahr, so viele Türen wie Wochen, so viele Schornsteine wie Monate und so viele Ecken wie Jahreszeiten.

Gr.: S(M)L(XL)XXL
Halbe Oberweite: 48(52)56(60)64 cm
Länge: 55 cm
Ärmellänge ab Armausschnitt: 42(42)42(39)39 cm

Material
A: 100(150)150(150)200 g Isager Merilin Farbe 70
B: 50(75)75(75)100 g Isager Silk Mohair Farbe 69
C: 150(150)150(200)200 g Isager Eco Soft Farbe 4s

A + B zusammen verstricken

Rund- und Strumpfnadeln Nr. 4 und 5

Maschenprobe glatt rechts mit A + B und Nd Nr. 5: 10 cm = 14 M und 20 R
Maschenprobe im Muster mit Nr. 5: 10 cm = 15 M und 30 R

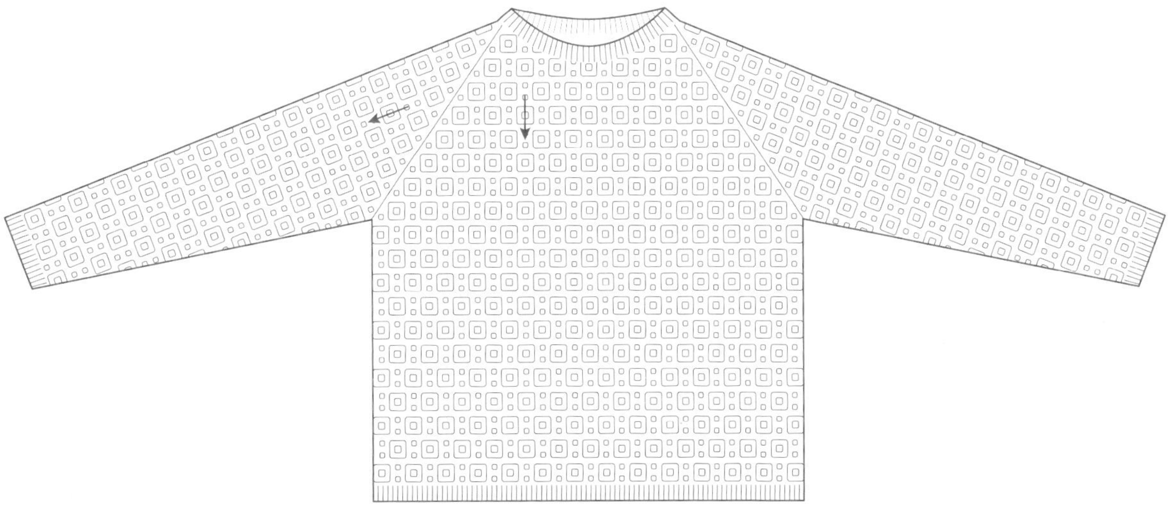

Der Pullover wird von oben nach unten gearbeitet.

***3li-aus-liM:** Die nächste M li str aber die M nicht von der linken Nd heben, U, wieder 1 M li aus derselben M str, nun die M von der linken Nd heben.*

***3re-aus-reM:** Die nächste M re str aber die M nicht von der linken Nd heben, U, wieder 1 M re aus derselben M str, nun die M von der linken Nd heben.*

***3re zus:** 2 M gleichzeitig re abh, die nächste M re str und die beiden ersten M über die gestrickte M heben.*

PASSE

47(47)47(53)53 M mit A + B und Nd Nr. 5 anschl.
Die mittlere M für das spätere Anstricken des Halsrands markieren.

1 Rück-R str: 1 re – 45(45)45(51)51 li – 1 re.

MUSTER
Mit C str.
Reihe 1 (Hin-R): 1 re – *1abhFh (s. Abk.) – 1 re – 1abhFh – 3 re*.
Von * bis * wdh. Ende mit 1abhFh – 1 re – 1abhFh – 1 re – 1 neue M anschl = 48(48)48(54)54 M.
Reihe 2: 1 re – 1 li – *1abhFv (s. Abk.) – 1 re – 1abhFv – 3 li*.
Von * bis * wdh. Ende mit 1abhFv – 1 re – 1abhFv – 1 li – 1 neue M anschl = 49(49)49(55)55 M.

Mit A + B str.
Reihe 3: 1 re – *1abhFh – 3 re – 1abhFh – 1 re*.
Von * bis * wdh. 1 neue M anschl = 50(50)50(56)56 M.
Reihe 4: 2 re – *1abhFv – 3 li – 1abhFv – 1 re*.
Von * bis * wdh. 1 neue M anschl = 51(51)51(57)57 M.

Mit C str.
Reihe 5: *3 re – 1abhFh – 1 re – 1abhFh*.
Von * bis * wdh. Ende mit 3 re – 1 neue M anschl = 52(52)52(58)58 M.
Reihe 6: 1 re – *3 li – 1abhFv – 1 re – 1abhFv*.
Von * bis * wdh. Ende mit 3 li – 1 neue M anschl = 53(53)53(59)59 M.

Mit A + B str.
Reihe 7: Re str und am Ende der R 1 neue M anschl = 54(54)54(60)60 M.
Reihe 8 mit 1. Raglan-Zun: 1 re – 3 li – *3li-aus-liM – 1 li – 3li-aus-liM – 1 li – 3li-aus-liM* – 1 li (rechter Ärmel) – wieder von * bis * str – 25(25)25(31)31 li (Rücken) – wieder von * bis * str – 1 li (linker Ärmel) – wieder von * bis * str – 3 li – 1 neue M anschl = 79(79)79(85)85 M.

Mit C str.
Reihe 9: 2 re – *1abhFh – 1 re – 1abhFh – 3 re*.
Von * bis * wdh. Ende mit 1abhFh – 1 re – 1abhFh – 2 re – 2 neue M anschl = 81(81)81(87)87 M.
Reihe 10: 1 re – *3 li – 1abhFv – 1 re – 1abhFv*.
Von * bis * wdh. Ende mit 2 li – 2 neue M anschl = 83(83)83(89)89 M.

Mit A + B str.
Reihe 11: 1 re – *1abhFh – 1 re – 1abhFh – 3 re*.
Von * bis * wdh. Ende mit 1abhFh – 1 re – 1abhFh – 1 re – 2 neue M anschl = 85(85)85(91)91 M.
Reihe 12: 1 re – 2 li – *1abhFv – 1 re – 1abhFv – 3 li*.
Von * bis * wdh. Ende mit 1abhFv – 1 re – 1abhFv – 1 li – 2 neue M anschl = 87(87)87(93)93 M.

Mit C str.
Reihe 13: 2 re – *1abhFh – 3 re – 1abhFh – 1 re*.
Von * bis * wdh. Ende mit 1abhFh – 2 neue M anschl = 89(89)89(95)95 M.
Reihe 14: 1 re – 1 li – *1abhFv – 1 re – 1abhFv – 3 li*. Von * bis * wdh. Ende mit 1abhFv – 1 re – 1abhFv – 2 neue M anschl = 91(91)91(97)97 M.

Die Fäden abschneiden.

Die M auf der Nd verschieben und nun mit der mittleren Raglan-M zwischen dem linken Ärmel und dem Rücken neu beg.
Das heißt die 27 zuletzt gestrickten M werden auf die rechte Nd gehoben, ohne sie zu str.

Ab hier in Runden str.

Mit A + B str.
Rd 1: 64(64)64(70)70 re – 5(5)5(11)11 neue M anschl – zur Runde schließen – 27 re = 96(96)96(108)108 M.
Rd 2 mit 2. Raglan-Zun: 3re-aus-reM – 1 re – 3re-aus-reM – 31(31)31(37)37 re (Rücken) – *3re-aus-reM – 1 re – 3re-aus-reM – 1 re – 3re-aus-reM * – 7 re (rechter Ärmel) – wieder von * bis * str – 31(31)31(37)37 re (Vorderteil) – wieder von * bis * str – 7 re (linker Ärmel) – 3re-aus-reM – 1 re = 120(120)120(132)132 M.
Die 1. M der nächsten Rd str.
Hier eine Markierung für den neuen Rd-Beginn setzen.

Mit C str.
Rd 3: *1 re – 1abhFh – 3 re – 1abhFh*.
Von * bis * wdh.
Rd 4: *1li – 1abhFh – 3 re – 1abhFh *.
Von * bis * wdh.

Mit A + B str.
Rd 5: 2 re – *1abhFh – 1 re – 1abhFh – 3 re*.
Von * bis * wdh. Ende mit 1abhFh – 1 re – 1abhFh – 1 re.
Rd 6: 2 re – *1abhFh – 1 li – 1abhFh – 3 re*.
Von * bis * wdh. Ende mit 1abhFh – 1 li – 1abhFh – 1 re.

Mit C str.
Rd 7 – 8: Wie die Rd 3 – 4 str.

Mit A + B str.
Rd 9: Alle M re str.
Rd 10 mit 3. Raglan-Zun: 3re-aus-reM – 1 re – 3re-aus-reM – 37(37)37(43)43 re – *3re-aus-reM – 1 re – 3re-aus-reM – 1 re – 3re-aus-reM* – 13 re – wieder von * bis * str – 37(37)37(43)43 re – wieder von * bis * str – 13 re – 3re-aus-reM – 1 re = 144(144)144(156)156 M.
Die 1. M aus der nächsten Rd str.

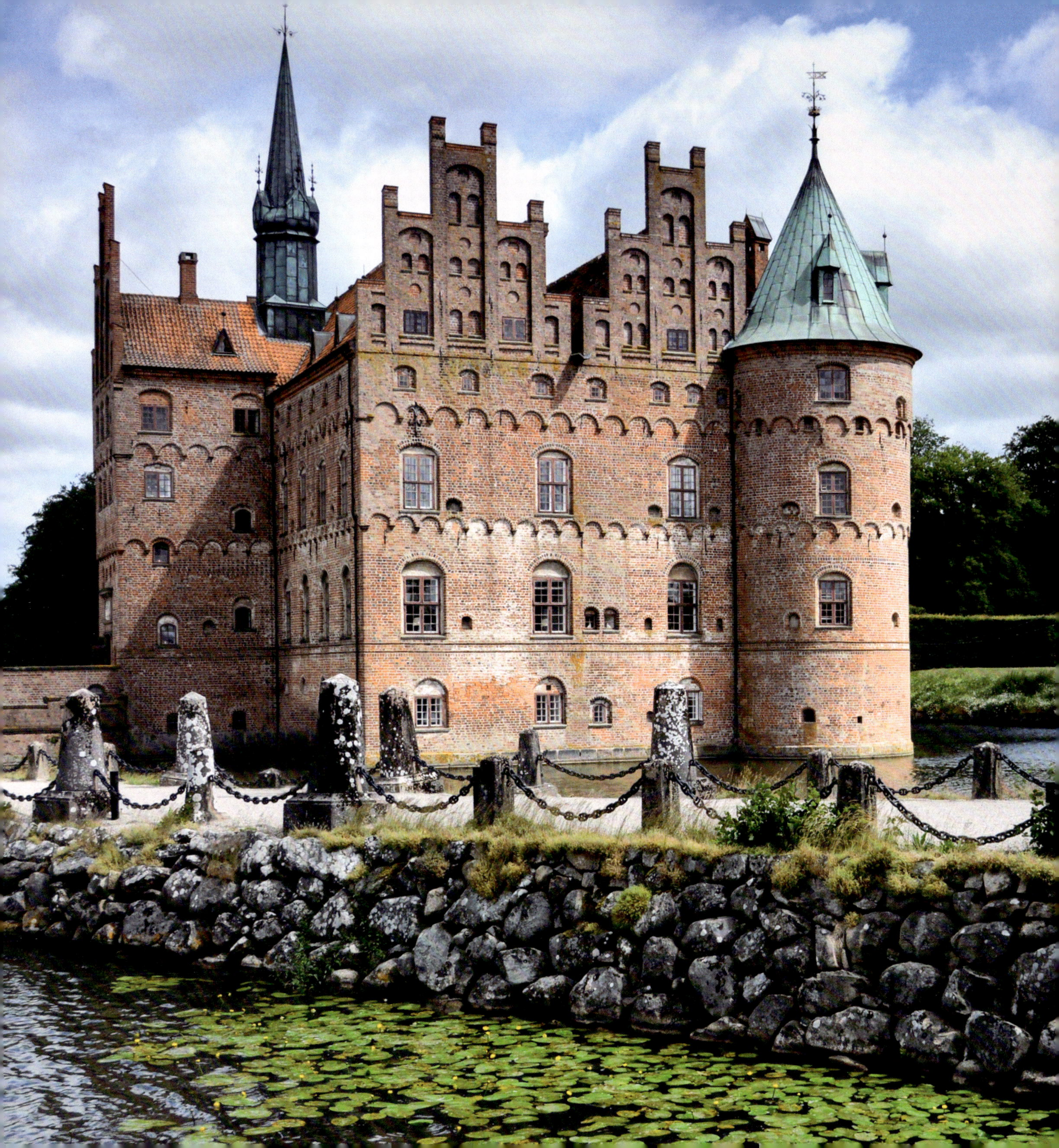

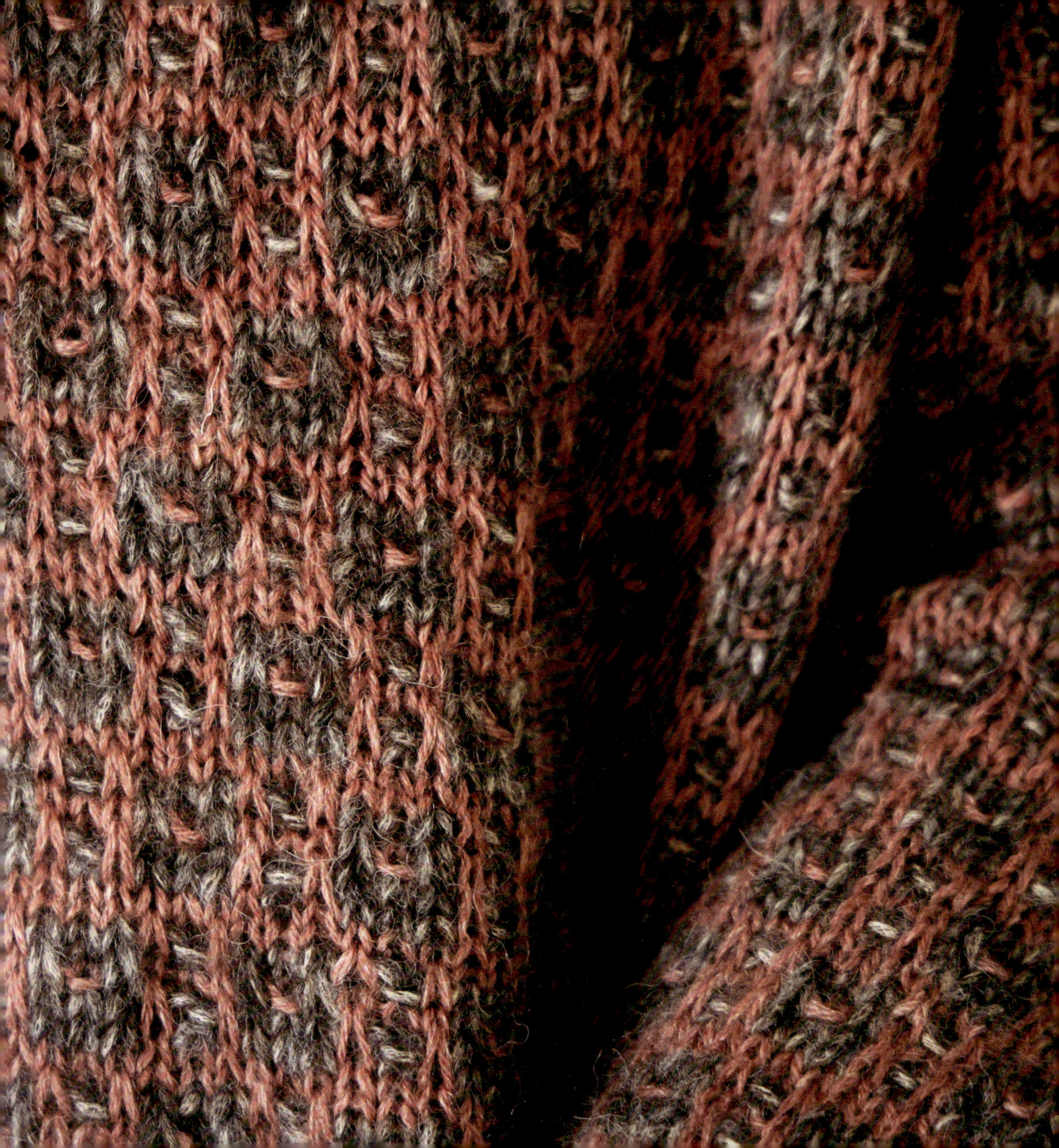

Die Markierung für den neuen Rd-Beginn hierhin umsetzen.

Wieder die Rd 3 – 9 str.
4. Raglan-Zun: 3re-aus-reM – 1 re – 3re-aus-reM – 43(43)43(49)49 re – *3re-aus-reM – 1 re – 3re-aus-reM – 1 re –3re-aus-reM* – 19 re – wieder von * bis * str – 43(43)43(49)49 re – wieder von * bis * str – 19 re – 3re-aus-reM – 1 re = 168(168)168(180)180 M.
Die 1. M aus der nächsten Rd str.
Die Markierung für den neuen Rd-Beginn hierhin umsetzen.

Wieder die Rd 3 – 9 str.
5. Raglan-Zun: 3re-aus-reM – 1 re – 3re-aus-reM – 49(49)49(55)55 re – *3re-aus-reM – 1 re – 3re-aus-reM – 1 re – 3re-aus-reM* – 25 re – wieder von * bis * str * – 49(49)49(55)55 re – wieder von * bis * str* – 25 re – 3re-aus-reM – 1 re = 192(192)192(204)204 M.
Die 1. M aus der nächsten Rd str.
Die Markierung für den neuen Rd-Beginn hierhin umsetzen.

Wieder die Rd 3 – 9 str.
6. Raglan-Zun: 3re-aus-reM – 1 re – 3re-aus-reM – 55(55)55(61)61 re – *3re-aus-reM – 1 re – 3re-aus-reM – 1 re – 3re-aus-reM* – 31 re – wieder von * bis * str – 55(55)55(61)61 re – wieder von * bis * str – 31 re – 3re-aus-reM – 1 re = 216(216)216(228)228 M.
Die 1. M aus der nächsten Rd str.
Die Markierung für den neuen Rd-Beginn hierhin umsetzen.

Gr. S(M):
Wieder die Rd 3 – 8 str.
Weiterlesen bei Aufteilung.

Gr. L(XL)XXL:
Wieder die Rd 3 – 9 str.
7. Raglan-Zun: 3re-aus-reM – 1 re – 3re-aus-reM – 61(67)67 re – *3re-aus-reM – 1 re – 3re-aus-reM – 1 re – 3re-aus-reM* – 37 re – wieder von * bis * str – 61(67)67 re – wieder von * bis * str – 37 re – 3re-aus-reM – 1 re = 240(252)252 M.
Die 1. M aus der nächsten Rd str.
Die Markierung für den neuen Rd-Beginn hierhin umsetzen.
Gr. L(XL):
Wieder die Rd 3 – 8 str.
Weiterlesen bei Aufteilung.

Gr. XXL:
Wieder die Rd 3 – 9 str.
8. Raglan-Zun: 3re-aus-reM – 1 re – 3re-aus-reM – 73 re – *3re-aus-reM – 1 re – 3re-aus-reM – 1 re –3re-aus-reM* – 43 re – wieder von * bis * str – 73 re – wieder von * bis * str – 43 re – 3re-aus-reM – 1 re = 276 M.
Die 1. M aus der nächsten Rd str.
Die Markierung für den neuen Rd-Beginn hierhin umsetzen.

Wieder die Rd 3 – 8 str.
Weiterlesen bei Aufteilung.

Alle Gr.:
Die Passe misst ab dem Nacken 19(19)21(21)24 cm.

1 Rd im Muster str.

AUFTEILUNG

Die M auf Körper und Ärmel verteilen.
Mit A + B str:
67(67)73(79)85 Rücken-M im Muster – die nächsten 41(41)47(47)53 Ärmel-M stilllegen, ohne sie vorher zu str – 11(17)17(17)23 neue M anschl – im Muster die 67(67)73(79)85 Vorderteil-M str – 41(41)47(47)53 Ärmel-M stilllegen ohne sie zu str – 11(17)17(17)23 neue M anschl.

KÖRPER

Über die 156(168)180(192)216 Körper-M weiterhin in Rd str.

Mit A + B str.
155(167)179(191)215 M im Muster str.
Die Markierung für den neuen Rd-Beginn hierhin umsetzen. Die letzte M gehört nun zur nächsten Rd.

Mit C str.
Rd 1: *3 re – 1abhFh – 1 re – 1abhFh*.
Von * bis * wdh.
Rd 2: *3 re – 1abhFh – 1 li – 1abhFh*.
Von * bis * wdh.
Mit A + B str.
Rd 3: *1abhFh – 1 re – 1abhFh – 3 re*.
Von * bis * wdh.
Rd 4: *1abhFh – 1 li – 1abhFh – 3 re*.
Von * bis * wdh.

Mit C str.
Rd 5 – 6: Wie die Rd 1 – 2 str.

Mit A + B str.
Rd 7 – 8: 2 Rd re str.

Mit C str.
Rd 9: *1abhFh – 1 re – 1abhFh – 3 re*.
Von * bis * wdh.
Rd 10: *1abhFh – 1 li – 1abhFh – 3 re*.
Von * bis * wdh.

Mit A + B str.
Rd 11: *3 re – 1abhFh – 1 re – 1abhFh*.
Von * bis * wdh.
Rd 12: *3 re – 1abhFh – 1 li – 1abhFh*.
Von * bis * wdh.

Mit C str.
Rd 13 – 14: Wie die Rd 9 – 10 str.

Mit A + B str.
Rd 15 – 16: 2 Rd re str.

Im Muster weiter str, bis der Pullover ab den Schultern 54 cm misst.
Mit einer Rd 7 oder 15 enden.
C abschneiden.

Zu Nd Nr. 4 wechseln und mit A + B 3 Rd Rippen str: *1 re – 1 li*. Von * bis * wdh.
Mit rechten M abketten.

ÄRMEL

Die 41(41)47(47)53 Ärmel-M auf eine Nd Nr. 5 setzen.

41(41)47(47)53 Ärmel-M mit A + B re str – 4 neue M aus dem Übergang zu den angeschlagenen Körper-M heraus str – 11(17)17(17)23 neue M aus den angeschlagenen M str – 4 neue M aus dem Übergang zu den Ärmel-M str = 60(66)72(72)84 M.

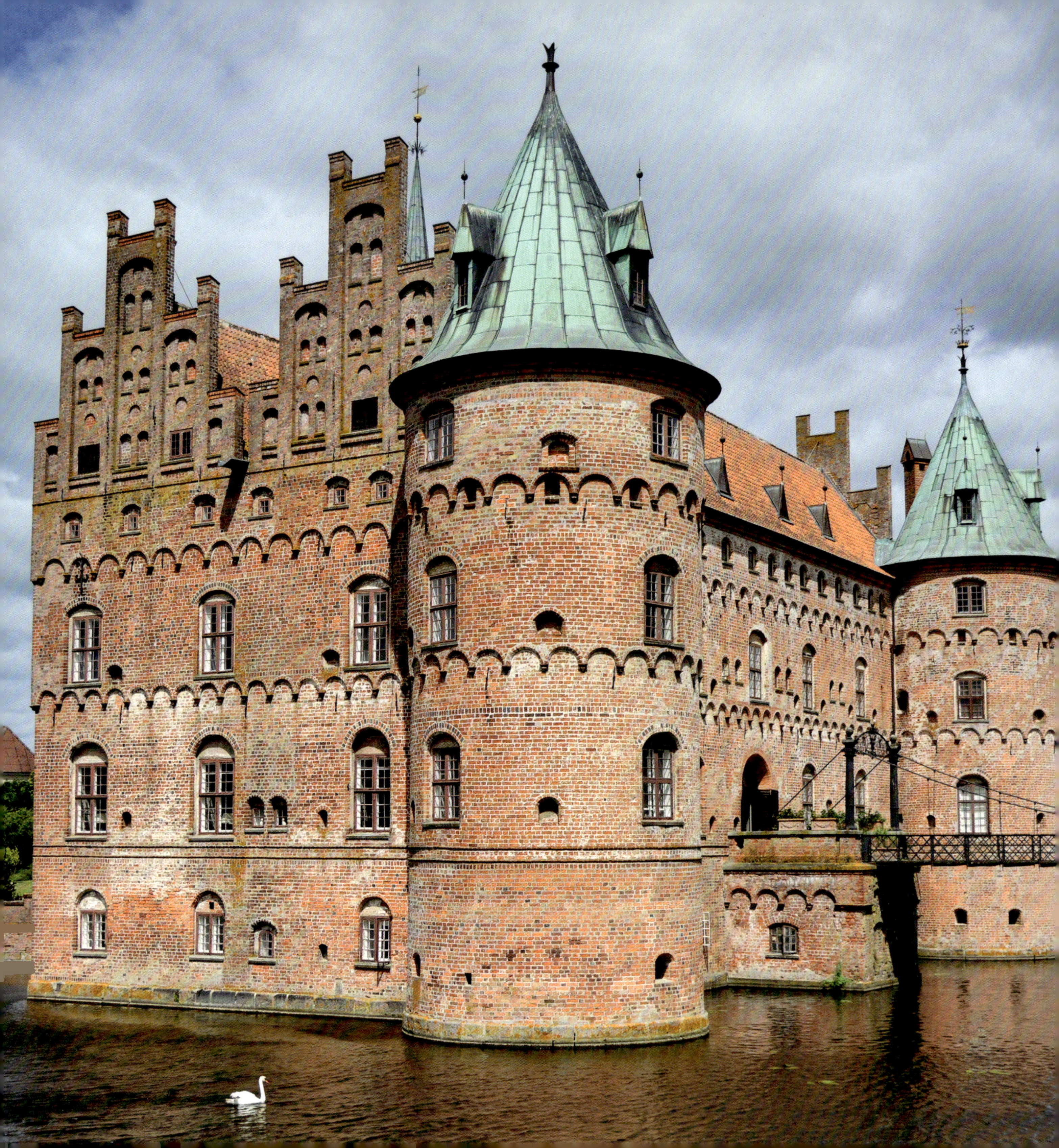

Zur Runde schließen und 52(55)61(61)70 M re str.
Hier eine Markierung für den Rd-Beginn setzen.

Im Muster wie für den Körper str.
Mit der Rd 1(9)9(9)1 beg.

Nach 22(22)22(22)6 Rd die 1. Abn str: 54(60)66(66)78 re str – 3 re zus – wieder 3 re zus str.
Nächste Rd: 3 re zus str – die Markierung hierhin umsetzen = neuer Rd-Beginn – 54(60)66(66)78 re.
22(14)14(14)14 Rd im Muster str.

2. Abn: 48(54)60(60)72 re str – 3 re zus – 3 re zus.
Nächste Rd: 3 re zus str – die Markierung hierhin umsetzen = neuer Rd-Beginn – 48(54)60(60)72 re.
22(14)14(14)14 Rd im Muster str.

3. Abn: 42(48)54(54)66 re str – 3 re zus – 3 re zus.
Nächste Rd: 3 re zus str – die Markierung hierhin umsetzen = neuer Rd-Beginn – 42(48)54(54)66 re.
22(22)22(14)14 Rd im Muster str.

4. Abn: 36(42)48(48)60 re str – 3 re zus – 3 re zus.
Nächste Rd: 3 re zus str – die Markierung hierhin umsetzen = neuer Rd-Beginn – 36(42)48(48)60 re.
22(22)22(14)14 Rd im Muster str.

Gr. S:
Weiterlesen bei Rand.

5. Abn: (36)42(42)54 re str – 3 re zus – 3 re zus.
Nächste Rd: 3 re zus str – die Markierung hierhin umsetzen = neuer Rd-Beginn – (36)42(42)54 re.
(14)14(22)14 Rd im Muster str.

Gr. (M)L(XL):
Weiterlesen bei Rand.

Gr. XXL:
6. Abn: 48 re str – 3 re zus – 3 re zus.
Nächste Rd: 3 re zus str – die Markierung hierhin umsetzen = neuer Rd-Beginn – 48 re.
14 Rd im Muster str.

7. Abn: 42 re str – 3 re zus – 3 re zus.
Nächste Rd: 3 re zus str – die Markierung hierhin umsetzen = neuer Rd-Beginn – 42 re.
6 Rd im Muster str.

RAND

Am Ärmel sind insg 15(15)15(14)14 Karomuster gestrickt.
C abschneiden.
1 Rd mit A + B str.
Der Ärmel misst ab der Aufteilung ca. 40(40)40(37)37 cm.

Zu Strumpf-Nd Nr. 4 wechseln und mit A + B str.

1 Rd re str.
3 Rd Rippen str: *1 re – 1 li*. Von * bis * wdh.
Mit rechten M abk.

Den zweiten Ärmel genauso str.

HALSRAND

Aus dem Halsausschnitt M mit Nd Nr. 4 und A + B heraus str.

Nach der markierten Mittel-M der Anschlag-Reihe beg.
Aus der Anschlag-R 22(22)22(25)25 M ab der Markierung bis zu der 1. neu angeschlagenen M am Ende der 1. R heraus str – 14 M aus dem linken Vorderteil str – 5(5)5(11)11 M aus der Vorderteilmitte str – 14 M aus dem rechten Vorderteil str – 22(22)22(25)25 M aus der Anschlag-Reihe bis zur markierten M heraus str – 1 M aus der markierten M str = 78(78)78(90)90 M.

3 Rd Rippen str: *1 re – 1 li*. Von * bis * wdh.
Mit rechten M abketten.

FERTIGSTELLUNG

Die Fäden vernähen.

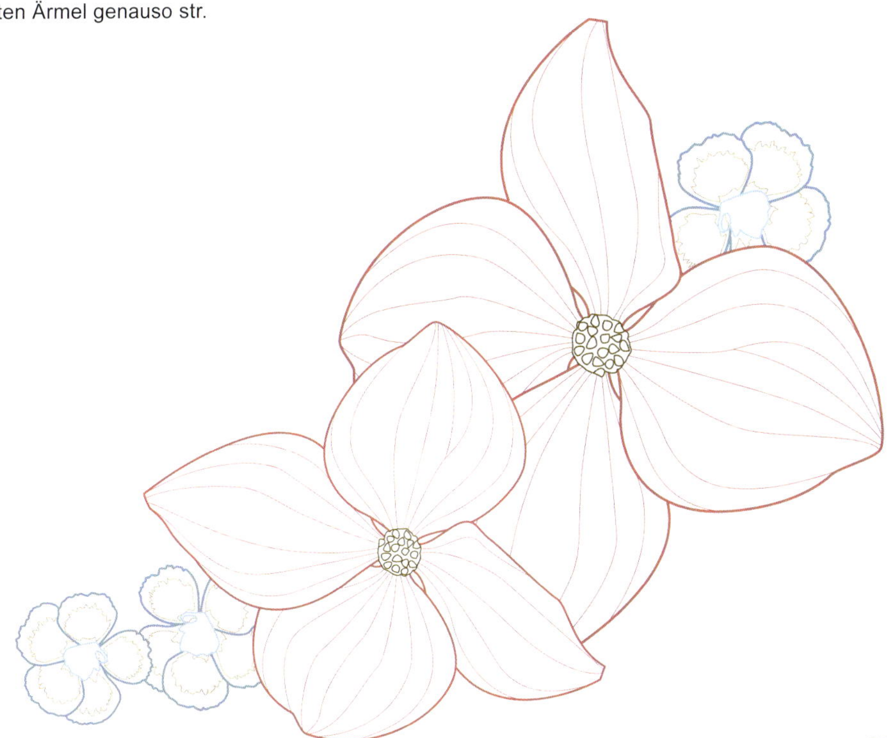

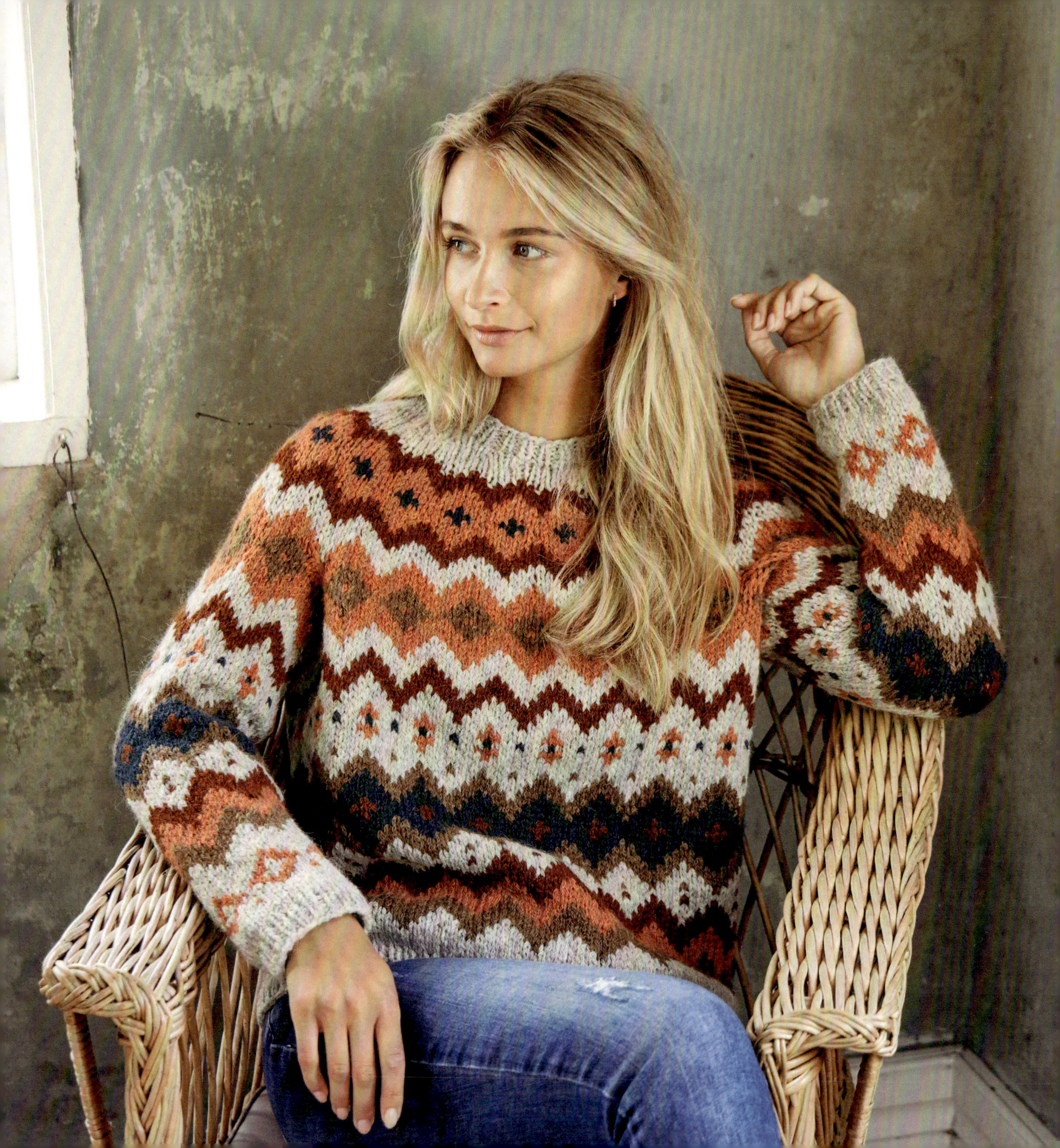

FISCHERHÜTTEN

Die Hütten standen schon immer dort – in all unseren Häfen, in denen die Fischer sich aufhielten.
Hier konnte man seine Ausrüstung verstauen, wenn man nicht auf See war.

Hier wurde viel und über alles diskutiert, wenn kein Fangwetter war. Rauhe Fäuste um eine Kaffeetasse, eine Zigarette im Mundwinkel, ein handgestrickter Wollpullover mit ausgefransten Ärmelrändern – eine Arbeitsgemeinschaft, in der man sowohl um seine Freiheit wusste als auch um den Ernst der Naturlaunen.

Heute sind viele Fischerhütten restauriert und weitere kommen hinzu. Sie sind Teil unseres Kulturerbes – ein Teil einer bald vergangenen Ära.

Gr.: S(M/L)XL/XXL
Halbe Oberweite: 53(59)64 cm
Länge: 57 cm
Ärmellänge: 44(42)41 cm

Material
A: 200(200)250 g Isager Alpaca 3 Farbe 2s
B: 100 g Isager Alpaca 3 Farbe 33
C: 100 g Isager Alpaca 3 Farbe 1
D: 50(50)100 g Isager Alpaca 3 Farbe 18
E: 100 g Isager Alpaca 3 Farbe 8s

Rund- und Strumpfnadeln Nr. 6 und 8

Maschenprobe glatt rechts mit Nd Nr. 8: 10 cm = 13 M und 18 R
Maschenprobe im Muster mit Nd Nr. 8: 10 cm = 15 M und 18 R

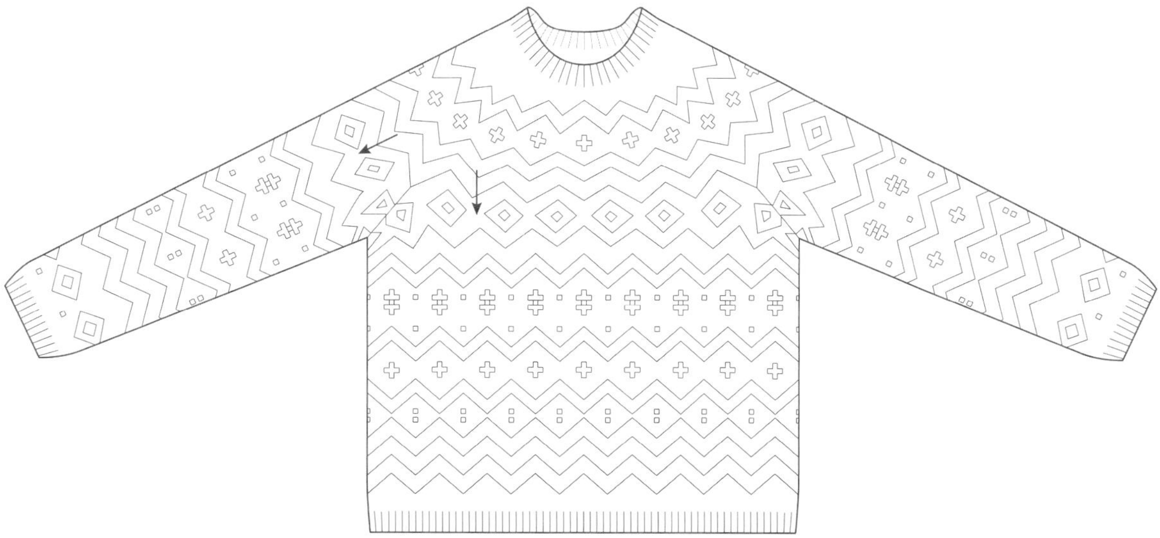

PASSE
26(26)34 M mit Nd Nr. 8 und A anschl.

Reihe 1 (Rück-R): 1 re – 25(25)33 li – 2 neue M anschl = 28(28)36 M.
Reihe 2: 28(28)36 re – 2 neue M anschl = 30(30)38 M.

Reihe 3: 1 re – li zu Ende str – 2 neue M anschl = 32(32)40 M.
Reihe 4: Re str – 2 neue M anschl = 34(34)42 M.
Reihe 5: 1 re – li zu Ende str – 2 neue M anschl = 36(36)44 M.

Reihe 6 mit 1. Zunahme: 2 re – *1 neue re (s. Abk.) – 2 re*. Von * bis * bis zum Ende wdh – 2 neue M anschl = 55(55)67 M.

Glatt rechts weiter str und am Ende der nächsten 5 R 2 neue M anschl = 65(65)77 M.

Reihe 12 mit 2. Zunahme: 2 re – *1 neue re – 3 re*. Von * bis * bis zum Ende wdh = 86(86)102 M.
Den Faden abschneiden.

In der Hin-R die ersten 43(43)51 M auf die rechte Nd überheben, ohne sie zu str = Nackenmitte.
Hier eine Markierung für den Rd-Beginn setzen.

Ab hier in Rd weiter str.
Rd 1: 43(43)51 re – 2 neue M anschl – 43(43)51 re = 88(88)104 M.

2 Rd re str.

Im Muster laut Diagramm str.
Die Spannfäden nicht über mehr als 3 M mitlaufen lassen, bevor sie auf der Rückseite eingewoben werden. Jedoch nie an derselben Stelle einweben.

Bis einschließlich der 22.(26.)28. Diagramm-R weiter str.
Die Fäden abschneiden.
Die Arbeit misst ab Nackenmitte ca. 21(23)24 cm.

AUFTEILUNG
Laut Diagramm weiter str.

Die ersten 29(29)33 M auf die rechte Nd überheben, ohne sie zu str.
Die nächsten 31(31)39 M stilllegen, ohne sie zu str.
12(16)16 neue M auf der re Nd anschl (mit der Hintergrundfarbe) – 57(57)65 M für das Vorderteil str (4(4)0 M nach Diagrammstart beg) – 31(31)39 M stilllegen, ohne sie zu str – 23(31)31 neue M mit der Hintergrundfarbe anschl (die Musterfarben mitführen und in den Anschlag einweben) – 57(57)65 M für den Rücken str (4(4)0 M nach Diagrammstart beg) – 11(15)15 neue M anschl.

Hier den Rd-Beginn markieren.

KÖRPER
Das Muster in Runden über die 160(176)192 Körper-M str.
0(4)0 M nach Diagrammstart beg und bis einschl. der 80. Diagramm-R str.
Die Arbeit misst ab Nackenmitte ca. 53 cm.

5 R re mit A str.

Zu Nd Nr. 6 wechseln.
4 Rd Rippenmuster str: *1 re – 1 li*.
Von * bis * wdh.
Alle M im Rippenmuster abk.

ÄRMEL
Die 31(31)39 Ärmel-M auf eine Nd Nr. 8 setzen.

Im Muster 11(15)15 neue M aus der einen Hälfte der angeschlagenen Körper-M aufnehmen (in der Mitte unter dem Ärmel beg) – 1 M aus dem Übergang zu den Ärmel-M heraus str – im Muster über die 31(31)39 Ärmel-M str – 1 M aus dem Übergang zu den Körper-M heraus str – 12(16)16 neue M aus der 2. Hälfte der angeschlagenen Körper-M str = 56(64)72 M.
Hier den Rd-Beginn markieren.

8(6)8 Muster-Rd laut Diagramm str.

Abnahmen str: 2 re zus – im Muster bis zu den 3 letzten M der Rd str – 2 re verschr zus str – 1 re = 54(62)70 M.

Das Muster weiter str und die Abn insg 9(12)16-mal in jeder 8.(6.)4. Rd str = 38(40)40 M.

Ist das Diagramm zu Ende gestr, den Ärmel re nur mit A weiter str, bis er nach der Aufteilung ca. 42(40)39 cm misst.

Zu Nd Nr. 6 wechseln.
4 Rd Rippen wie unten am Körper str.
Alle M im Rippenmuster abk.

Den zweiten Ärmel genauso str.

HALSRAND
Mit Nd Nr. 6 und A 60(62)68 neue M rund um den Halsausschnitt heraus str.
In der Nackenmitte beg.

4 Rd Rippen wie unten am Körper str.
Alle M im Rippenmuster abk.

FERTIGSTELLUNG
Alle Fäden vernähen.

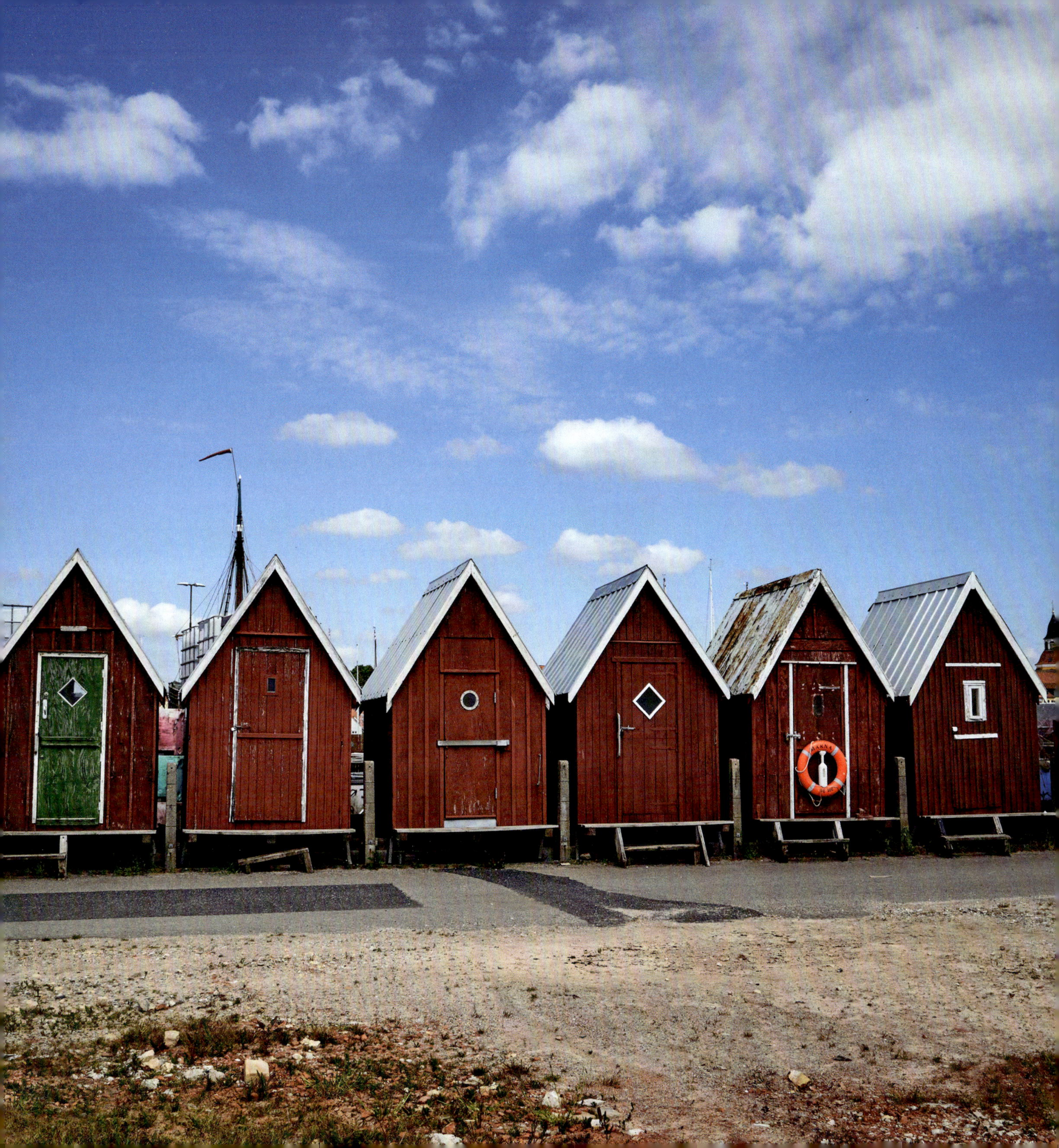

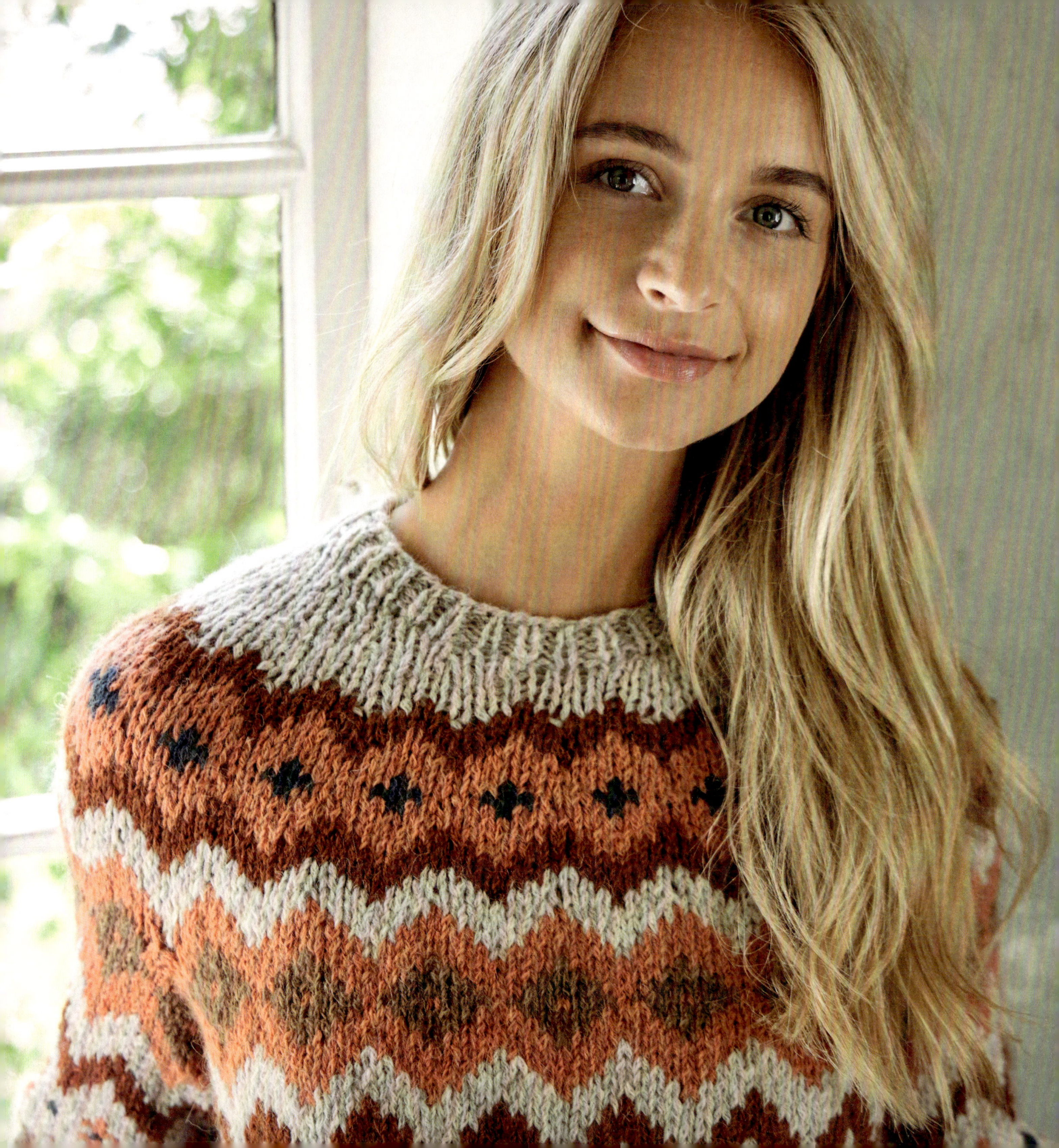

DIAGRAMM

= A: Isager Alpaca 3 Farbe 2s

= B: Isager Alpaca 3 Farbe 33

= C: Isager Alpaca 3 Farbe 1

= D: Isager Alpaca 3 Farbe 18

= E: Isager Alpaca 3 Farbe 8s

= 1 neue re

= 1 neue re

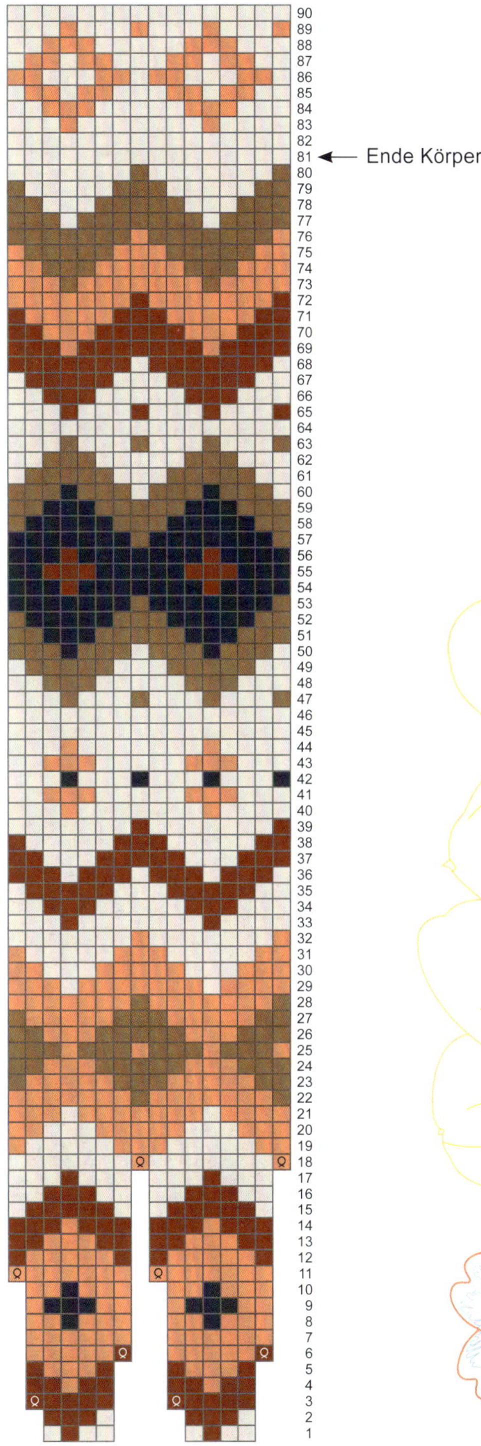

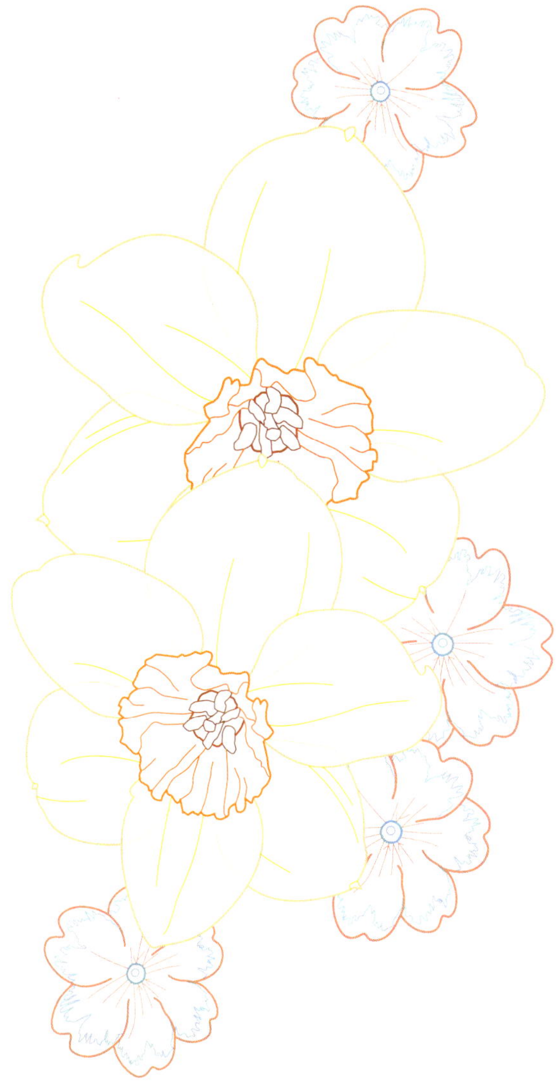

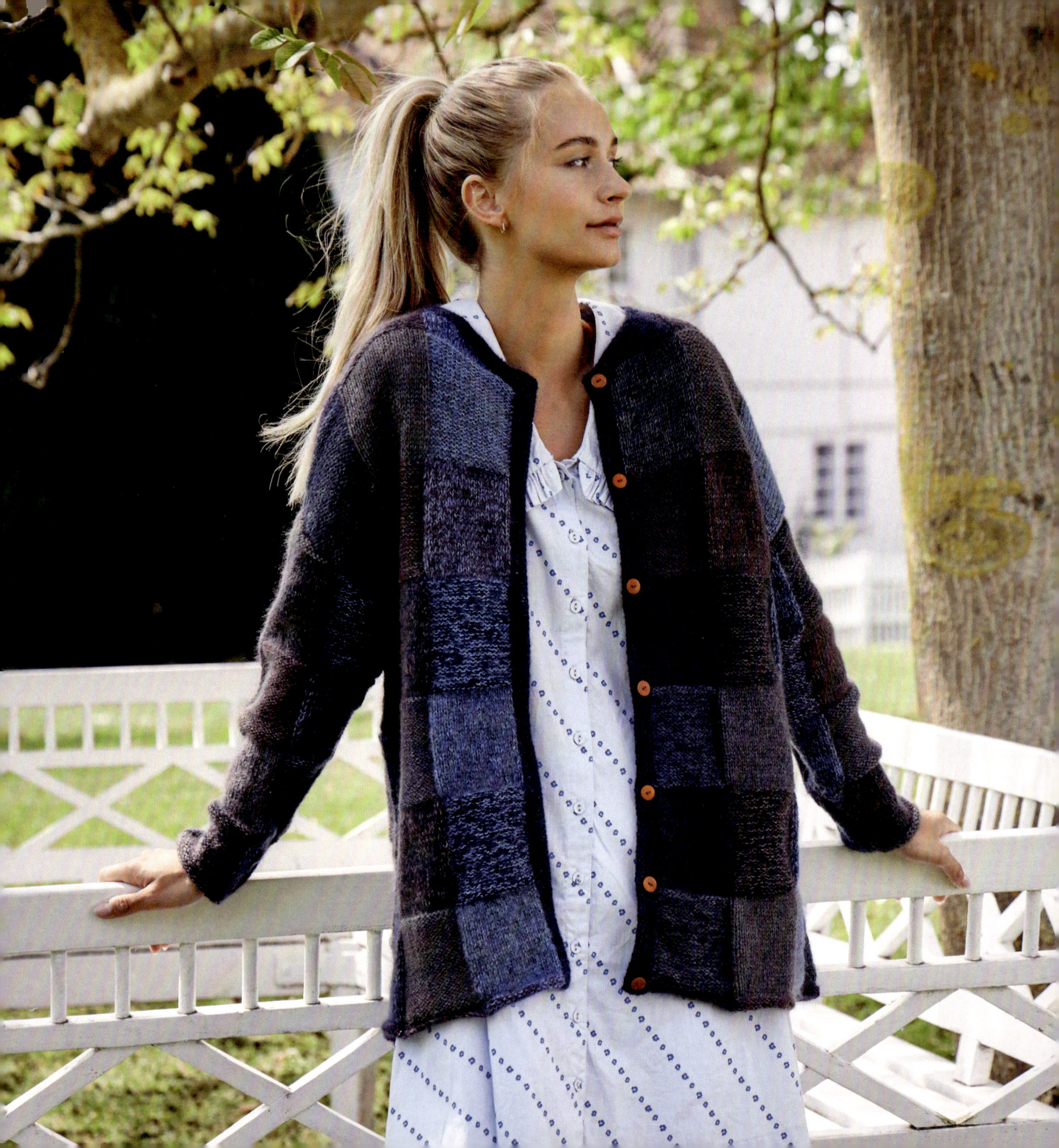

FREDERIKSØ

Svendborg stellt die Wand für eines der größten Wandgemälde Dänemarks zur Verfügung. Ich entdeckte es bei einem Spaziergang nach Christiansminde, aber so richtig sah ich es erst bei einem Abendausflug nach Skansen auf der vorgelagerten Insel Tåsinge. Das Gemälde ist dem Svendborgsund zugewandt und erreicht man die Stadt mit dem Schiff, bekommt man für sein Geld etwas geboten.

Das Schwimmdock auf Frederiksø bietet den Hintergrund für das große Werk : „Das Blaue Dock", gemalt von Nigel Thomas und Søren Østerkjærhuus.

Die Motive sind eine direkte Anspielung auf Svendborgs maritime Geschichte mit den vielen Schiffswerften, die die Stadt über mehrere Jahrhunderte geprägt haben. Unzählige Männer in blauer Arbeitskleidung haben die Brücke nach Frederiksø überquert, um sich zur Arbeit zu melden, wenn frühmorgens die Werftsirene ertönte. Die Sirene ist ein Teil von Svendborgs DNA geblieben, und selbst nachdem die Schiffswerft geschlossen wurde, ertönt die Werftsirene weiterhin.

Gr.: S(M)L/XL(XXL)
Halbe Oberweite: 53(60)67(73) cm
Länge: 75(77)82(75) cm
Ärmellänge ab Armausschnitt: 42(40)38(35) cm

Material
A: 50(50)75(75) g Isager Silk Mohair Farbe 60
B: 75 g Isager Silk Mohair Farbe 100
C: 50(50)75(75) g Isager Silk Mohair Farbe 44
E: 100 g Isager Tvinni Farbe 100
F: 50 g Isager Highland Farbe Ocean
G: 50 g Isager Alpaca 2 Farbe 60
H: 50 g Isager Tvinni Farbe 101
I: 50 g Isager Highland Farbe Denim Blue

A, B, C erzeugen die senkrechten Streifen.
E, F, G, H, I erzeugen die waagerechten Streifen.
Zusammen erscheinen sie als Karos.

8(7)7(6) Knöpfe
Rundnadeln Nr. 3½ und 4

Maschenprobe glatt rechts mit Nd Nr. 4: 10 cm = 18 M und 27 R

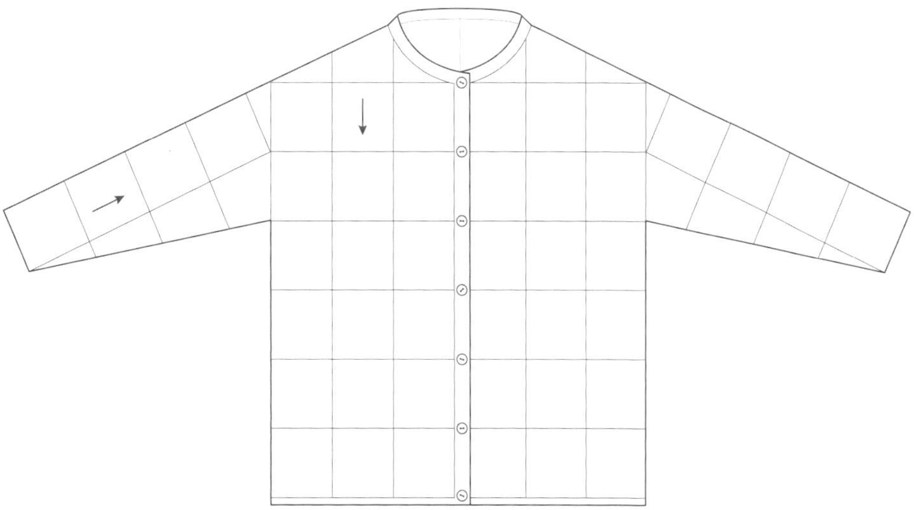

Die Jacke wird von oben nach unten gearbeitet.

RÜCKEN

32(36)40(44) Nacken-M mit B + E und Nd Nr. 4 anschl.

Darauf achten, die Fäden beim Farbwechsel auf der Innenseite des Strickstücks zu halten.

Reihe 1 (Rück-R): Mit B + E str: 16(18)20(22) re – B mit A auswechseln und mit A + E weiter str: 15(17)19(21) li – 1 re.

Reihe 2: Mit A + E str: 16(18)20(22) re – mit B + E weiter str: 16(18)20(22) li – mit C + E für die Schulter 3 neue M anschl = 35(39)43(47) M.

Reihe 3: Mit C + E str: 1 re – 2 li – mit B + E weiter str: 16(18)20(22) re – mit A + E weiter str: 16(18)20(22) li – mit C + E für die Schulter 3 neue M anschl = 38(42)46(50) M.

Reihe 4: Mit C + E str: 1 re – 2 li – 32(36)40(44) M wie bisher str – mit C + E weiter str: 3 re – 3 neue M anschl = 41(45)49(53) M.

Reihe 5: Mit C + E str: 1 re – 5 li – 32(36)40(44) M wie bisher str – mit C + E str: 3 re – 3 neue M anschl = 44(48)52(56) M.

Reihe 6: Mit C + E str: 1 re – 5 li – 32(36)40(44) M wie bisher str – mit C + E str: 6 re – 3 neue M anschl = 47(51)55(59) M.

Reihe 7: Mit C + E str: 1 re – 8 li – 32(36)40(44) M wie bisher str – mit C + E str: 6 re – 3 neue M anschl = 50(54)58(62) M.

Im Muster weiter str.
Die neuen M in das Muster einfügen.
Beidseitig noch 1(1)3(3)-mal am Ende der R 3 neue M anschl = 56(60)76(80) M.
Die neuen M in das Muster einfügen.

Beidseitig noch 2(3)1(2)-mal am Ende der R 2 neue M anschl = 64(72)80(88) M.

Nun beidseitig für weitere Karos die neuen M mit neuen Farben anschl.

Am Ende der Hin-R 3 neue M mit A + E anschl.
Die neuen M in den Hin-R li und in den Rück-R re str.

Am Ende der Rück-R 3 neue M mit B + E anschl.
Die neuen M in den Hin-R re und in den Rück-R li str.

Wdh, bis beidseitig insg 4(4)4(6)-mal 3 neue M angeschl sind= 88(96)104(124) M.

Danach beidseitig noch 1(2)3(1)-mal 2 neue M anschl = 92(104)116(128) M.

Insg sind nun 23(27)29(31) R gestr.
E abschneiden.

Nun den 2. Block waagerechter Karos str.
Mit den Farben A, B, C wie bisher weiter str.
E mit F auswechseln, sodass im 2. Block alle M mit F + 2. Farbe gestr werden.

Reihe 1 (Hin-R): Re über alle M str – am Ende der R 3 neue M anschl = 95(107)119(131) M.
Reihe 2: 1 re – 16(18)20(22) li – *16(18)20(22) re – 16(18)20(22) li*. Von * bis * wdh.
Ende mit 14(16)18(20) re – 3 neue M anschl = 98(110)122(134) M.

Reihe 3: 1 re – *16(18)20(22) li – 16(18)20(22) re*.
Von * bis * wdh. Ende mit 1 re.

Reihe 3 wdh, bis insg 24(28)30(32) R mit F gestr sind.
F abschneiden.

Nun den 3. Block waagerechter Karos str.
F mit G auswechseln und mit G über alle M str.

1 Hin-R re über alle M str.
23(27)31(35) R im Muster str: 1 re – *16(18)20(22) re – 16(18)20(22) li*.
Von * bis * wdh. Ende mit 16(18)20(22) re – 16(18)20(22) li – 1 re.

Den Farbwechsel laut Diagramm fortsetzen und abwechselnd rechte und linke M wie im 2. und 3. Karoblock str, bis insg 8(7)7(6) waagerechte Karoblöcke gestr sind.
Noch einen neuen waagerechten Karoblock beg, aber nur 4 R str.
Danach alle M im Muster abk.

LINKES VORDERTEIL

3 M mit A + E und Nd Nr. 4 anschl.

Reihe 1 (Rück-R): 1 re – 1 li – 1 re.
Reihe 2: 3 re – 3 neue M für die Schulter anschl = 6 M.
Reihe 3: 1 re – 4 li – 1 re.
Reihe 4: 6 re – 3 neue M anschl = 9 M.

Auf diese Weise mit A + E weiter str.
Die neuen M in das Muster einfügen.
Noch 1(1)3(3)-mal am Ende jeder Hin-R 3 neue M anschl = 12(12)18(18) M.

Danach noch 2(3)1(2)-mal am Ende der Hin-R 2 neue M anschl = 16(18)20(22) M.
Mit einer Rück-R enden.

Nun beidseitig am Ende jeder R neue M für weitere Karos mit neuen Farben anschl.

Am Ende der Hin-R für die Schulter 3 neue M mit C + E anschl.
Am Ende der Rück-R für den Halsausschnitt 3 neue M mit B + E anschl.
Die neuen M in den Hin-R li und in den Rück-R re str.

Beidseitig insg 4(4)4(6)-mal am Ende der R 3 M anschl = 40(42)44(58) M.

Danach beidseitig 1(2)3(1)-mal am Ende der R 2 M anschl = 44(50)56(62) M.
E abschneiden.

Nun den 2. Block waagerechter Karos str.
Mit den Farben A, B, C weiter str wie bisher.
E mit F auswechseln, sodass im 2. Block alle M mit F + 2. Farbe gestr werden.

Reihe 1 (Hin-R): Über alle M re str – 3 neue M anschl = 47(53)59(65) M.
Reihe 2: 1 re – 16(18)20(22) li – 16(18)20(22)

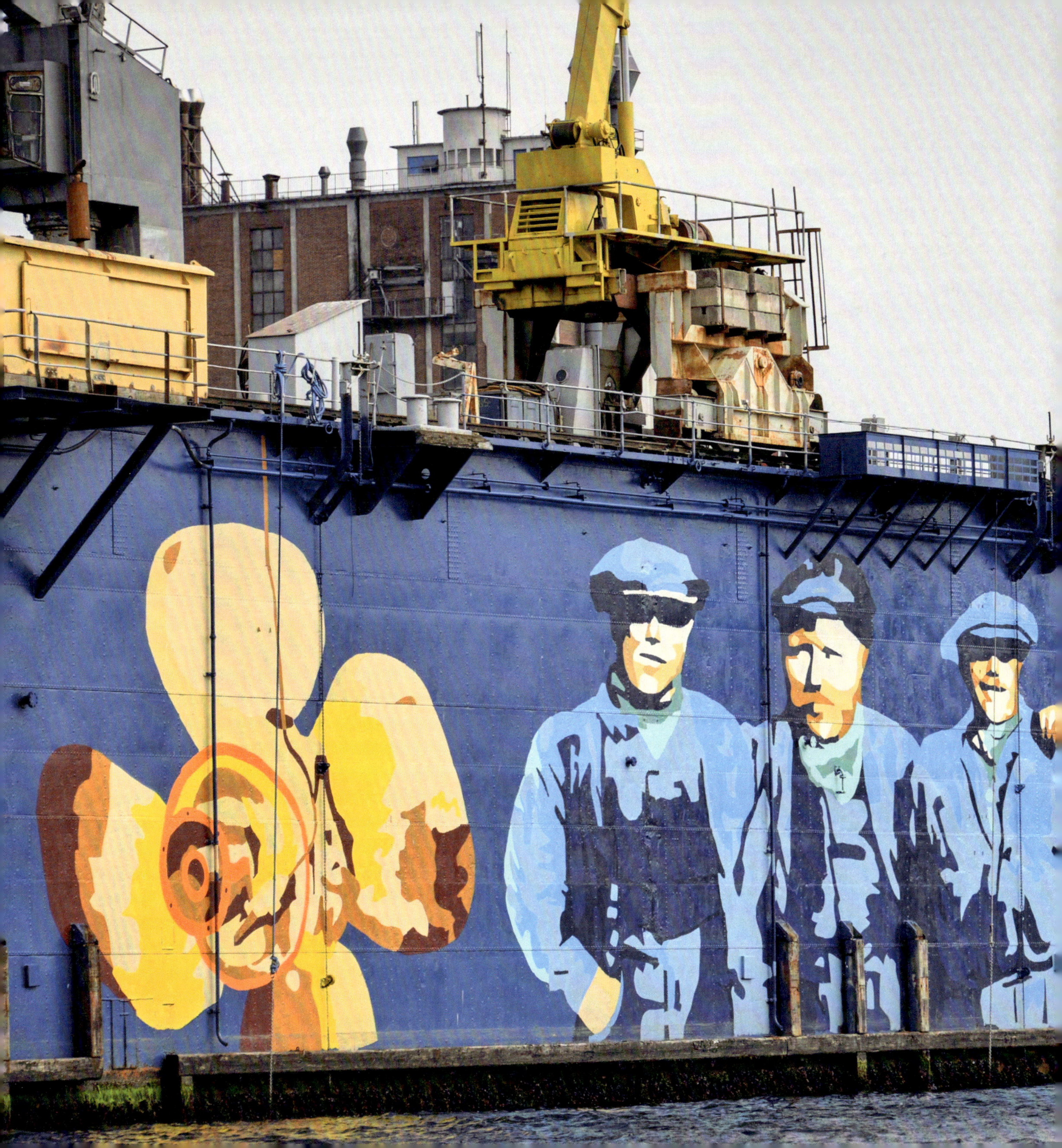

re – 14(16)18(20) li – 3 neue M anschl = 50(56)62(68) M.

Reihe 3: 17(19)21(23) re – 16(18)20(22) li – 17(19)21(23) re.
Reihe 4: 1 re – 16(18)20(22) li – 16(18)20(22) re – 16(18)20(22) li – 1 re.

Die Reihen 3 – 4 wdh, bis insg 24(28)30(32) R mit F gestr sind.
F abschneiden.

Laut Diagramm wie am Rücken fertig str.

RECHTES VORDERTEIL

3 M mit A + E und Nd Nr. 4 anschl.

Reihe 1 (Rück-R): 3 re str.
Reihe 2: 1 re – 1 li – 1 re.
Reihe 3: 3 re – 3 neue M für die Schulter anschl = 6 M.
Reihe 4: 1 re – 4 li – 1 re.
Reihe 5: 6 re – 3 neue M anschl = 9 M.

Auf diese Weise mit A + E weiter str.
Die neuen M in das Muster einfügen.
Noch 1(1)3(3)-mal am Ende jeder Rück-R 3 neue M anschl = 12(12)18(18) M.

Danach noch 2(3)1(2)-mal am Ende der Rück-R 2 neue M anschl = 16(18)20(22) M.
Mit einer Rück-R enden.

Nun beidseitig am Ende jeder R neue M für weitere Karos mit neuen Farben anschl.

Am Ende der Hin-R für den Halsausschnitt 3 neue M mit C + E anschl.
Am Ende der Rück-R für die Schulter 3 neue M mit B + E anschl.
Die neuen M in den Hin-R re und in den Rück-R li str.

Beidseitig insg 4(4)4(6)-mal am Ende der R 3 M anschl = 40(42)44(58) M.

Danach beidseitig 1(2)3(1)-mal am Ende der R 2 M anschl = 44(50)56(62) M.
E abschneiden.

Nun den 2. Block waagerechter Karos str.
Mit den Farben A, B, C weiter str wie bisher.
E mit F auswechseln, sodass im 2. Block alle M mit F + 2. Farbe gestr werden.

Reihe 1 (Hin-R): Über alle M re str – 3 neue M anschl = 47(53)59(65) M.
Reihe 2: 17(19)21(23) re – 16(18)20(22) li – 14(16)18(20) re – 3 neue M anschl = 50 (56)62(68) M.

Reihe 3: 1 re – 16(18)20(22) li – 16(18)20(22) re – 16(18)20(22) li – 1 re.
Reihe 4: 17(19)21(23) re – 16(18)20(22) li – 17(19)21(23) re.

Die Reihen 3 – 4 wdh, bis insg 24(28)30(32) R mit F gestr sind.
F abschneiden.

Laut Diagramm wie am Rücken fertig str.

ÄRMEL

36(40)44(48) M mit A + F und Nd Nr. 4 anschl.

Den Rand str:
Reihe 1 (Rück-R): Mit A + F str: 1 re – 1 li – weiter mit B + F str: 16(18)20(22) re – weiter mit A + F str: 16(18)20(22) li – weiter mit C + F str: 2 re.

Reihe 2: Mit C + F str: 1 re – 1 li – mit A + F str: 16(18)20(22) re – mit B + F str: 16(18)20(22) li – mit A + F str: 2 re.

Reihe 3: Wie Reihe 1 str.

F mit I auswechseln.
Reihe 1 (Hin-R): Über alle M re str.
Reihe 2: 2 re – 16(18)20(22) li – 16(18)20(22) re – 1 li – 1 re.

Reihe 3 mit Zunahme: 1 re – 1 neue re (s. Abk.) – 1 re – 16(18)20(22) li – 16(18)20(22) re – 1 li – 1 neue li (s. Abk.) – 1 re.
Die neuen M in das Muster einfügen.

Nach insg 24(28)30(32) R die Farbe wechseln.
GLEICHZEITIG die Zun insg 15(17)19(21)-mal in jeder 7.(6.)5.(4.) R str = 66(74)82(90) M.

Weiter str, bis der Rand + 4(3)3(2) Blöcke waagerechter Karos + 14(20)8(26) R des 5.(4.)4.(3.) Karoblocks gestr sind.
Das Farbdiagramm gibt eine Orientierung.
Sollte jedoch eine Farbe ausgehen, kann einfach eine andere Farbe gewählt werden.

Der Ärmel misst ca. 42(40)38(35) cm.

Im Muster weiter str und gleichzeitig an beiden Seiten 7(8)9(10)-mal zu Beginn jeder R 4 M abk = 10(10)10(10) M.
Die letzten M abk.

Den zweiten Ärmel auf die gleiche Weise str.
Die Farben müssen nicht zwingend genauso platziert werden.

HALSRAND

Am Halsausschnitt M mit B + E und Nd Nr. 3½ heraus str.
In einer Hin-R die M wie folgt heraus str: 20(22)25(27) M aus der Oberseite des schrägen Karos str – 7(9)9(11) M bis zur Schulternaht str – 32(36)40(44) M aus der Anschlag-R im Nacken str – 7(9)9(11) M bis zum schrägen Karo str – 20(22)25(27) M aus der Oberseite des schrägen Karos str = 86(98)108(120) M.

7 R re str.
In der Hin-R alle M abk.

LINKER VORDERRAND

Die M mit B + E und Nd Nr. 3½ aus dem linken Vorderteil str.
Mit einer Hin-R beg: 4 M aus dem Halsrand – danach 16(18)20(22) M aus jedem der 7(6)6(5) Karos str – 4 M aus dem unteren Rand str = 120(116)128(118) M.

Reihe 1 (Rück-R): 1abhFv – re zu Ende str.
Insg 7 R wie Reihe 1 str.
In der Hin-R alle M abk.

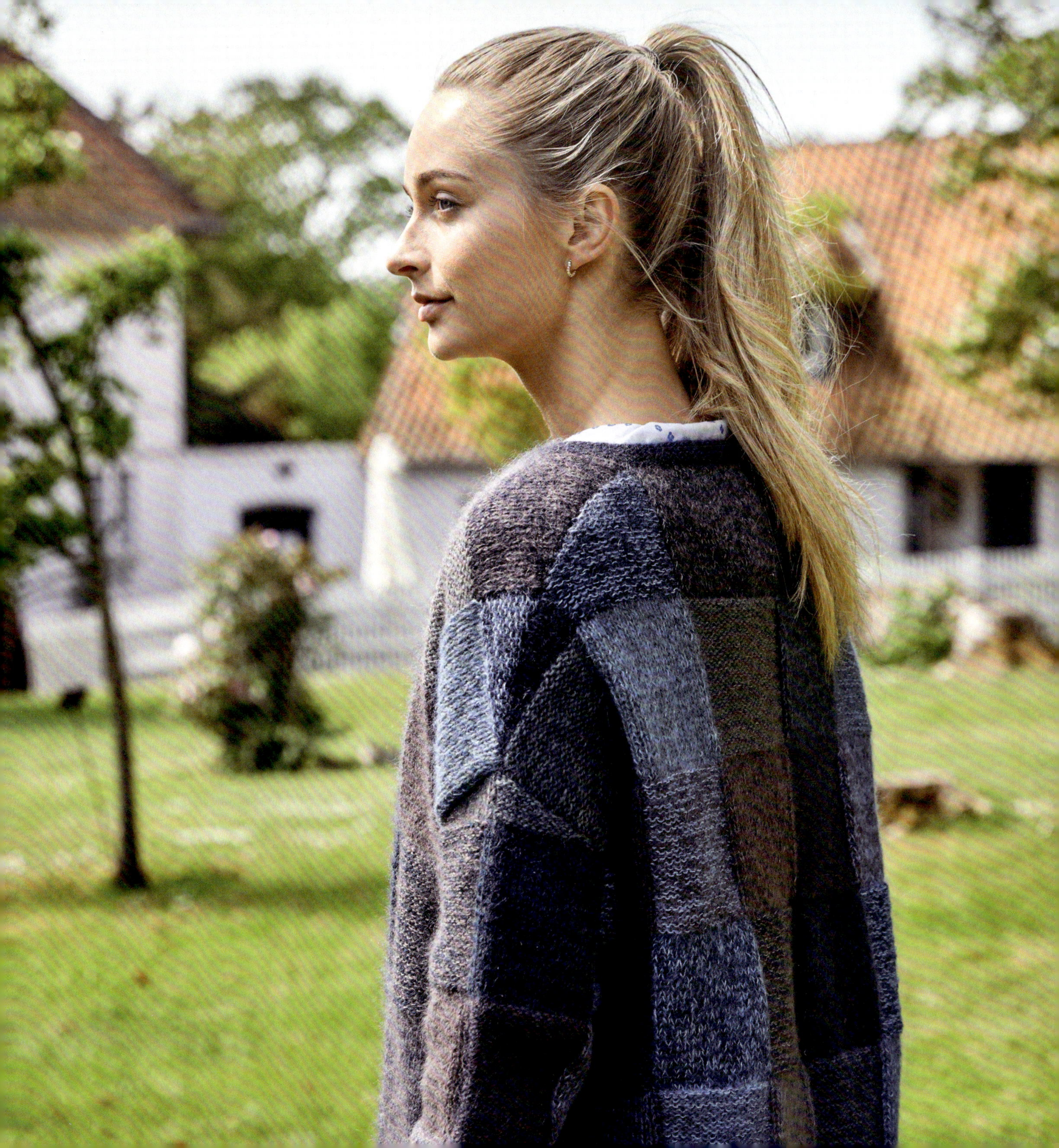

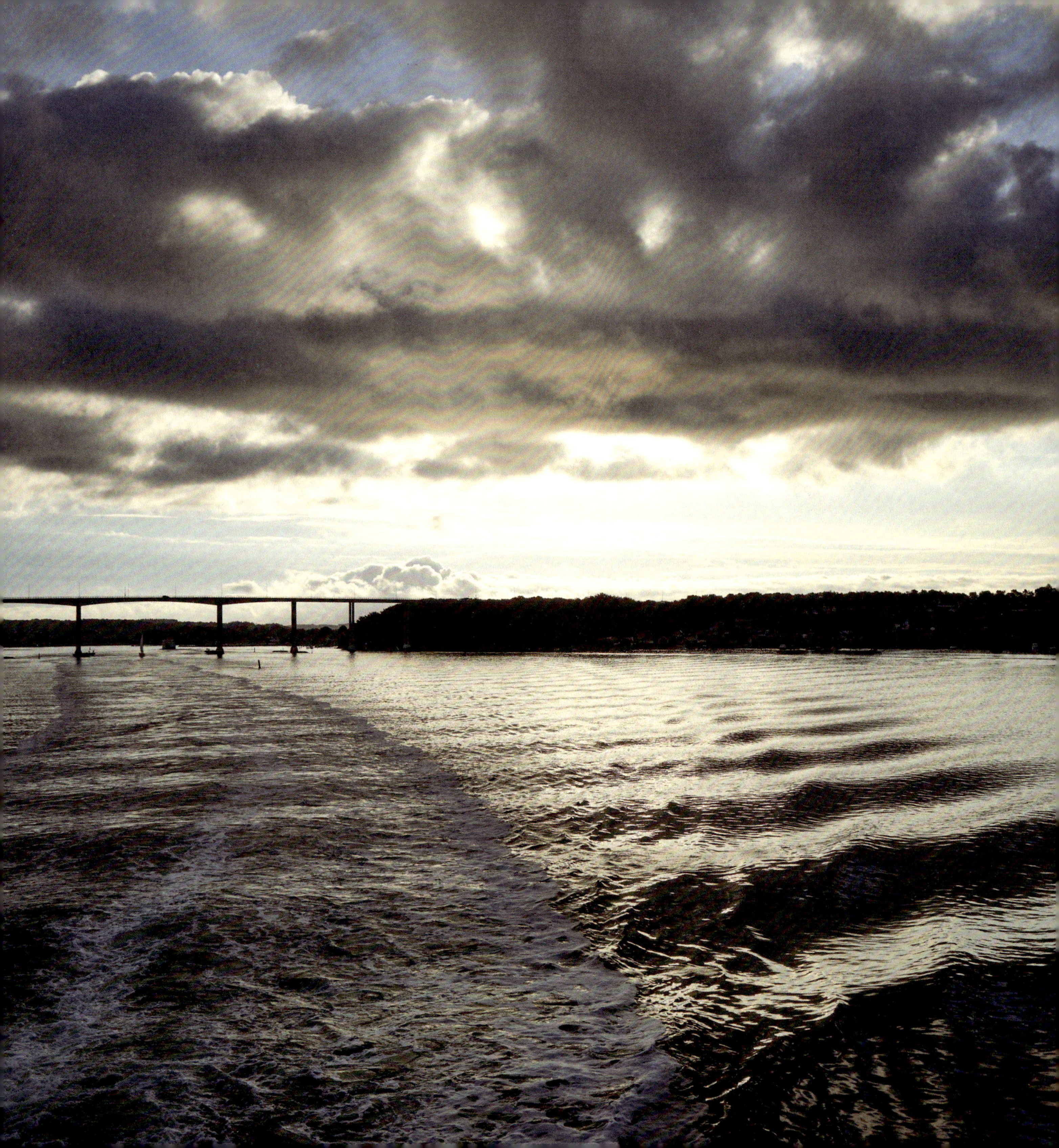

RECHTER VORDERRAND

Die M mit B + E und Nd Nr. 4 anschl.
Mit einer Hin-R beg: 4 M aus dem unteren Rand str – danach 16(18)20(22) M aus jedem der 7(6)6(5) Karos str – 4 M aus dem Halsrand str = 120(116)128(118) M.

Reihe 1 (Rück-R): 1abhFv (s.Abk.) – re zu Ende str.
Insg 3 R wie Reihe 1 str.

Reihe 4 mit Knopflöchern (Hin-R): 1abhFv – 1 re – *2 re zus – 2 neue M anschl – 2 re verschr zus – 12(14)16(18) re*.
Von * bis * insg 7(6)6(5)-mal str – 2 re zus – 2 neue M anschl – 2 re verschr zus – 2 re str.

3 R wie Reihe 1 str.
In der Hin-R alle M abk.

FERTIGSTELLUNG

Die Ärmel so in die Armausschnitte nähen, dass die Ecken der Karos aneinander treffen (s. Skizze).
Die Seiten- und Ärmelnähte zusammennähen.
Alle Fäden vernähen und die Knöpfe annähen.

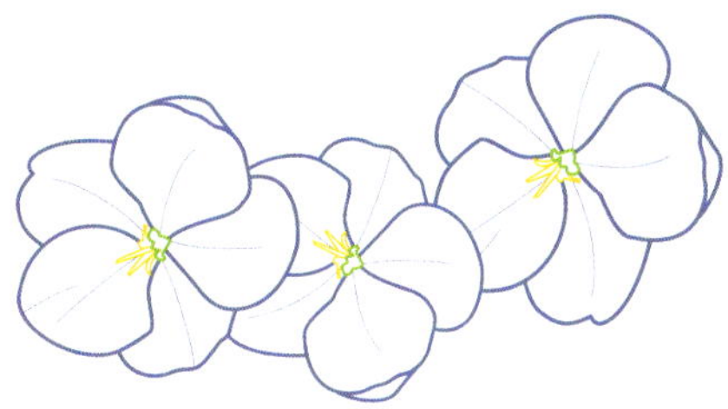

DIAGRAMM

= in den Hin-R li

= in den Hin-R re

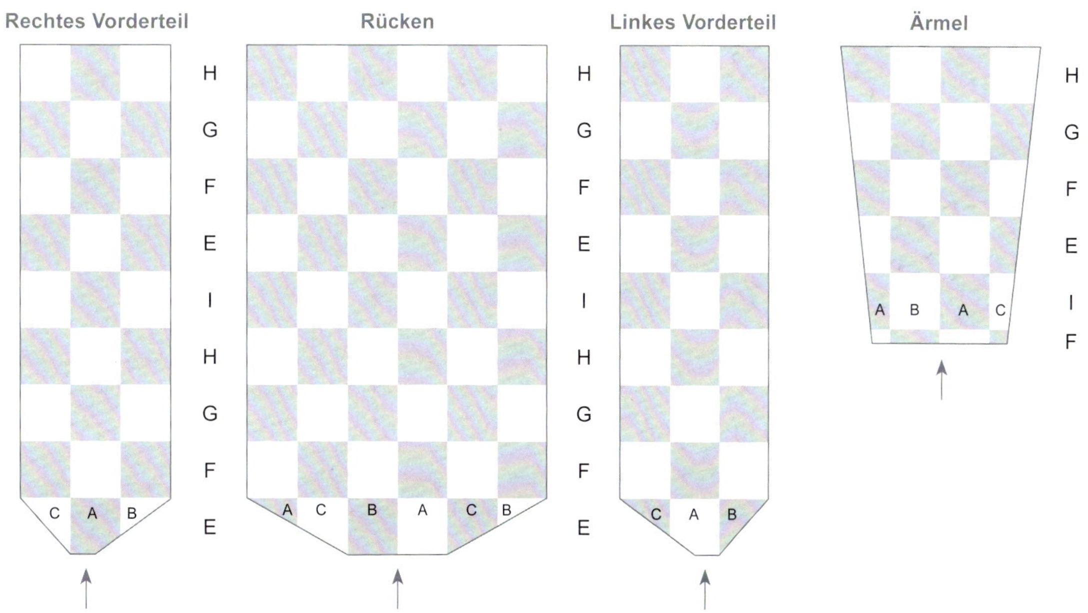

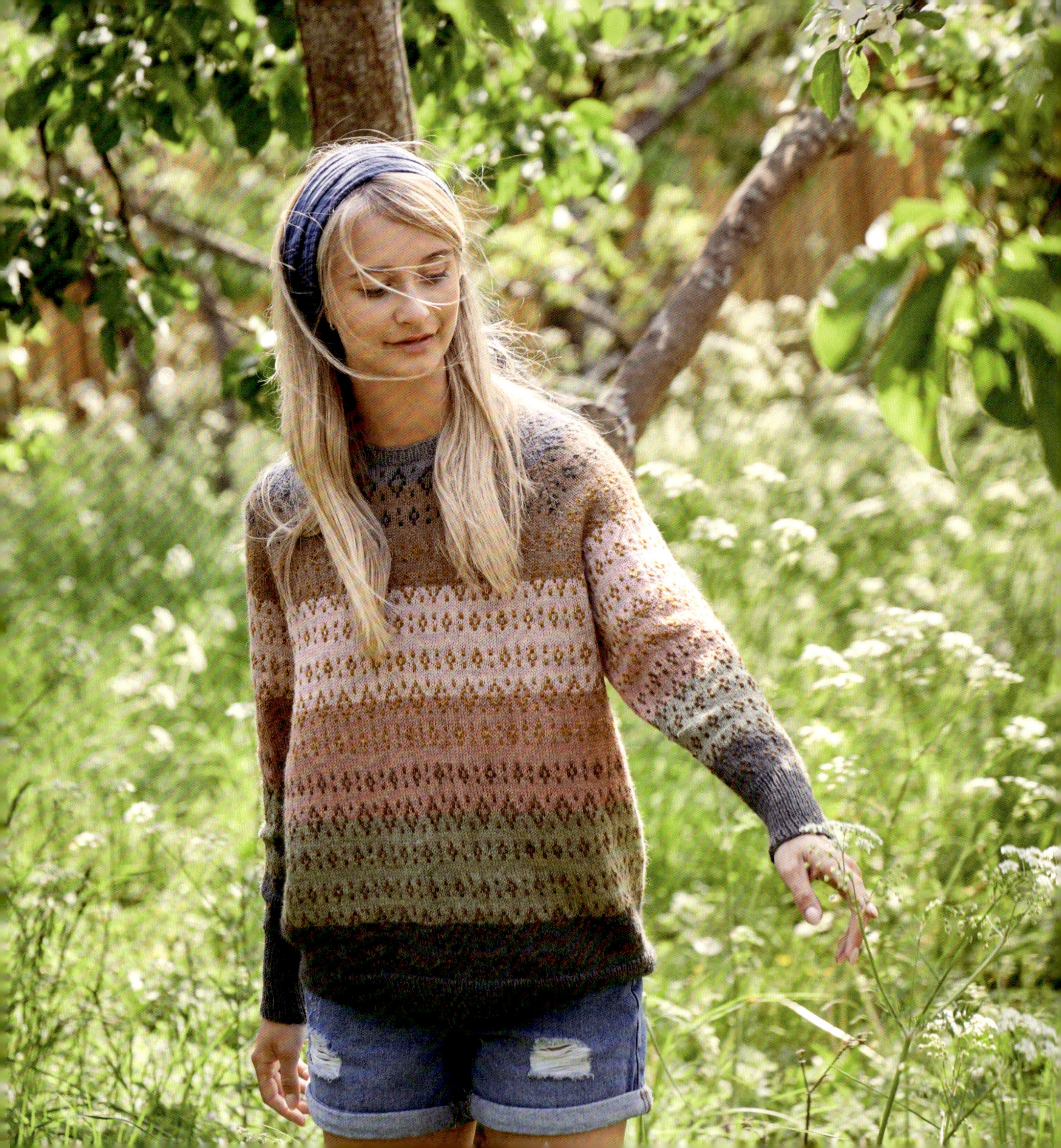

FYNS HOVED

Ganz oben in der östlichen Ecke von Fünen liegt dieser schöne Ort mit einer herrlichen Aussicht. Weit weg von allem, gut versteckt vor Gesetz und Ordnung des Landes, strahlt alles Frieden und Idylle aus, aber so war es nicht immer ...

Fyns Hoved war im Besitz des Marschalls Stig Andersen, der angeblich hinter dem Mord an König Erik Klipping in Finderup im Jahr 1287 steckte. Infolge dessen wurde Marschall Stig für friedlos geächtet. Røverdalen auf Fyns Hoved war wahrscheinlich eines seiner Verstecke.

Eine andere Geschichte handelt von dem Fynshovedmann, der umhergeistert. Er war ein Gutsherr, der auf Fyns Hoved ein Jagdrecht hatte – und das Jagdgebiet musste verteidigt werden. Zwischen dem Weihnachtsvorabend und dem Dreikönigstag ritt der Fynshovedmann mit seinen 12 Jagdhunden durch das Gebiet. Oh Schreck oh Weh, wenn Du wie ein Wilderer aussiehst, der illegal durch die Gegend streift.

Gr.: S(M)L(XL)XXL
Halbe Oberweite: 50(56)59(62)65 cm
Länge: 58(58)59(60)62 cm
Ärmellänge ab Armausschnitt: 43(41)39(38)37 cm

Material
A: 100 g Isager Alpaca 2 Farbe Forest
B: 50 g Isager Highland Farbe Clay
C: 50(50)50(50)100 g Isager Alpaca 2 Farbe Thyme
D: 50(50)50(100)100 g Isager Alpaca 2 Farbe Peach
E: 50 g Isager Tvinni Farbe 3
F: 50(50)50(50)100 g Isager Alpaca 2 Farbe 61
G: 50 g Isager Alpaca 2 Farbe E8s
H: 25 g Isager Highland Farbe Sky

Rund- und Strumpfnadeln Nr. 2½ und 3

Maschenprobe glatt rechts mit Nd Nr. 3: 10 cm = 27 M und 36 R

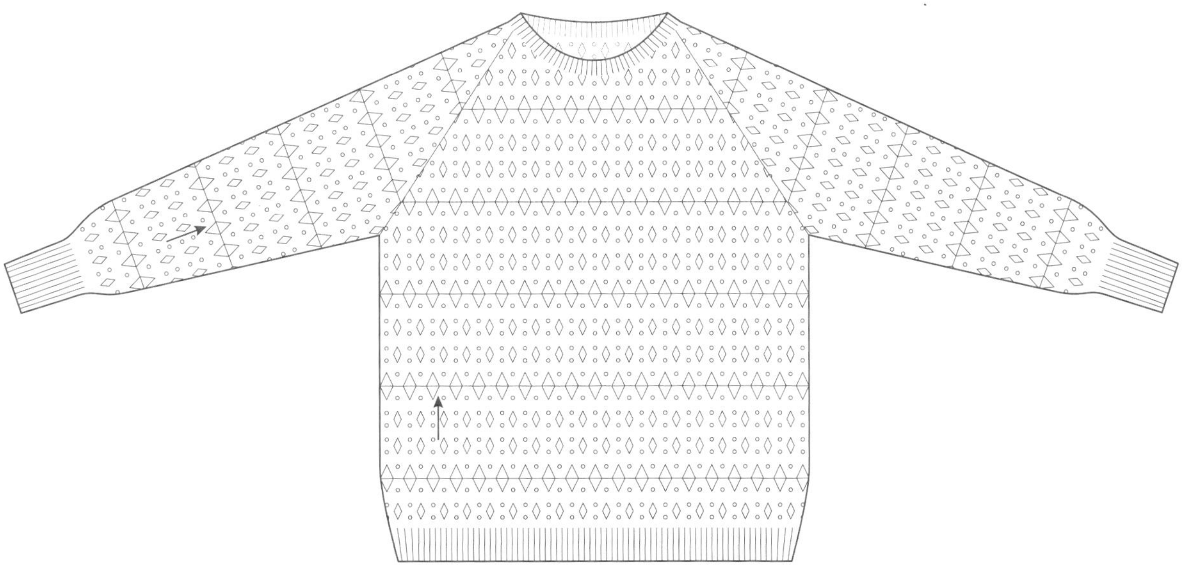

KÖRPER

272(304)320(336)352 M mit Rund-Nd Nr. 2½ und A anschl.

Zur Runde schließen.
17 Rd Rippenmuster str: *1 re – 1 li*.
Von * bis * wdh.
Das Bündchen misst ca. 4,5 cm

Zu Nd Nr 3 wechseln.
4 Rd re str.

Laut Diagramm und je nach Größe bis zu der Markierung für den Armausschnitt str.
Es ist wichtig, dass die Maschenprobe auch während der Farbmuster eingehalten wird.

Für die Armausschnitte abk und gleichzeitig nach Diagramm weiter str: 8(12)12(16)16 M abk –120(128)136(136)144 Rücken-M im Muster str (die 1. M ist bereits auf der Nd) – 16(24)24(32)32 M abk – 120(128)136(136)144 Vorderteil-M im Muster str (die 1. M ist bereits auf der Nd) – 8(12)12(16)16 M abk.

Die Körper-M stilllegen.

ÄRMEL

56(56)64(64)64 M mit Nd Nr. 2½ und A anschl.

Zur Runde schließen.
40 Rd Rippenmuster str: *1 re – 1 li*.
Von * bis * wdh.
Das Bündchen misst ca. 10 cm.

Zu Strumpf-Nd Nr. 3 wechseln.
Zunahmen str: 5 re – *1 neue re (s. Abk.) – 5(5)6(6)6 re*.
Von * bis * wdh. Ende mit 1 neue re – 6(6)5(5)5 re = 66(66)74(74)74 M.

3 Rd re str.

Laut Diagramm str: 1 re (die 1. M immer mit der Hintergrundfarbe str) – die Rd laut Diagramm zu Ende str.

Zun str: 1 re – 1 neue re – laut Diagramm zu Ende str – 1 neue re = 68(68)76(76)76 M.

Laut Diagramm weiter str – die neuen M in das Muster einfügen.

Die Zun insg 6(7)10(20)8-mal in jeder 6.(6.)6.(4.)2. Rd str = 78(80)94(114)90 M.

Danach die Zun 9(16)9(7)19-mal in jeder 8.(4.)4.(2.)4. Rd wdh = 96(112)112(128)128 M.

Laut Diagramm weiter str, bis der Ärmel mit derselben Musterreihe wie der Körper endet.

Für den Armausschnitt abk: 8(12)12(16)16 M abk – 80(88)88(96)96 M im Muster str (die 1. M ist bereits auf der Nd) – 8(12)12(16)16 M abk.
Die Fäden abschneiden und die M stilllegen.

Den zweiten Ärmel genauso str, die M zum Schluss aber nicht stilllegen.

PASSE

Die Körper- und Ärmel-M wieder auf eine Nd setzen und in Runden über alle Teile im Muster laut Diagramm str.

Über den Rücken str: 1 re und diese M markieren (diese M immer mit der Hintergrundfarbe str) – 119(127)135(135)143 M im Muster.
Weiter über den 1. Ärmel str: 1 re und markieren (immer mit der Hintergrundfarbe str) – 79(87)87(95)95 M im Muster.
Weiter über das Vorderteil str: 1 re und markieren (immer mit der Hintergrundfarbe str) – 119(127)135(135)143 M im Muster.
Weiter über den 2. Ärmel str: 1 re und markieren (immer mit der Hintergrundfarbe str) – 79(87)87(95)95 M im Muster str = 400(432)448(464)480 M.

1 Rd im Muster laut Diagramm str.

1. Abnahme: *1 re mit Hintergrundfarbe – 2 re zus mit der Farbe, die laut Diagramm für die 2. M vorgegeben ist – laut Diagramm bis 2 M vor die markierte M str – 2 re verschr zus, mit der Farbe, die laut Diagramm für die 1. M vorgegeben ist*. Von * bis * insg 4-mal str = 392(424)440(456)472 M.

Im Muster laut Diagramm weiter str und die Abn in jeder 2. Rd wdh, bis insg 26(29)31(33)35 Abnahme-Rd gestr sind = 192(200)200(200)200 M.
Nach der letzten Abn noch eine Rd im Muster str.

HALSAUSSCHNITT

Für den Halsausschnitt abk (Hin-R): 1 re – 2 re zus – 63(65)69(65)69 re – 2 re verschr zus – 1 re – 2 re zus – 23(25)21(25)21 re – 2 re verschr zus – 1 re – 2 re zus – 29(31)31(29)29 re – die mittleren 5(3)7(7)11 Vorderteil-M abk – 29(31)31(29)29 re (die 1. M ist bereits auf der Nd) – 2 re verschr zus – 1 re – 2 re zus – 23(25)21(25)21 re – 2 re verschr zus = 179(189)185(185)181 M.
Die Fäden abschneiden.

Die M auf der Nadel so verschieben, dass die Rück-R nach den abgeketteten M beg.
In Reihen hin und her str – immer im Muster laut Diagramm str.

Reihe 1 (Rück-R): 3 M abk – im Muster bis zu der letzten M str – 1 re.
Reihe 2: 3 M abk – im Muster und mit Abn an den markierten M wie bisher str = 165(175)171(171)167 M.

Im Muster und mit den Abn in jeder Hin-R weiter str und gleichzeitig an beiden Seiten noch 2-mal zu Beginn der R 3 M abk = 137(147)143(143)139 M.

Beidseitig noch 3-mal zu Beginn der R 2 M abk = 101(111)107(107)103 M.

Beidseitig noch 3(4)4(3)3-mal zu Beginn der R 1 M abk = 71(71)67(77)73 M.

Reihe 1 (Rück-R): 1 M abk – die R zu Ende str wie bisher.
Reihe 2: 3 re verschr zus – mit Abn wie bisher str = 61(61)57(67)63 M.
Farbe A abschneiden, mit Farbe H weiter str.

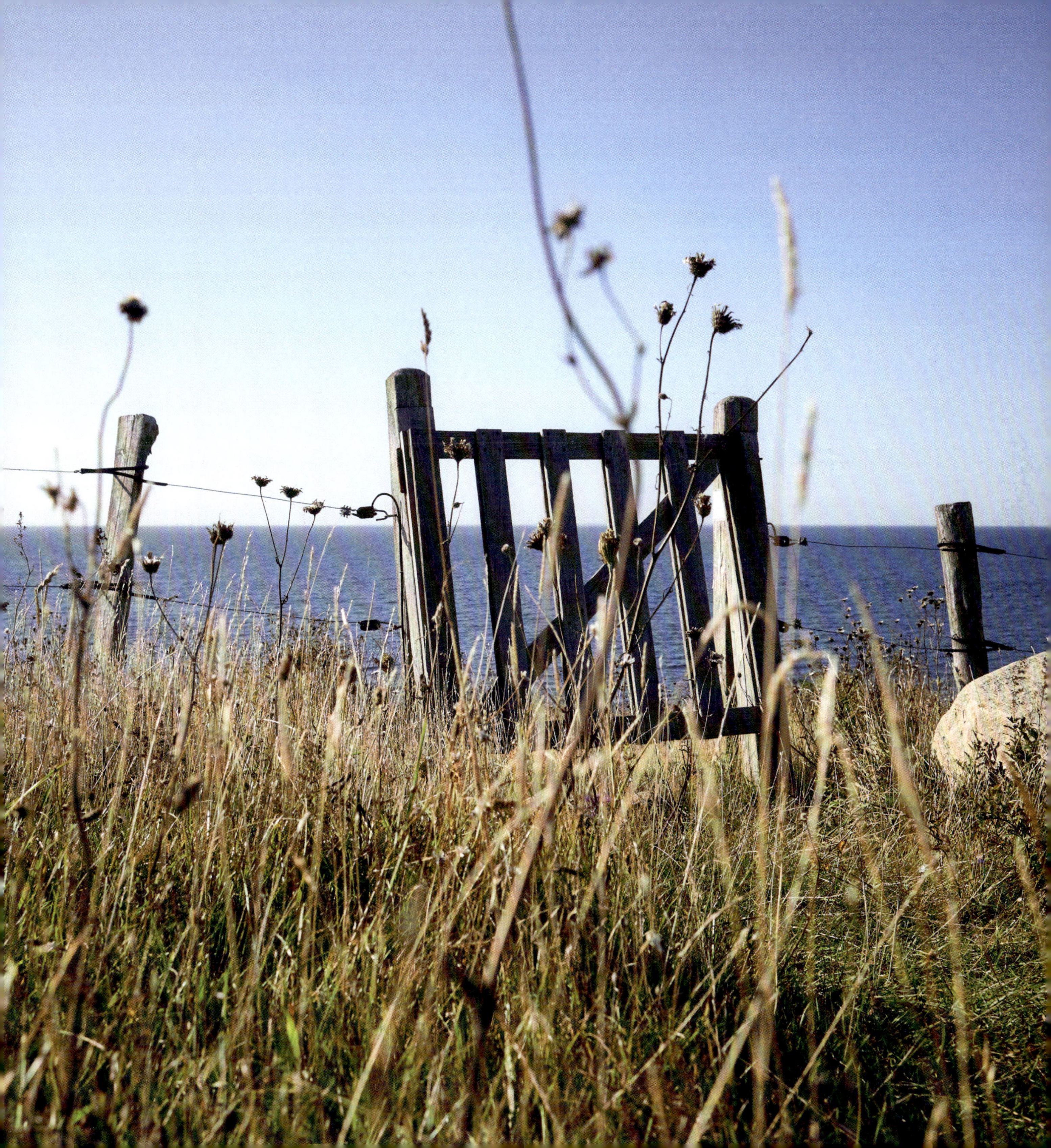

HALSRAND

Mit Farbe H und Nd Nr. 2½ str.

Nach den M auf der Nd 26(28)28(26)26 weitere M aus der linken Ausschnittseite str – 5(3)7(7)11 M aus der Vorderteilmitte str – 26(28)28(26)26 M aus der rechten Ausschnittseite str – re über die ersten 7(7)3(9)3 M auf der Nd str.
Hier den Rundenbeginn markieren.

Halsrand = 118(120)120(126)126 M.

6 Rd im Rippenmuster str: *1 re – 1 li*.
Von * bis * wdh.
Alle M rechts abk.

FERTIGSTELLUNG

Die Ärmel unter den Armausschnitten festnähen.
Alle Fäden vernähen.

DIAGRAMM

- = A - rechts
- o = A - links
- = B - rechts
- o = B - links
- = C - rechts
- = D - rechts
- = E - rechts
- o = E - links
- = F - rechts
- = G - rechts
- = H - rechts

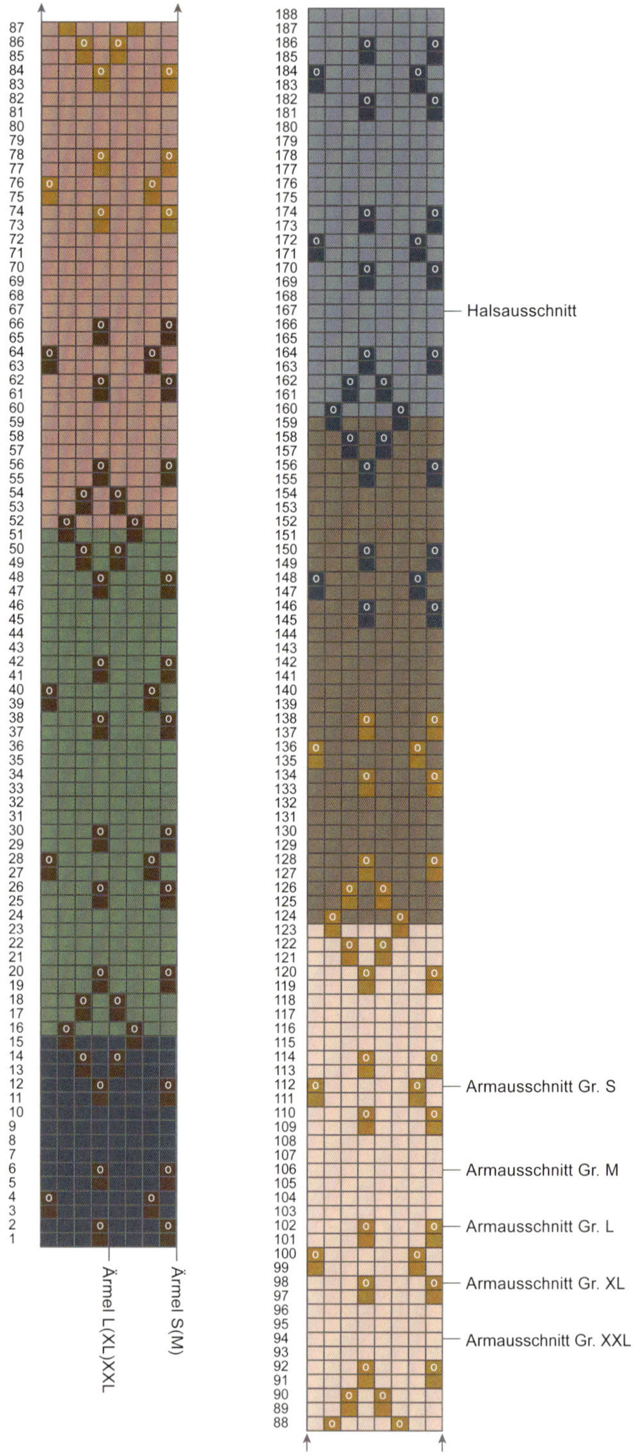

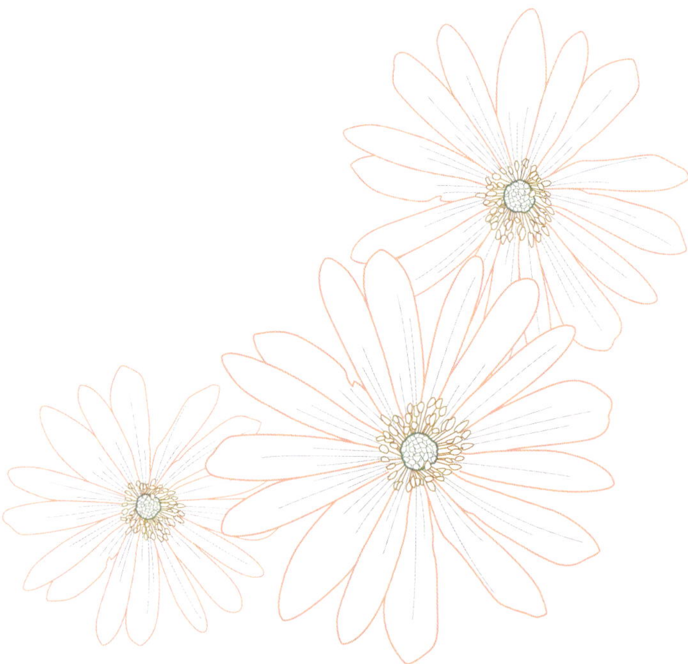

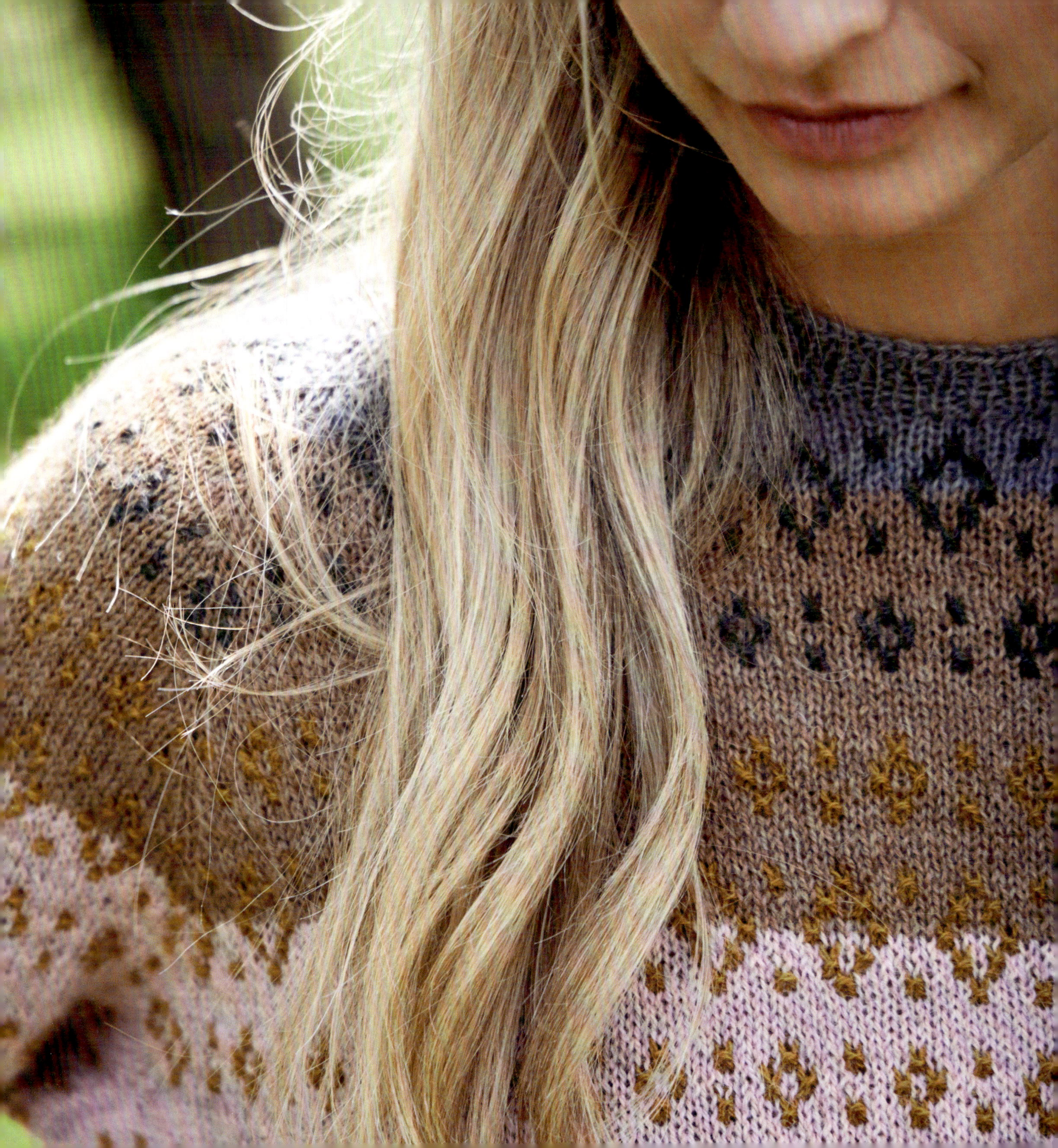

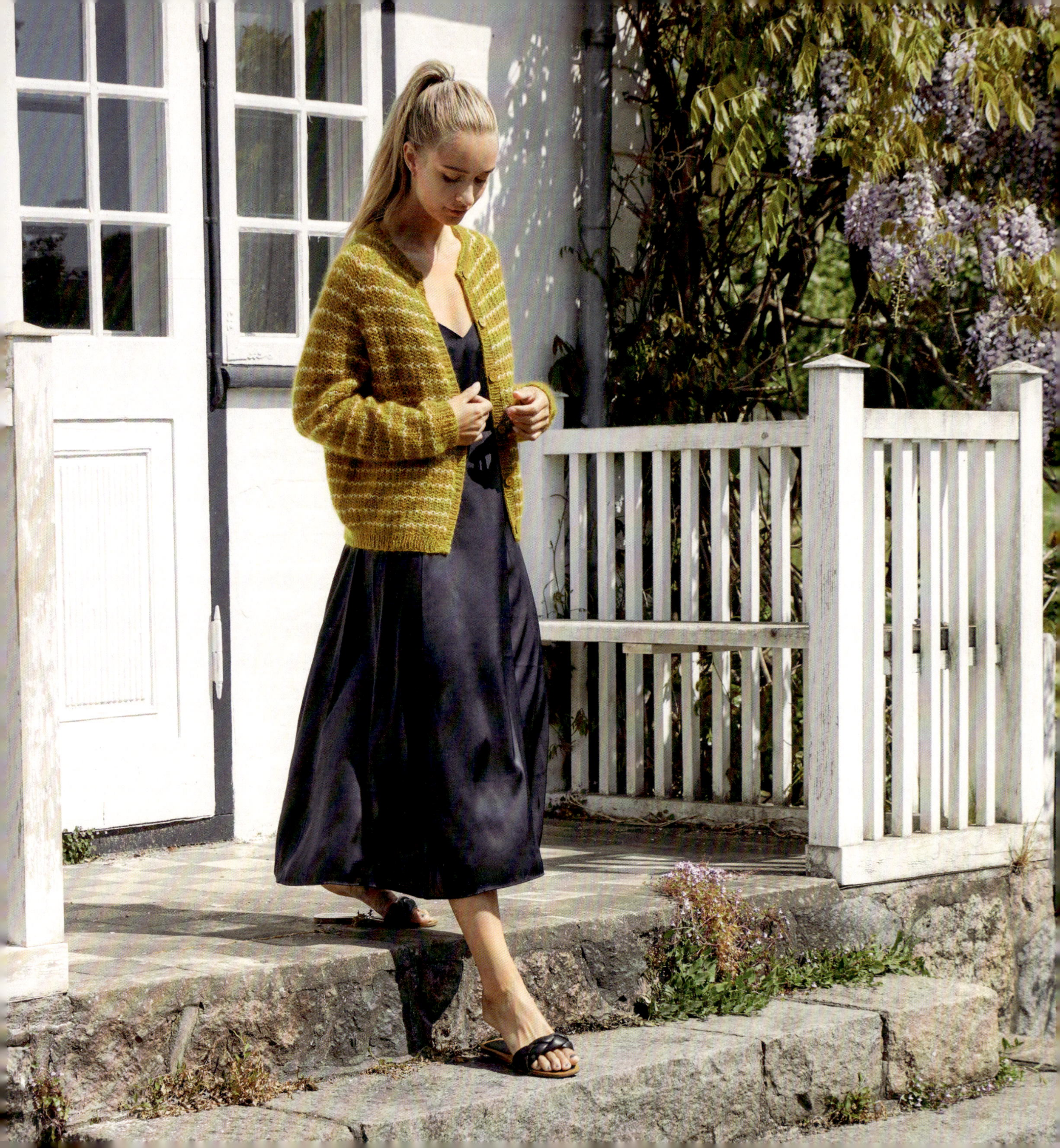

FRÜHLING AUF FÜNEN

Eine leichte Brise weht über sanfte Hügel mit leuchtend gelben Rapsfeldern. Grüne Grabenränder mit riesigen Unkräutern, die so schnell wachsen, dass man beinahe dabei zusehen kann. Weite Blicke auf das Meer, dass Fünen umgibt – das ist Frühling auf Fünen.

Es ist offensichtlich, weshalb der Komponist Carl Nielsen im Jahr 1921 ein Chorwerk mit genau diesem Namen komponierte. Den Text dazu schrieb Aage Berntsen: „Der milde Tag ist hell und lang".

Gr.: S(M)L(XL)XXL
Halbe Oberweite: 48(53)57(61)65 cm
Länge: 57 cm
Ärmellänge ab Armausschnitt: 43(43)43(40)40 cm

Material
A1: 125(125)125(150)150 g Isager Silk Mohair Farbe 22
A2: 150(150)150(150)200 g Isager Spinni Farbe 22s
B1: 25(25)50(50)50 g Isager Silk Mohair Farbe 59
B2: 50 g Isager Spinni Farbe 59

6 Knöpfe

Rundnadeln Nr. 3½ und 4

Maschenprobe glatt rechts mit Nd Nr. 4: 10 cm = 16 M und 32 R
Maschenprobe im Muster mit Nd Nr. 4: 10 cm = 14 M und 36 R

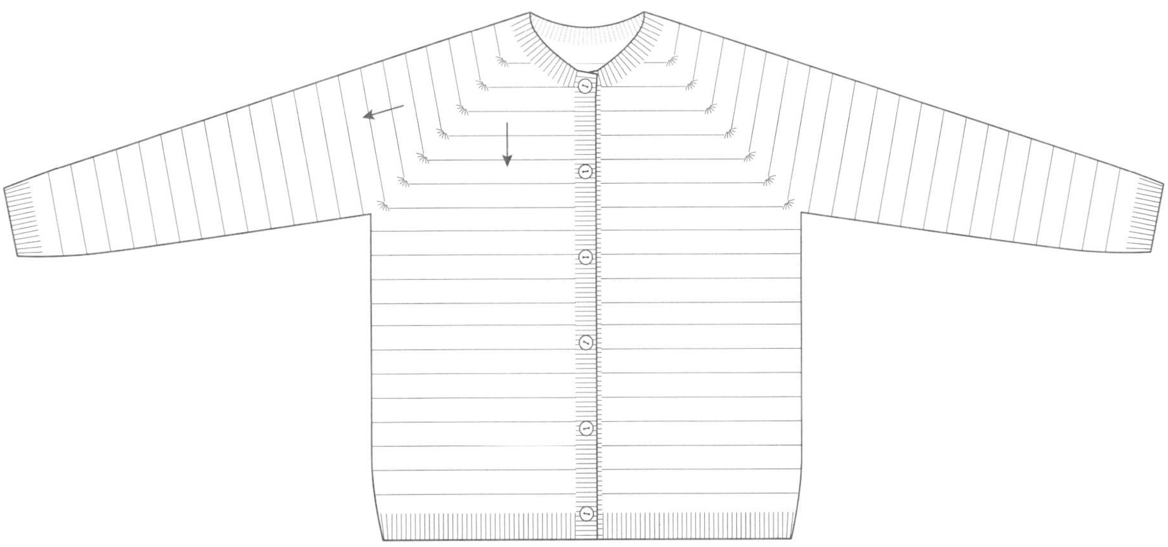

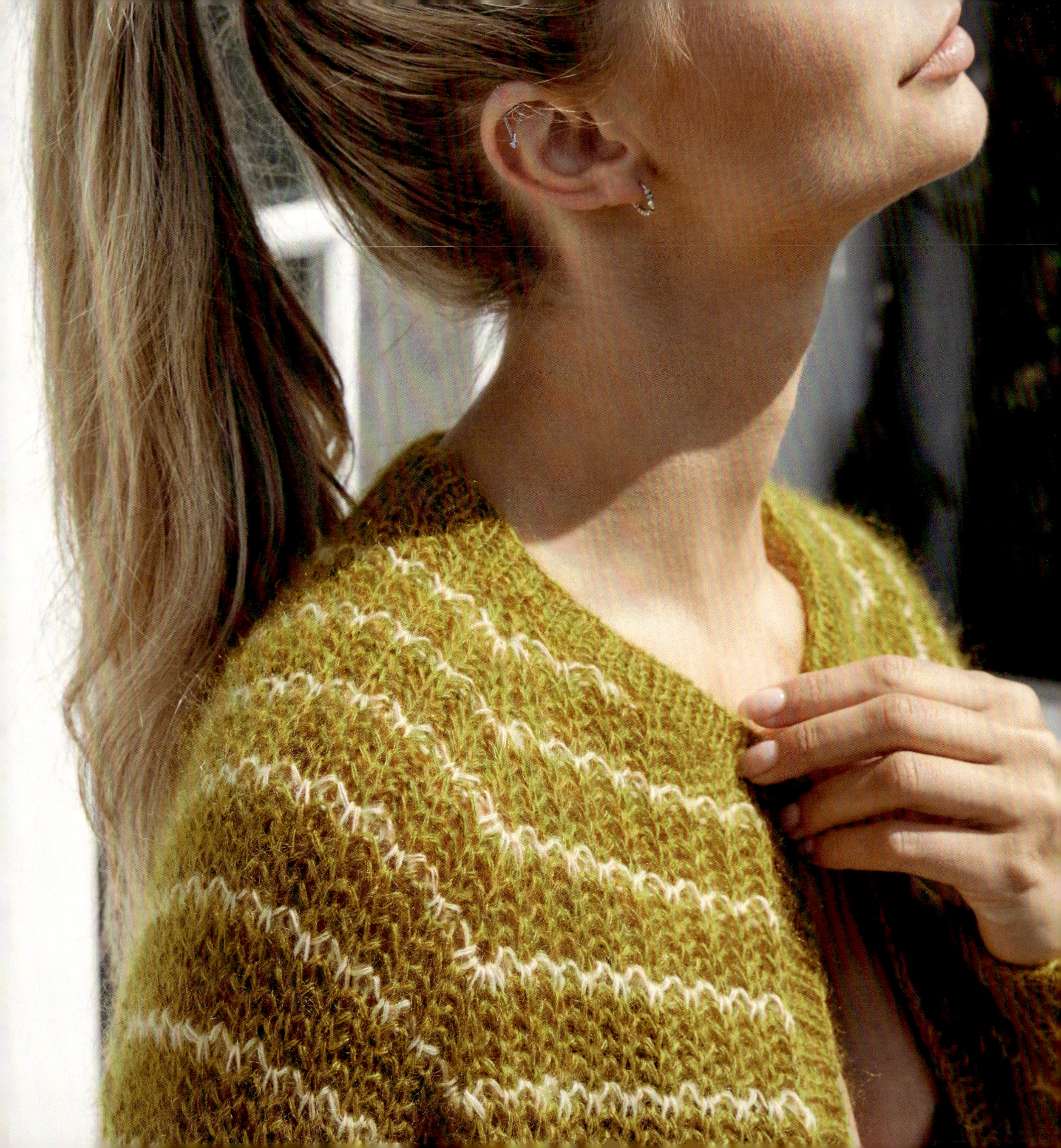

Die Jacke wird von oben nach unten gearbeitet.

1tMR: *1 tiefergestochene M re str: in die nächste M tiefer einstechen, d. h. in die M der vorherigen R und re str.*

5aus1M: *1tMR, ohne sie von der linken Nd zu heben – *U – 1tMR in dieselbe M, ohne sie von der linken Nd zu heben*. Wieder von * bis * str und die M von der linken Nd heben = 5 M.*

PASSE

35(37)39(39)41 M mit Nd Nr. 4 und A1 + A2 anschl.

In Reihen hin und her str.
Reihe 1 (Rück-R): Alle M re str – 2 neue M anschl = 37(39)41(41)43 M.
Reihe 2: 3 re – *1tMR – 1 re*.
Von * bis * wdh – 2 neue M anschl = 39(41)43(43)45 M.

Die Reihen 1 – 2 insg 4-mal str = 51(53)55(55)57 M.

1. Streifen mit B1 + B2.
Wie Reihe 1 str = 53(55)57(57)59 M.
1. Zun str (Hin-R): Stricke 3 re – *1tMR – 1 re*. Von * bis * insg 2-mal str – 5aus1M – 1 re – von * bis * insg 3-mal str – 5aus1M – 1 re – von * bis * insg 11(12)13(13)14-mal str – 5aus1M – 1 re – von * bis * insg 3-mal str – 5aus1M – 1 re – von * bis * insg 2-mal str – 2 neue M anschl = 71(73)75(75)77 M.
B1 und B2 abschneiden.

Mit A1 + A2 str.
Die Reihen 1 – 2 insg 2(3)3(3)4-mal str = 79(85)87(87)93 M.
Keine weiteren M am Ende der R anschl.

Gr. XXL:
Weiterlesen bei 2. Streifen mit B1 + B2.

Gr. S(M)L(XL):
Reihe 3: Alle M re str.
Reihe 4: 1 re – *1tMR – 1 re*. Von * bis * wdh.
Die Reihen 3 – 4 insg 2(1)1(1)-mal str.

2. Streifen mit B1 + B2.
1 R re str.
2. Zun str (Hin-R): Stricke 13(15)15(15)17 M im Muster – 5aus1M – 11 M im Muster – 5aus1M – 27(29)31(31)33 M im Muster – 5aus1M – 11 M im Muster – 5aus1M – 13(15)15(15)17 M im Muster = 95(101)103(103)109 M.
B1 und B2 abschneiden.

Mit A1 + A2 str.
8 R im Muster str.

3. Streifen mit B1 + B2.
1 R re str.
3. Zun str (Hin-R): Stricke 15(17)17(17)19 M im Muster – 5aus1M – 15 M im Muster – 5aus1M – 31(33)35(35)37 M im Muster – 5aus1M –15 M im Muster – 5aus1M – 15(17)17(17)19 M im Muster = 111(117)119(119)125 M.
B1 und B2 abschneiden.

Mit A1 + A2 str.
8 R im Muster str.

4. Streifen mit B1 + B2 str.
1 R re str
4. Zun str (Hin-R): Stricke 17(19)19(19)21 M im Muster – 5aus1M – 19 M im Muster – 5aus1M – 35(37)39(39)41 M im Muster – 5aus1M – 19 M im Muster – 5aus1M – 17(19)19(19)21 M im Muster = 127(133)135(135)141 M.
B1 und B2 abschneiden.

Mit A1 + A2 str.
8 R im Muster str.

5. Streifen mit B1 + B2 str.
1 R re str.
5. Zun str (Hin-R): Stricke 19(21)21(21)23 M im Muster – 5aus1M – 23 M im Muster – 5aus1M – 39(41)43(43)45 M im Muster – 5aus1M – 23 M im Muster – 5aus1M – 19(21)21(21)23 M im Muster = 143(149)151(151)157 M.
B1 und B2 abschneiden.

Mit A1 + A2 str.
8 R im Muster str.

6. Streifen mit B1 + B2 str.
1 R re str.
6. Zun str (Hin-R): Stricke 21(23)23(23)25 M im Muster – 5aus1M – 27 M im Muster – 5aus1M –43(45)47(47)49 M im Muster – 5aus1M – 27 M im Muster – 5aus1M – 21(23)23(23)25 M im Muster = 159(165)167(167)173 M.
B1 und B2 abschneiden.

Mit A1 + A2 str.
3(8)8(8)8 R im Muster str.

Gr. S: Weiterlesen bei Aufteilung.

Gr. (M)L(XL)XXL:
7. Streifen mit B1 + B2 str.
1 R re str.
7. Zun str (Hin-R): Stricke (25)25(25)27 M im Muster – 5aus1M – 31 M im Muster – 5aus1M – (49)51(51)53 M im Muster – 5aus1M – 31 M im Muster – 5aus1M – (25)25(25)27 M im Muster = (181)183(183)189 M.
B1 und B2 abschneiden.

Mit A1 + A2 str.
(3)3(8)8 R im Muster str.

Gr. (M)L: Weiterlesen bei Aufteilung.

Gr. (XL)XXL:
8. Streifen mit B1 + B2 str.
1 R re str.
8. Zun str (Hin-R): Stricke (27)29 M im Muster – 5aus1M – 35 M im Muster – 5aus1M

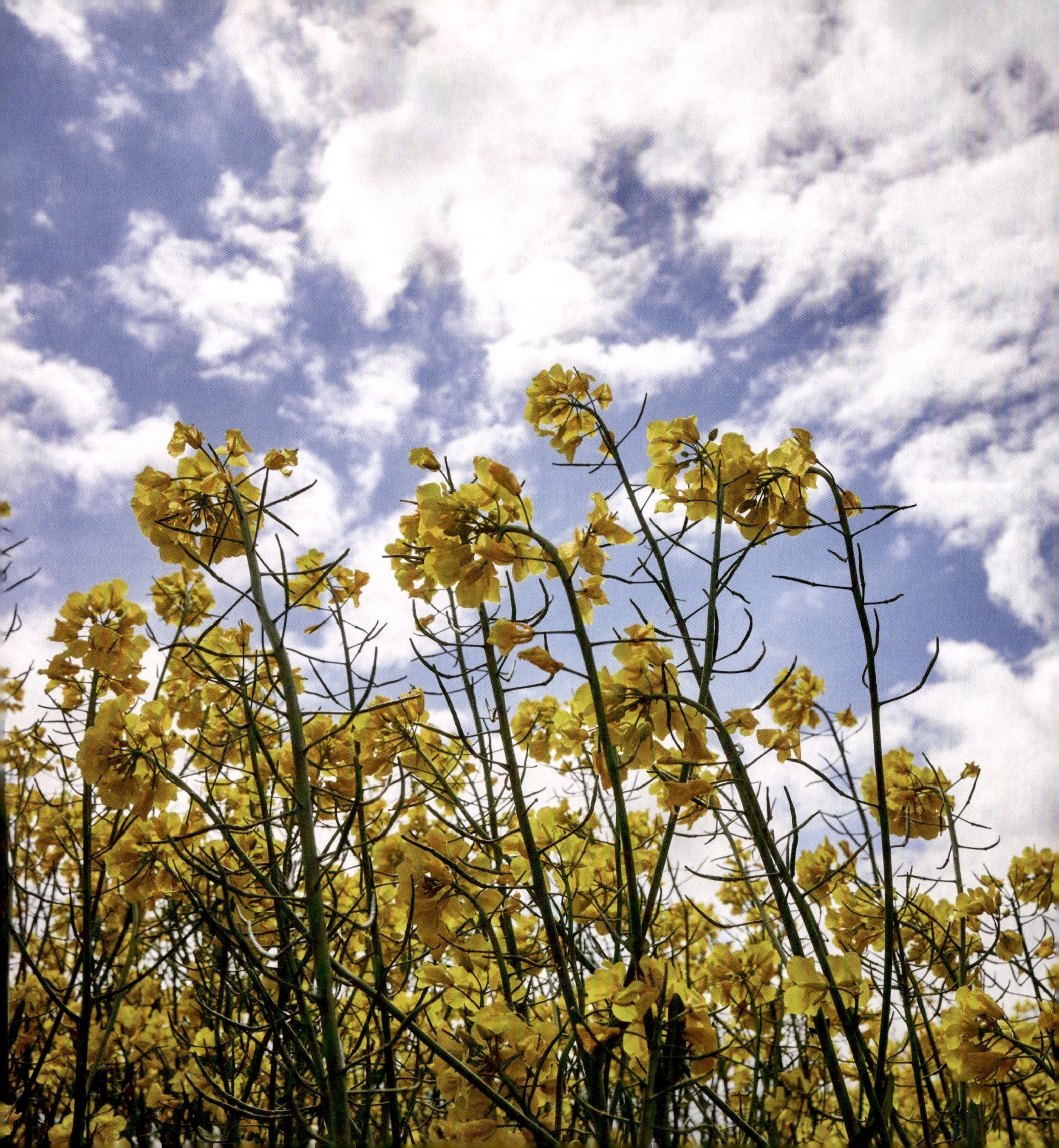

– (55)57 M im Muster – 5aus1M – 35 M im Muster – 5aus1M – (27)29 M im Muster = (199)205 M.
B1 und B2 abschneiden.

Mit A1 + A2 str.
3 R im Muster str.

AUFTEILUNG

Die Passe misst in der Rückenmitte ca. 18(20)20(23)23 cm.

Im Muster weiter str.
Die M für den Körper und die Ärmel aufteilen: Stricke 24(28)28(30)32 M für das linke Vorderteil – 31(35)35(39)39 Ärmel-M stilllegen – 19(19)23(25)27 neue M anschl – 49(55)57(61)63 Rücken-M str – 31(35)35(39)39 Ärmel-M stilllegen – 19(19)23(25)27 neue M anschl – 24(28)28(30)32 M für das rechte Vorderteil str.

KÖRPER

Das Streifenmuster über die 135(149)159(171)181 Körper-M weiter str, bis insg 19 Streifen mit B1 + B2 gestrickt sind.
8 R im Muster mit A1 + A2 str.

Die Arbeit misst ab dem Nacken 53 cm.

Zu Nd Nr. 3½ wechseln.
Reihe 1 (Rück-R): *1 re – 1 li*.
Von * bis * wdh. Ende mit 1 re.
Reihe 2: 2 re – *1 li – 1 re*.
Von * bis * wdh. Ende mit 1 re.
Insg 7 R im Rippenmuster str.

In der Hin-R alle M im Rippenmuster abk.

ÄRMEL

Die 31(35)35(39)39 Ärmel-M auf eine Nd Nr. 4 setzen.

Mit A1 + A2 str.
12(12)14(14)16 M mit einer zweiten Nd Nr. 4 anschl – anschließend im Muster über die Ärmel-M str – wieder 12(12)14(14)16 neue M anschl = 55(59)63(67)71 M.

In Reihen hin und her str.
Reihe 1 (Rück-R): Alle M re str.
Reihe 2: 1 re – *1tMR – 1 re*. Von * bis * wdh.

Reihe 1 – 2 insg 2-mal str.
Einen Streifen mit B1 + B2 str.

Mit A1 + A2 str.
Reihe 1 – 2 insg 2(0)0(1)1-mal str.

Es sind insg 10(6)6(8)8 R gestrickt.

Abnahmen str (Rück-R): 2 re zus – re bis zu den letzten 2 M – 2 re zus = 53(57)61(65)69 M.
Alle Hin-R beg und enden nun mit 2 re.

Das Muster mit den Streifen wie bisher fortsetzen.
13(11)11(7)7 R im Muster str.
Eine R mit Abn str = 51(55)59(63)67 M.
Alle Hin-R beg und enden nun mit 1 re.

Die Abn in jeder 14.(12.)12.(8.)8. R wdh, bis insg 5(12)12(7)16 Abnahme-R gestr sind = 45(35)39(53)39 M.

Gr. S(XL):
Die Abn noch 5(7)-mal in jeder 16.(10.) R wdh = 35(39) M.

Nach dem 14.(14.)14.(13.)13. Ärmelstreifen noch 8 R mit A1 + A2 im Muster str.
Der Ärmel misst ab Armausschnitt 40(40)40(37)37 cm.

Zu Nd Nr. 3½ wechseln.
Reihe 1 (Rück-R): *1 re – 1 li*.
Von * bis * wdh. Ende mit 1 re.
Reihe 2: 2 re – *1 li – 1 re*.
Von * bis * wdh. Ende mit 1 re.
Insg 7 R im Rippenmuster str.

In der Hin-R alle M im Rippenmuster abk.

Den zweiten Ärmel genauso str.

HALSRAND

Von der Außenseite M mit Nd Nr. 3½ und A1 + A2 heraus str.

Am rechten Vorderteil 26(28)28(28)30 M bis zum Anschlagrand heraus str – 35(37)39(39)41 M aus der Anschlag-R str – 26(28)28(28)30 aus dem linken Vorderteil str = 87(93)95(95)101 M.

Reihe 1 (Rück-R): *1 re – 1 li*.
Von * bis * wdh. Ende mit 1 re.
Reihe 2: 2 re – *1 li – 1 re*.
Von * bis * wdh. Ende mit 1 re.
Insg 5 R im Rippenmuster str.

In der Hin-R alle M im Rippenmuster abk.

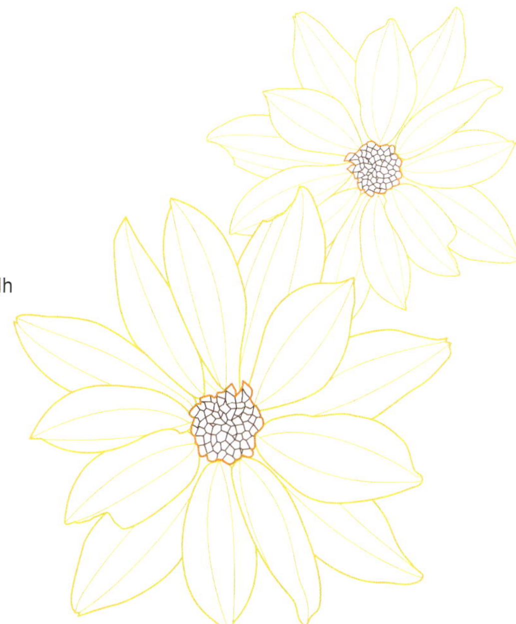

LINKER VORDERRAND

Von der Außenseite M mit Nd Nr. 3½ und A1 + A2 heraus str.

4(4)4(4)6 M aus dem Halsrand des linken Vorderteils heraus str – 2(2)2(2)0 M bis zum ersten Streifen str – *1 M aus dem Streifen – 4 M zwischen den Streifen heraus str*.
Von * bis * bis zum unteren Rippenrand wdh – 5 M aus dem Rippenrand str = 101 M.

Reihe 1 (Rück-R): 1abhFv (s. Abk.) – *1 li – 1 re*. Von * bis * wdh.
Reihe 2: 1abhFv – *1 re – 1 li*.
Von * bis * wdh. Ende mit 2 re.
Insg 6 R im Rippenmuster str.

In der Rück-R alle M abk.

RECHTER VORDERRAND

Von der Außenseite M mit Nd Nr. 3½ und A1 + A2 heraus str.

5 M aus dem unteren Rippenrand des rechten Vorderteils str – *4 M bis zum Streifen – 1 M aus dem Streifen heraus str*.
Von * bis * bis einschl. dem letzten Streifen wdh – 2(2)2(2)0 M bis zum Halsrand – 4(4)4(4)6 M aus dem Halsrand str = 101 M.

Reihe 1 (Rück-R): 1abhFv – *1 li – 1 re*.
Von * bis * wdh.
Reihe 2: 1abhFv – *1 re – 1 li*.
Von * bis * wdh. Ende mit 2 re.
Reihe 3: Wie Reihe 1 str.

Reihe 4 mit Knopflöchern: 1abhFv – 5 Rippen-M – *U – 2 re zus – 16 Rippen-M*.
Von * bis * wdh. Ende mit U – 2 re zus – 1 li – 2 re.

Reihe 5: Wie Reihe 1 str.
Reihe 6: Wie Reihe 2 str.
In der Rück-R alle M abk.

FERTIGSTELLUNG

Die Ärmelnähte zusammennähen.
Die Maschen im Armausschnitt zusammennähen.
Alle Fäden vernähen und die Knöpfe annähen.

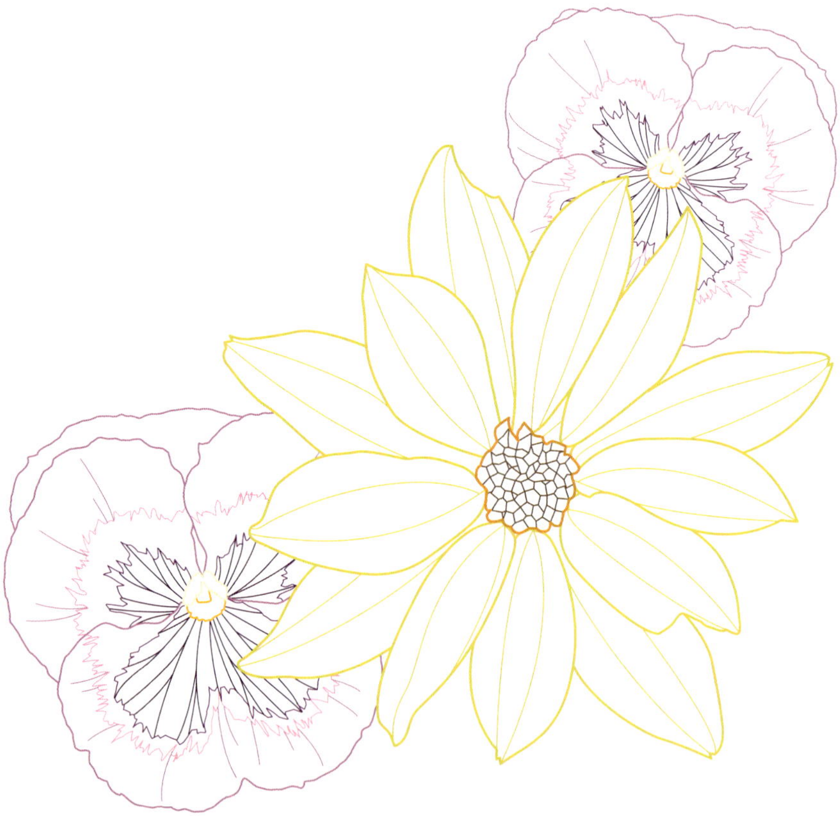

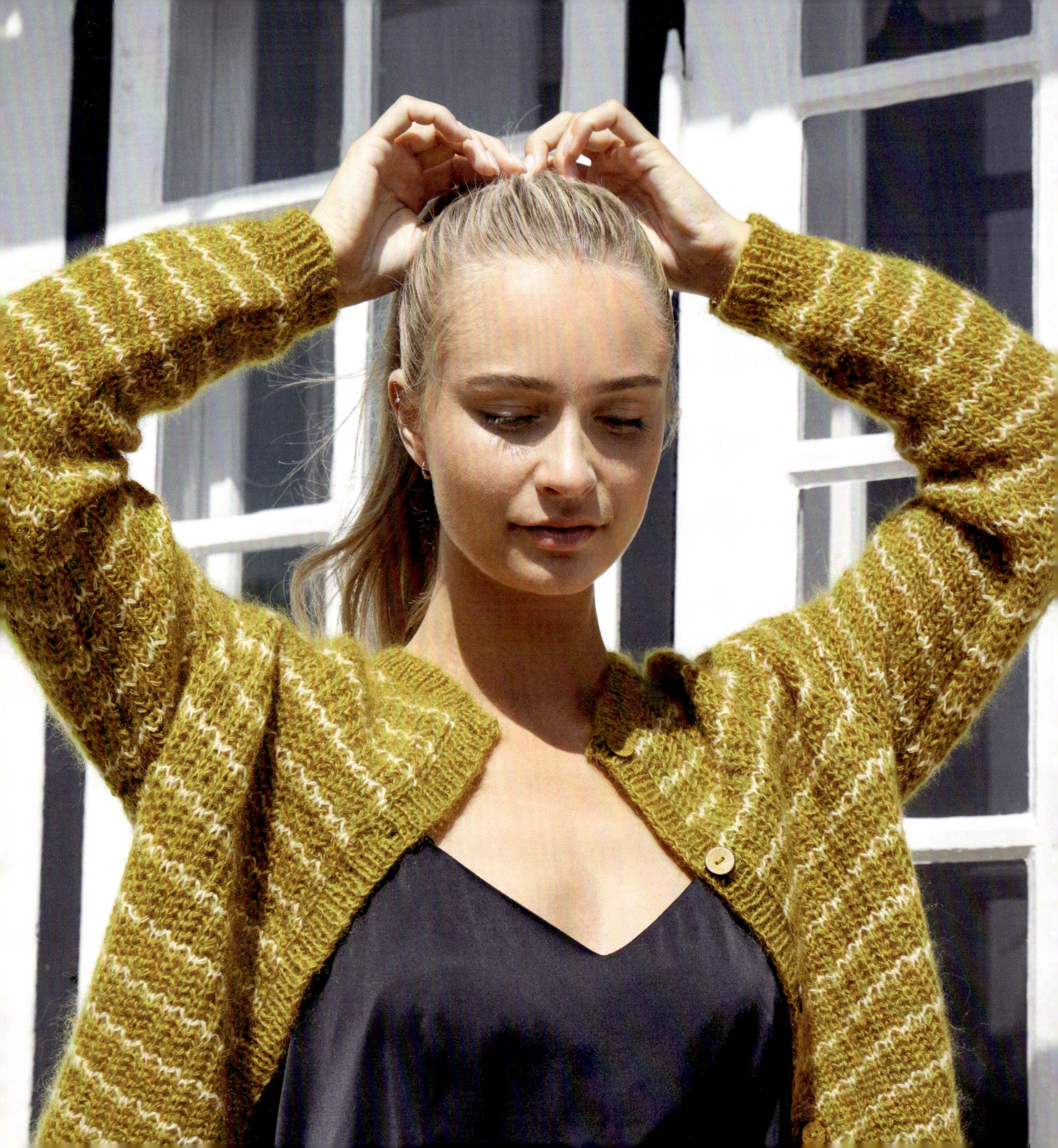

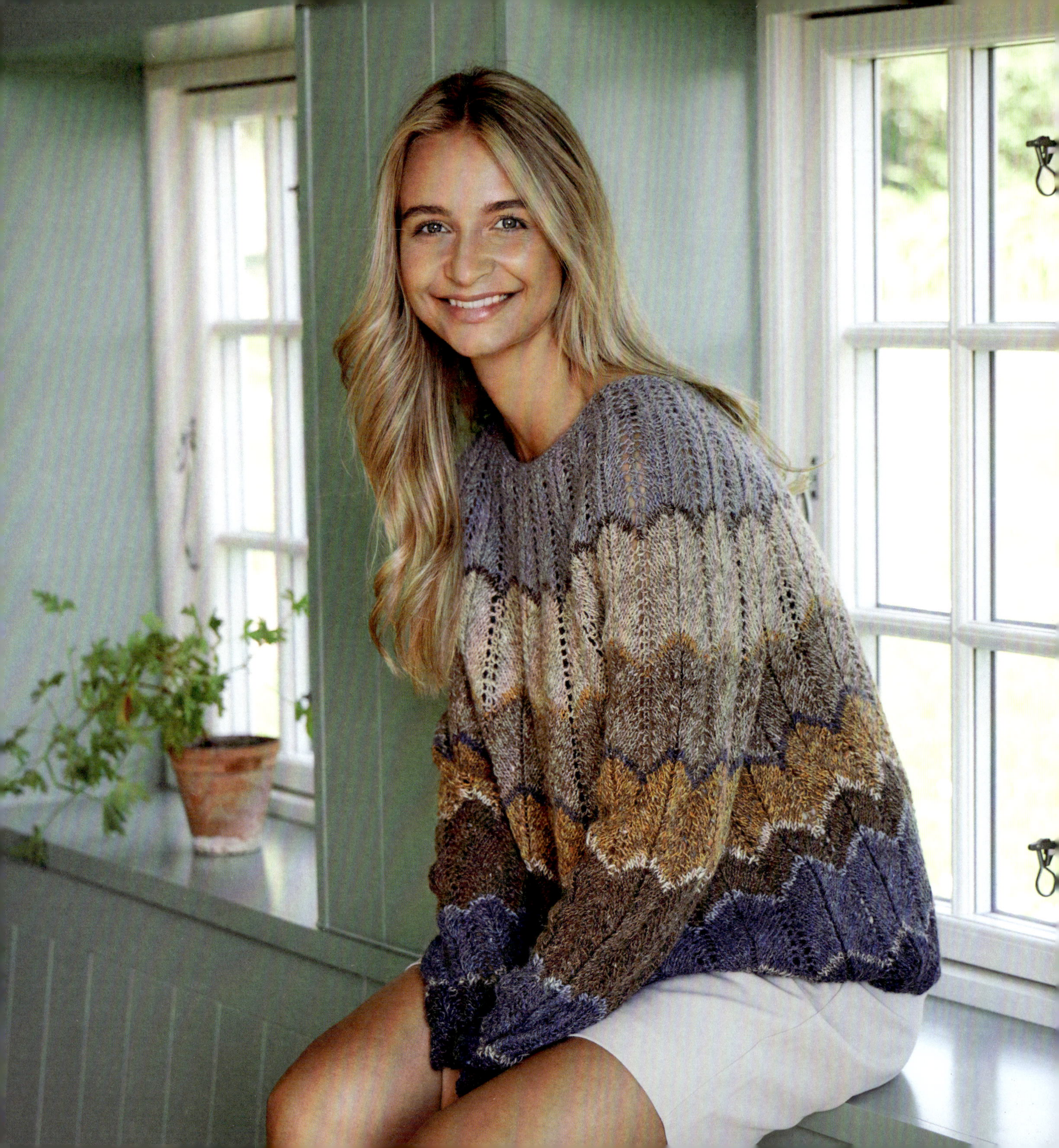

DIE MALER VON FÜNEN

Von ca. 1880 bis weit ins 20. Jahrhundert trug eine mit Fünen eng verbundene Gruppe dänischer Maler den Namen „fynboerne" (Einwohner von Fünen). Die Gruppe wurde besonders bekannt für das Malen des lokalen Alltags: Die Natur, die Kinder und das Leben um sie herum.
Deshalb waren sie auch bekannt unter dem Namen Bauernmaler.

Insbesondere das gastfreundliche Künstlerhaus des Ehepaares Alhed und Johannes Larsens in Kerteminde wurde zum Treffpunkt der Künstlergruppe, zu der auch das Künstlerehepaar Anna und Fritz Syberg gehörte.

Das Johannes Larsen Museum in Kerteminde öffnete uns gastfreundlich die Tür und diente als Kulisse für die Modellfotografien in diesem Strickbuch – ganz wie im ursprünglichen Geiste des Hauses.

Gr.: S(M)L/XL(XXL)
Halbe Oberweite: 47(53)60(67) cm
Länge: 55(56)56(56) cm
Ärmellänge ab Armausschnitt: 44(41)39(38) cm

Material
A1: 50 g Isager Tweed Farbe Topaz
A2: 50(50)100(100) g Isager Tweed Farbe Walnut
A3: 50 g Isager Tweed Farbe Sand
A4: 50 g Isager Tweed Farbe Mustard
A5: 50(50)100(100) g Isager Tweed Farbe Oak
A6: 50 g Isager Tweed Farbe Denim
A7: 50 g Isager Tweed Farbe Navy
B1: 50 g Isager Alpaca 1 Farbe E7s
B2: 50(50)100(100) g Isager Alpaca 1 Farbe E8s
B3: 50(50)50(100) g Isager Alpaca 1 Farbe E4s

Rund- und Strumpfnadeln Nr. 3½ und 4

Maschenprobe glatt rechts mit A + B und Nd Nr. 4: 10 cm = 19 M und 26 R
Maschenprobe im Muster mit A + B und Nd Nr. 4 – quer über das Muster gemessen, ohne dass die Maschen auf der Nadel sind: 10 cm = 24 M und 24 R

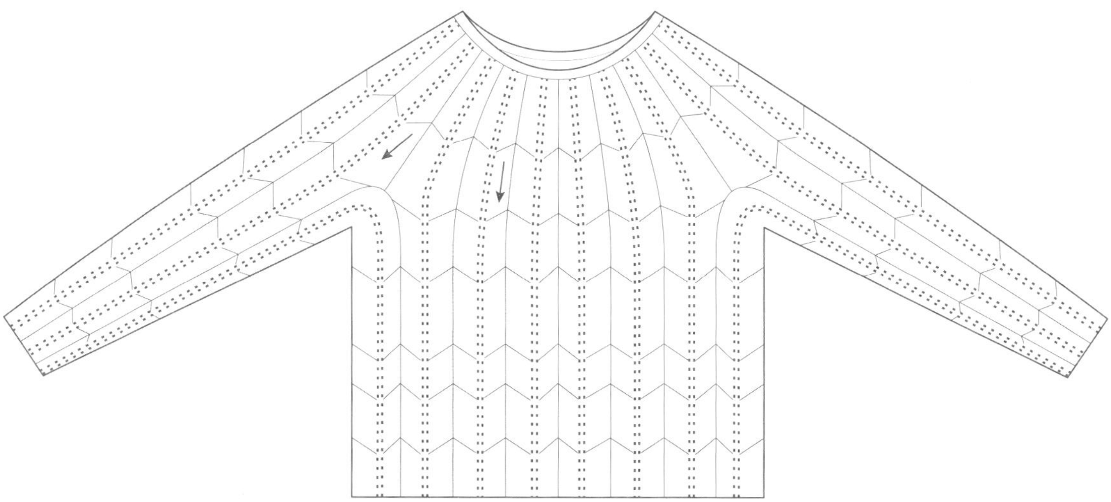

Der Pullover wird von oben nach unten gearbeitet, jedoch werden zuerst 2(4)4(6) kleine Karos gestrickt, die später unter den Ärmeln eingesetzt werden:
8 M mit A5 + B2 auf Nd Nr. 4 anschl.
Reihe 1 (Rück-R): 1 re – 6 li – 1 re.
Reihe 2: 8 re.
Die Reihen 1 – 2 insg 4-mal str.
Reihe 1 str.
Die Fäden abschneiden und die M stilllegen.
Insg 2(4)4(6) Karos str.

PASSE

85(85)97(97) M mit A1 + B1 auf Nd Nr. 4 anschl.

Reihe 1 (Rück-R): 1 re – *2 li – 1 re*.
Von * bis * wdh.

Reihe 2: 1 re – *2 re zus – U – 1 li – U – 2 re verschr zus – 1 li*.
Von * bis * wdh. Am Ende der R 6 neue M anschl = 91(91)103(103) M.
Reihe 3: 1 re – *2 li – 1 re*.
Von * bis * str. 6 neue M anschl = 97(97)109(109) M.

Reihe 4 – 5: Wie Reihe 2 – 3 str = 109(109)121(121) M.
Reihe 6 – 7: Wie Reihe 2 – 3 str = 121(121)133(133) M.
Die Fäden abschneiden.

Die Arbeit wenden und die zuletzt gestrickten 60(60)66(66) M auf die rechte Nd heben, ohne sie zu str.
Hier ist der Rundenbeginn.

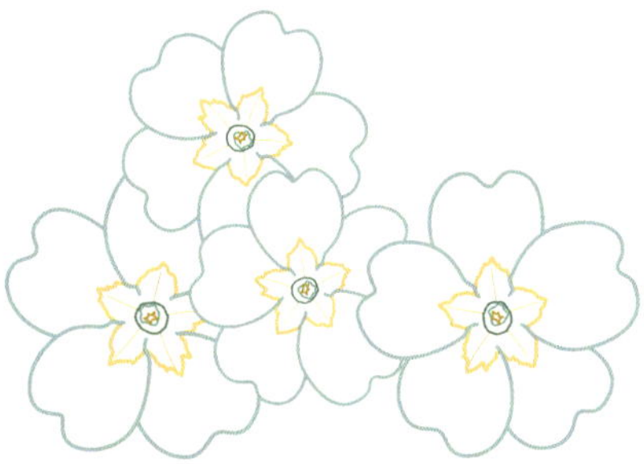

Gr. S(M):
In der Hin-R zur Runde schließen:
Rd 1: *1 li – 2 re zus – U – 1 li – U – 2 re verschr zus*. Von * bis * bis zur letzten M wdh.
Zur Runde schließen und die letzte M mit der ersten M li zus str – *2 re zus – U – 1 li – U – 2 re verschr zus – 1 li*.
Von * bis * wdh. Ende mit 2 re zus – U – 1 li – U – 2 re verschr zus = 120(120) M.
Rd 2: *1 li – 2 re*. Von * bis * wdh.

Gr. L/XL(XXL):
In der Hin-R zur Runde schließen :
Rd 1: *1 li – 2 re zus – U – 1 li – U – 2 re verschr zus*. Von * bis * bis zu der letzten M wdh – 11 neue M anschl.
Zur Runde schließen – *1 li – 2 re zus – U – 1 li – U – 2 re verschr zus.
Von * bis * wdh = 144(144) M.
Rd 2: *1 li – 2 re*. Von * bis * wdh.

Alle Gr.:
Stricke die 1. Zun: *1 li – 2 re – U – 1 li – U – 2 re*.
Von * bis * wdh = 160(160)192(192) M.
Rd 1: *1 li – 3 re*. Von * bis * wdh.
Rd 2: *1 li – 2 re zus – 1 re – U – 1 li – U – 1 re – 2 re verschr zus*. Von * bis * wdh.
Insg 6(8)8(10) Rd wie Rd 1 – 2 str.
Rd 1 str.

Stricke die 2. Zun: *1 li – 3 re – U – 1 li – U – 3 re*.
Von * bis * wdh = 200(200)240(240) M.
Rd 1: *1 li – 4 re*. Von * bis * wdh.
Rd 2: *1 li – 2 re zus – 2 re – U – 1 li – U – 2 re – 2 re verschr zus*. Von * bis * wdh.
Insg 6(8)8(10) Rd wie Rd 1 – 2 str.
Rd 1 str.

Stricke die 3. Zun: *1 li – 4 re – U – 1 li – U – 4 re*. Von * bis * wdh = 240(240)288(288) M.

A1 abschneiden und mit A2 + B1 weiter str.
Rd 1: *1 li – 5 re*. Von * bis * wdh.
Rd 2: *1 li – 2 re zus – 3 re – U – 1 li – U – 3 re – 2 re verschr zus*. Von * bis * wdh.

A2 abschneiden und mit A3 + B1 weiter str.
Insg 6(8)10(10) Rd wie Rd 1 – 2 str.
Rd 1 str.

Stricke die 4. Zun: *1 li – 5 re – U – 1 li – U – 5 re*.
Von * bis * wdh = 280(280)336(336) M.
Rd 1: *1 li – 6 re*. Von * bis * wdh.
Rd 2: *1 li – 2 re zus – 4 re – U – 1 li – U – 4 re – 2 re verschr zus*. Von * bis * wdh.
Insg 6(8)6(6) Rd wie Rd 1 – 2 str.

Gr. L/XL(XXL):
A3 abschneiden und 2 Rd mit A4 + B1 wie Rd 1 – 2 str.
A4 + B1 abschneiden und mit A5 + B2 weiter str.

Alle Gr.:
Rd 1 str.

Stricke die 5. Zun: *1 li – 6 re – U – 1 li – U – 6 re*.
Von * bis * wdh = 320(320)384(384) M.
Rd 1: *1 li – 7 re*. Von * bis * wdh.
Rd 2: *1 li – 2 re zus – 5 re – U – 1 li – U – 5 re – 2 re verschr zus*. Von * bis * wdh.
Insg 8(2)10(10) Rd wie Rd 1 – 2 str.

Gr. S(M):
A3 abschneiden und 2 Rd mit A4 + B1 wie Rd 1 – 2 str.
A4 + B1 abschneiden und 2 Rd mit A5 + B2 wie Rd 1 – 2 str.

Die Arbeit misst in der Rückenmitte ca. 22(23)26(28) cm.

AUFTEILUNG

Die M nun in Ärmel und Körper aufteilen und gleichzeitig die kleinen Karos einstricken:
1 li – 7 re. Von * bis * insg 6(6)7(7)-mal über den Rücken str.
Karos einsetzen: *eine Hin-R re über die 8 Karo-M str – im Anschluss 8 neue M aus der linken Seite des Karos str*.
Von * bis * über insg 1(2)2(3) Karo(s) str.
Die nächsten 64(64)80(80) M für die Ärmel stilllegen, ohne sie zu str.
1 li – 7 re. Für das Vorderteil insg 12(12)14(14)-mal von * bis * str.

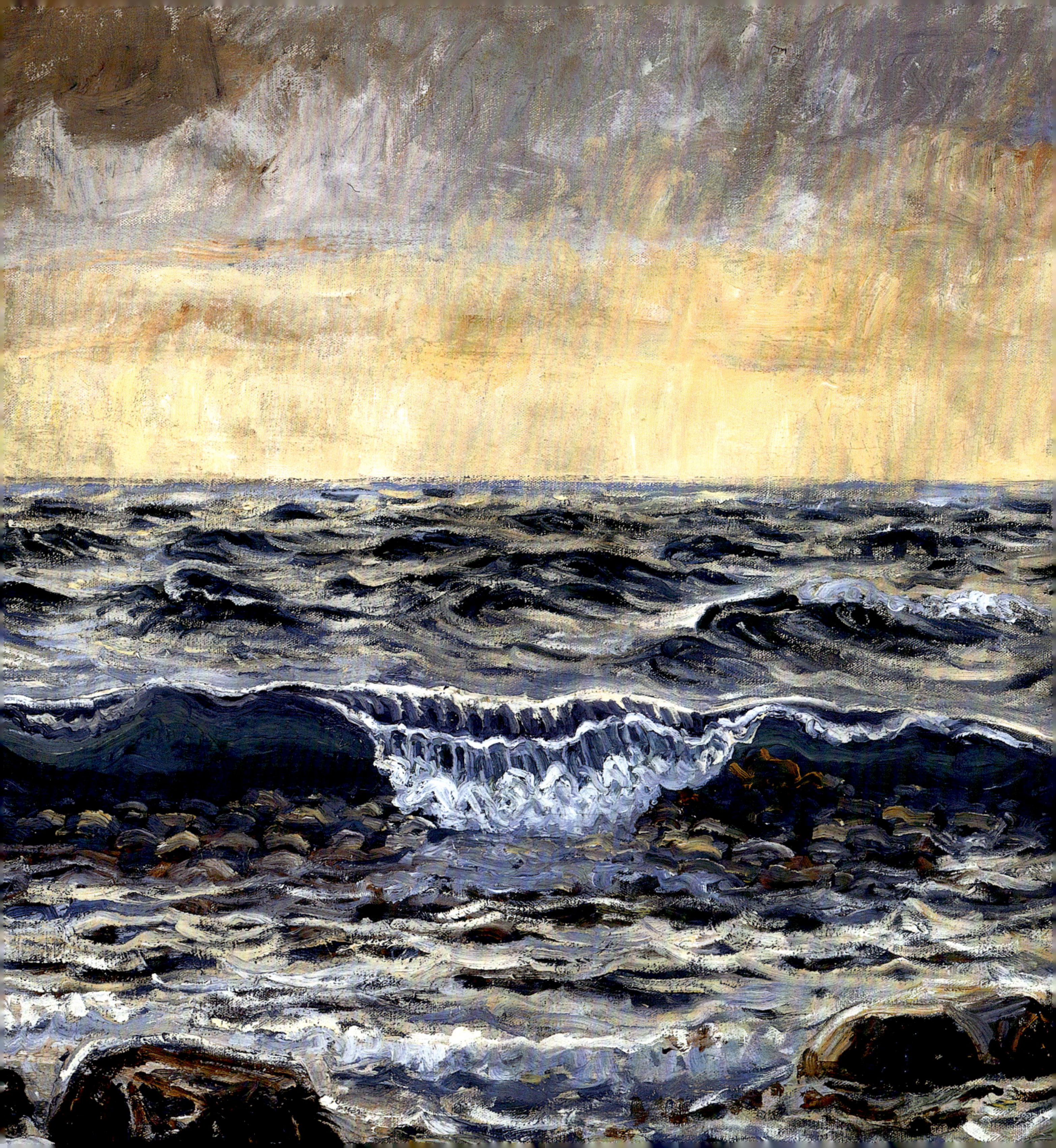

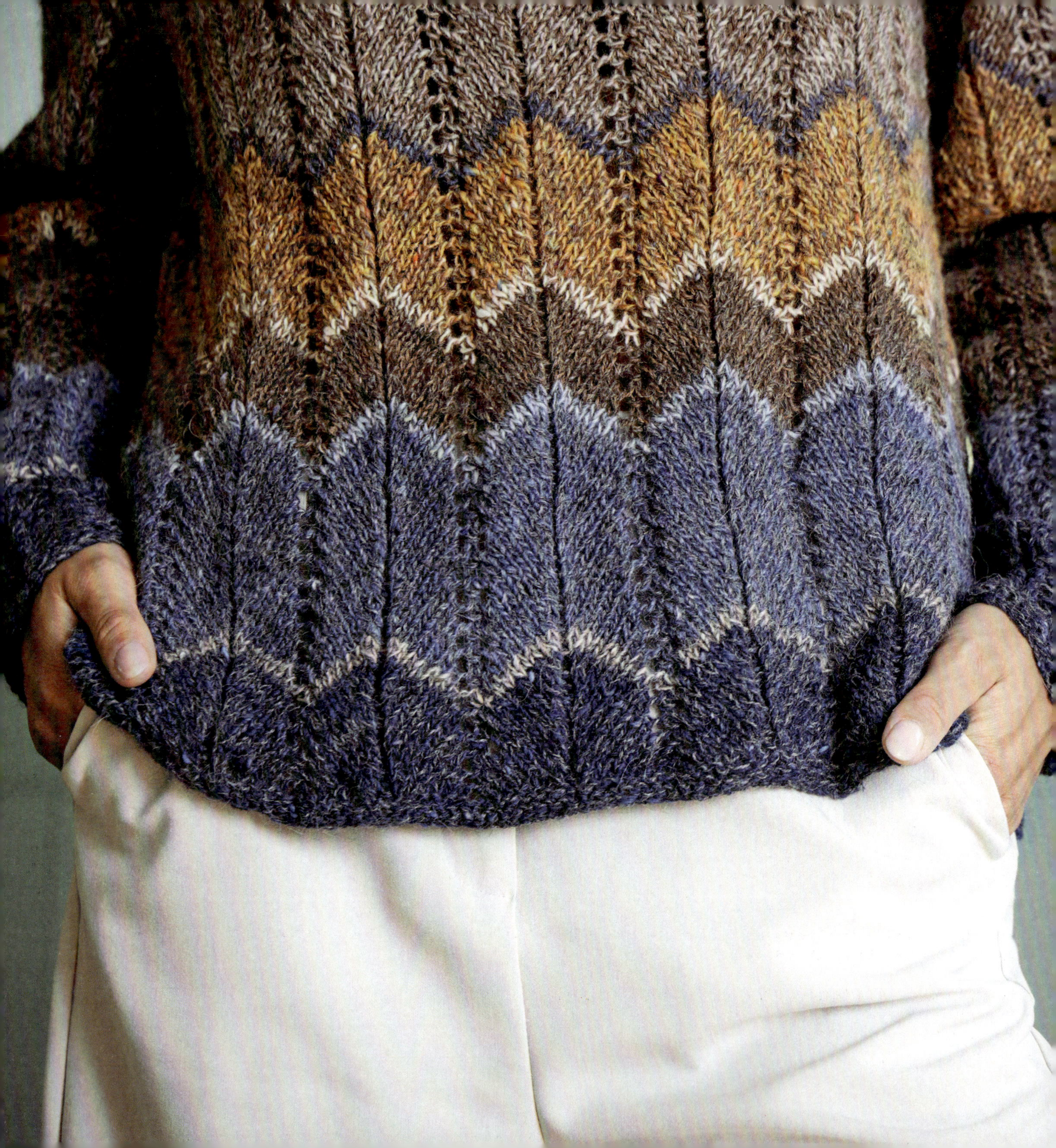

Wieder Karo(s) einsetzen: * eine Hin-R re über die 8 Karo-M str – im Anschluss 8 neue M aus der linken Seite des Karos str*.
Von * bis * über insg 1(2)2(3) Karo(s) str.
Die nächsten 64(64)80(80) M für die Ärmel stilllegen, ohne sie zu str.
1 li – 7 re. Von * bis * insg 6(6)7(7)-mal über den Rücken str.

KÖRPER

Zur Runde schließen und über die 224(256)288(320) Körper-M weiter str.
Rd 1: *1 li – 2 re zus – 5 re – U – 1 li – U – 5 re – 2 re verschr zus*. Von * bis * wdh.
Rd 2: *1 li – 7 re*. Von * bis * wdh.

Die Rd 1 – 2 wdh, bis am Körper insg 14(14)8(4) Rd mit A5 + B2 gestr sind.

Die Fäden abschneiden. Evtl. nun die Körper-M stilllegen und erst die Ärmel str.
Es ist wichtig, dass die Ärmelstreifen einheitlich sind und falls das Garn knapp wird, ist es besser dies mit der Rundenanzahl am Körper auszugleichen. Sollte eine Farbe zu Ende gehen, können die fehlenden Rd einfach mit einer anderen Farbe ersetzt werden.

Die Rd 1 – 2 fortlaufend wdh und gleichzeitig die Farben wie folgt wechseln:

2 Rd mit A6 + B2 str.
A6 abschneiden und 12 Rd mit A4 + B2 str.

A4 abschneiden und 2 Rd mit A3 + B2 str.
A3 abschneiden und 8(8)10(10) Rd mit A2 + B2 str.

A2 + B2 abschneiden und 2 Rd mit A1 + B3 str.
A1 abschneiden und 16(16(14)14 Rd mit A6 + B3 str.

A6 abschneiden und 2 Rd mit A5 + B3 str.
A5 abschneiden und 10 Rd mit A7 + B3 str.

Die Arbeit misst in der Rückenmitte, an einer Spitze gemessen, ca. 51(52)52(52) cm = die linke Masche, an der die Umschläge gestrickt werden.

Nun verkürzte Reihen str, um die Spitzen auszugleichen.
Rd 1: Stricke 1 li – 2 re zus – 5 re – U – *1 li – U – 5 re – 2 re verschr zus – 1 li – 2 re zus – 3 re str.
Wenden. 1abhFv (s. Abk.) – 3 li – 1 re – 4 li.
Wenden, 1abhFh (s.Abk.) – 1 re – 2 re verschr zus – 1 li – 2 re zus – 4 re – U*.
Von * bis * wdh, bis noch 8 M in dieser Rd übrig sind.
Stricke 1 li – U – 5 re – 2 re verschr zus – über das Rundenende hinaus 1 li – 4 re str.
Wenden, 1abhFv – 1 li – 2 li zus – 1 re – 4 li.
Wenden, 1abhFh – 1 re – 2 re verschr zus.

Zu Nd Nr. 3½ wechseln.
Die Arbeit wenden und hin und her str.

Reihe 1 (Rück-R): 3 re – um die „Stufen“ an den Wendestellen auszugleichen *den Querfaden zw den M auf die li Nd heben und mit der nächsten M re zus str – 13 re*. Von * bis * wdh.
Stricke am Ende mit dem Querfaden zus – 6 re – mit dem Querfaden zus str – 3 re.

Reihe 2: 1 re - *6 re – 1 li*. Von * bis * wdh. Ende mit 6 re.
Reihe 3: Alle M re str.
In der Hin-R alle M rechts abk und den kleinen Schlitz zus nähen.

ÄRMEL

Die 64(64)80(80) Ärmel-M auf eine Nd Nr. 4 setzen.
Mit A5 + B2 str.

An den kleinen Karos beg: *8 neue M aus der Anschlag-R des Karos str, im Anschluss 8 neue M aus der rechten Seite des Karos str*.
Von * bis * über insg 1(2)2(3) Karos str – über die Ärmel-M str: *1 li – 7 re*.
Von * bis * wdh = 80(96)112(128) M.

Zur Runde schließen.
Rd 1: *1 li – 2 re zus – 5 re – U – 1 li – U – 5 re – 2 re verschr zus*. Von * bis * wdh.
Rd 2: *1 li – 7 re*. Von * bis * wdh.

Die Farbstreifen sind an den Ärmeln breiter als am Körper (s.u. bei Farbverlauf).
GLEICHZEITIG Abnahmen str:

Nach 14(14)18(16) Muster-Rd stricke die 1. Abn:
1 li – 3 re zus – 4 re – U – 1 li – U – 4 re – 3 re verschr zus, dafür 3 M nacheinander re abh, zurück auf die linke Nd heben und re verschr zus str.
Von * bis * wdh = 70(84)98(112) M.

Danach das Muster wie folgt str:
Rd 1: *1 li – 6 re*. Von * bis * wdh.
Rd 2: *1 li – 2 re zus – 4 re – U – 1 li – U – 4 re – 2 re verschr zus*. Von * bis * wdh.
Insg 19(17)15(15) Muster-Rd str.

Stricke die 2. Abn: *1 li – 3 re zus – 3 re – U – 1 li – U – 3 re – 3 re verschr zus*.
Von * bis * wdh = 60(72)84(96) M.
Danach das Muster wie folgt str:
Rd 1: *1 li – 5 re*. Von * bis * wdh.
Rd 2: *1 li – 2 re zus – 3 re – U – 1 li – U – 3 re – 2 re verschr zus*. Von * bis * wdh.
Insg 19(17)15(15) Muster-Rd str.

Stricke die 3. Abn: *1 li – 3 re zus – 2 re – U – 1 li – U – 2 re – 3 re verschr zus*.
Von * bis * wdh. = 50(60)70(80) M.
Danach das Muster wie folgt str:
Rd 1: *1 li – 4 re*. Von * bis * wdh.
Rd 2: *1 li – 2 re zus – 2 re – U – 1 li – U – 2 re – 2 re verschr zus*.
Von * bis * wdh.
Insg 19(17)15(15) Muster-Rd str.

Stricke die 4. Abn: *1 li – 3 re zus – 1 re – U – 1 li – U – 1 re – 3 re verschr zus*.
Von * bis * wdh = 40(48)56(64) M.
Danach das Muster wie folgt str:
Rd 1: *1 li – 3 re*. Von * bis * wdh.
Rd 2: *1 li – 2 re zus – 1 re – U – 1 li – U – 1 re – 2 re verschr zus*. Von * bis * wdh.
Insg 19(17)15(15) Muster-Rd str.

Stricke die 5. Abn: *1 li – 3 re zus – U – 1 li – U – 3 re verschr zus str*.
Von * bis * wdh = 30(36)42(48) M.
Danach das Muster wie folgt str:

Rd 1: *1 li – 2 re*. Von * bis * wdh.
Rd 2: *1 li – 2 re zus – U – 1 li – U – 2 re verschr zus*. Von * bis * wdh.
Insg 8 Muster-Rd str.

Zu Nd Nr. 3½ wechseln.
Stricke 1 Rd li – 1 Rd re – 1 Rd li.
Alle M rechts abketten.
Der Ärmel misst ca. 44(41)39(38) cm.

Den zweiten Ärmel genauso str.

FARBVERLAUF
Stricke 14(14)12(8) Rd mit A5 + B2.

A5 abschneiden und 2 Rd mit A6 + B2 str.

A6 abschneiden und 16(16)12(12) Rd mit A4 + B2 str.

A4 abschneiden und 2 Rd mit A3 + B2 str.

A3 abschneiden und 28(24)28(30) Rd mit A2 + B2 str.

A2 + B2 abschneiden und 2 Rd mit A1 + B3 str.

A1 abschneiden und 18(18)16(16) Rd mit A6 + B3 str.

A6 abschneiden und 2 Rd mit A5 + B3 str.

A5 abschneiden und mit A7 + B3 fertig str.

HALSRAND
Rund um den Halsausschnitt M mit A1 + B1 und Nd Nr. 3½ heraus str.
Am Übergang zw Rücken und linkem Ärmel beg: *2 M aus den rechten M – 1 M aus der li M str*.
Von * bis * wdh = 120(120)144(144) M.

Stricke 1 Rd li – 1 Rd re – 1 Rd li.
Alle M rechts abk.

FERTIGSTELLUNG
Alle Fäden vernähen.

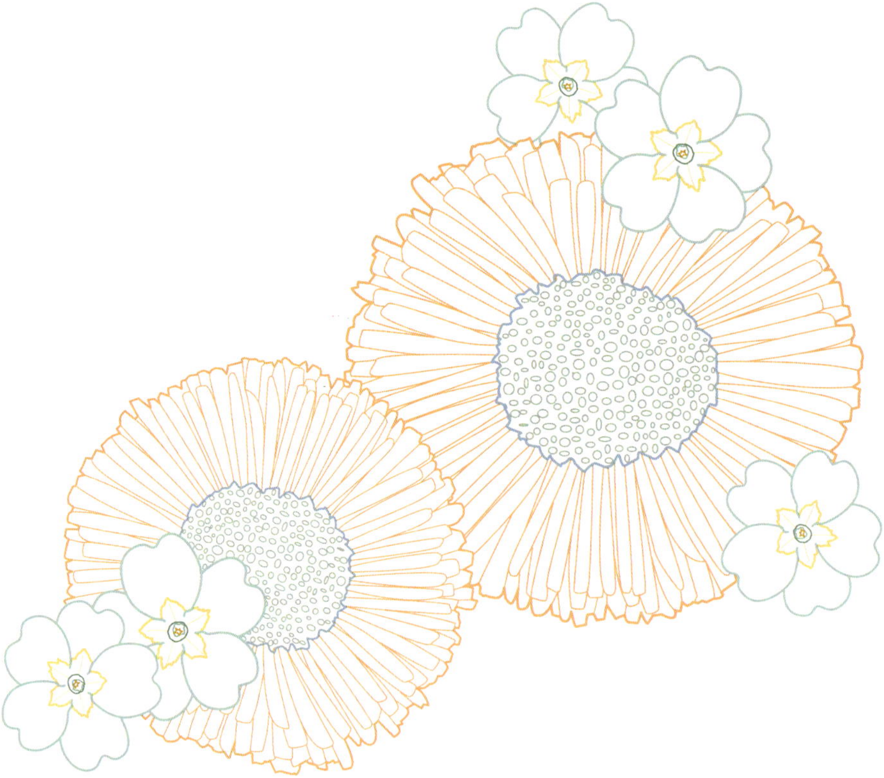

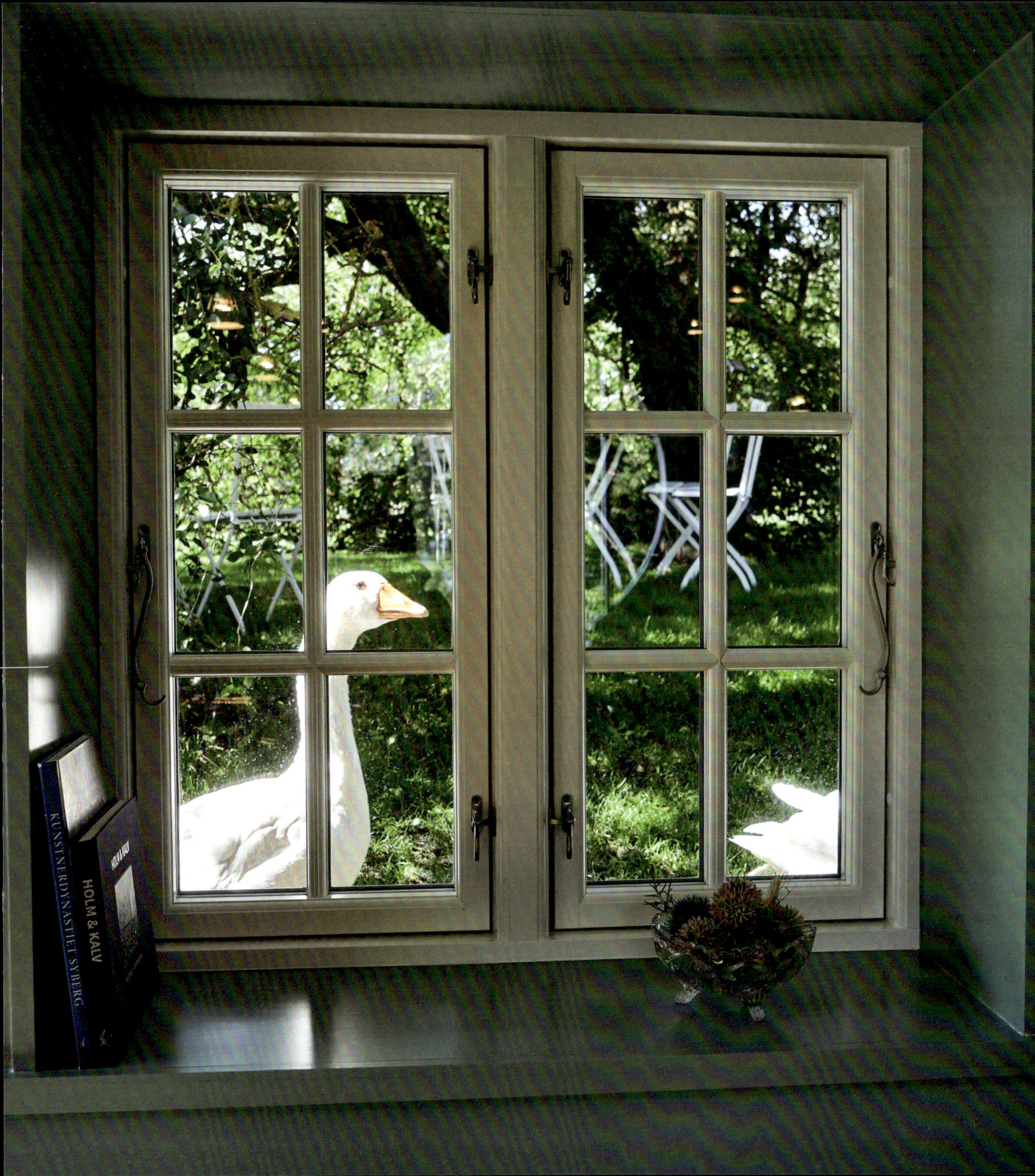
KUNSTNERDYNASTIET SYBERG
HOLM & KALV

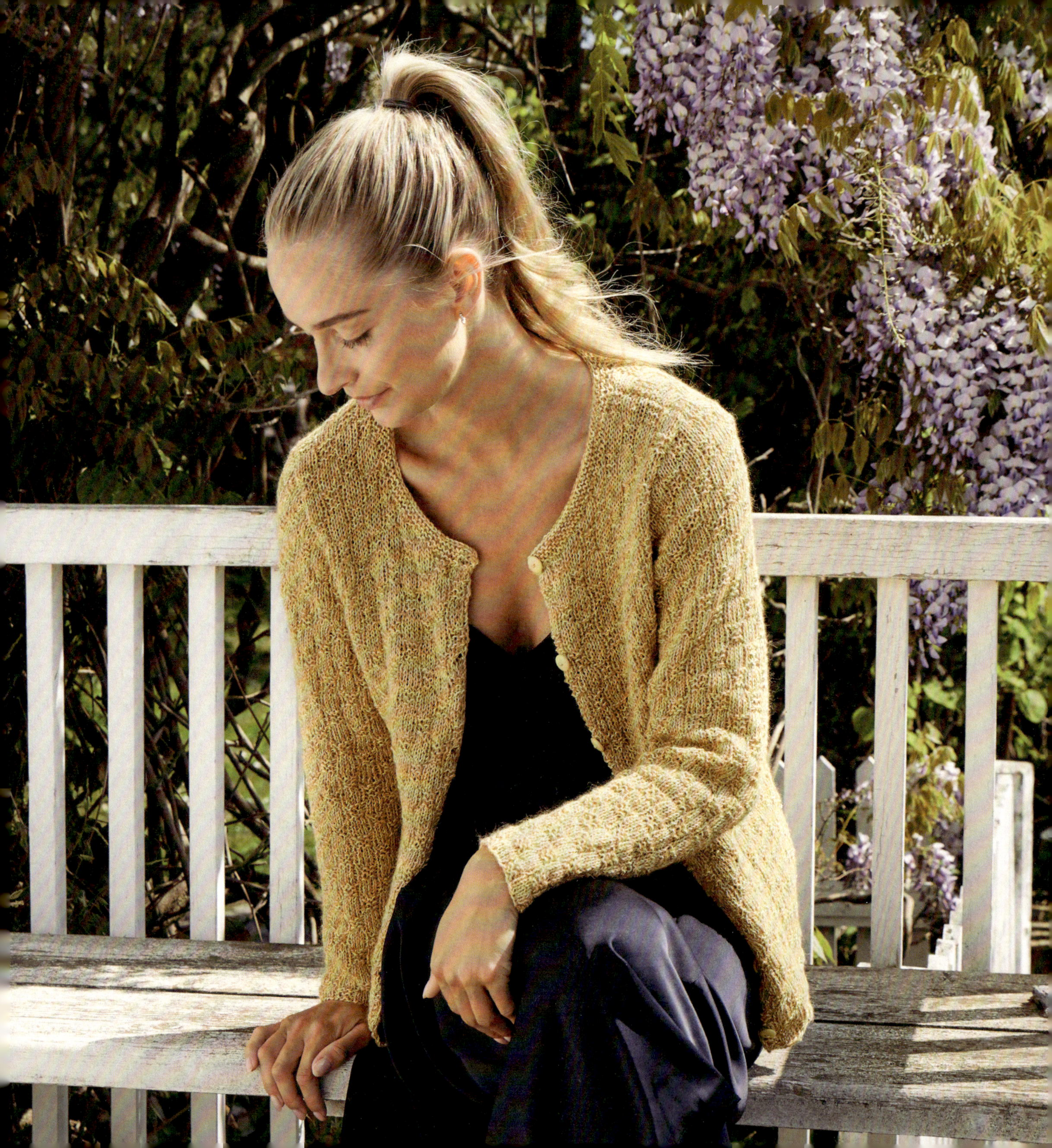

DER KÖNIG VON GUDME

In der Eisenzeit war Gudme Skandinaviens größte Stadt. Gudme bedeutete wahrscheinlich Stadt der Götter und Gudmekongen war vielleicht der erste König, den Dänemark hatte. In diesem Gebiet wurden eine Menge Goldmünzen, Schmuck und Schätze aus dem südfünischen Boden geborgen.

Es wurde ebenfalls eine große Sammlung von Goldmünzen aus dem 5. – 7. Jahrhundert gefunden – kleine papierdünne, fein verarbeitete Goldmünzen, die oft eine Prägung mit menschlichen Figuren und Ornamenten aufweisen. Die Größe lag zwischen 1 – 2 cm und sie wurden wahrscheinlich im Zusammenhang mit kultischen Handlungen verwendet.

Gr.: S(M)L(XL)XXL
Halbe Oberweite: 47(51)55(58)62 cm
Länge: 56(56)57(57)57 cm
Ärmellänge ab Armausschnitt: 44(43)42(41)40 cm

Material
A: 250(300)300(300)350 g Isager Bomulin Farbe 58
B: 150(150)150(150)200 g Isager Alpaca 1 Farbe 59
Mit je 1 Faden beider Qualitäten stricken

7 Knöpfe

Rundnadel Nr. 3 und 3½. Strumpfnadeln Nr. 3½

Maschenprobe glatt rechts mit Nd Nr. 3½: 10 cm = 22 M und 28 R
Maschenprobe im Muster mit Nd Nr. 3½: 10 cm = 22 M und 32 R

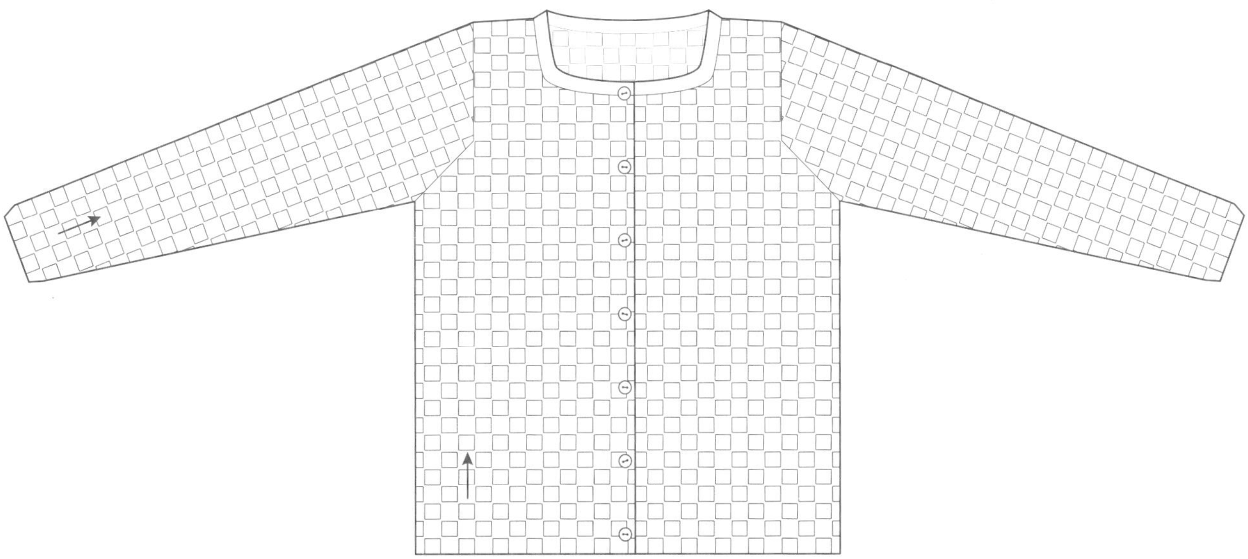

KÖRPER

214(230)246(262)278 M mit A + B und Nd Nr. 3½ anschl.

In Reihen hin und her str.
Reihe 1 (Rück-R): 1abhFv (s. Abk.) – *4 re – 4 li*. Von * bis * wdh. Ende mit 5 re.
Reihe 2: 1abh Fv – *1 li – 2 re – 1 li – 4 re*. Von * bis * wdh. Ende mit 1 li – 2 re – 1 li – 1 re.
Reihe 3 – 4: Wie Reihe 1 – 2 str.
Reihe 5: Wie Reihe 1 str.
Reihe 6: 1abhFv – re zu Ende str.

Reihe 7: 1abhFv – *4 li – 4 re*.
Von * bis * wdh. Ende mit 4 li – 1 re.
Reihe 8: 1abhFv – *4 re – 1 li – 2 re – 1 li*.
Von * bis * wdh. Ende mit 5 re.
Reihe 9: Wie Reihe 7 str.
Reihe 10 mit Knopfloch: 1abhFv – 2 re verschr zus – 2 neue M anschl – 2 re zus – *1 li – 2 re – 1 li – 4 re*.
Von * bis * wdh. Ende mit 1 re.
Reihe 11: Wie Reihe 7 str.
Reihe 12: 1abhFv – re zu Ende str.

Die Reihen 1 – 12 insg 10(9)9(9)8-mal str, aber die Knopflöcher nur in jeder 24. R wdh.

Weitere 4(10)6(2)8 R im Muster str.
Der Körper misst ca. 39(37)35(34)32 cm.

Für die Armausschnitte abk (Rück-R):
1abhFv – 52(56)60(64)68 M im Muster str – 4 M abk – 100(108)116(124)132 M im Muster str (die 1. M ist bereits auf der Nd) – 4 M abk – 53(57)61(65)69 M im Muster str.
Das Garn nicht abschneiden.

Die M vom Rücken und linken Vorderteil stilllegen.

RECHTES VORDERTEIL

Mit einer Hin-R beg.
Das Muster wie bisher weiter str und dabei für den Armausschnitt zu Beginn jeder Rück-R abk:
0(0)1(1)2-mal 4 M abk = 53(57)57(61)61 M.
1(3)3(3)3-mal 3 M abk = 50(48)48(52)52 M.
3(2)2(2)2-mal 2 M abk = 44(44)44(48)48 M.
6-mal 1 M abk = 38(38)38(42)42 M.

Danach 6(10)14(18)22 R im Muster wie bisher str.
Die Rand-M am Armausschnitt in allen R re str.

Mit dem Abketten für den Halsausschnitt beg:
Im Muster weiter str und dabei zu Beginn jeder Hin-R abk:

2-mal 4 M abk = 30(30)30(34)34 M.
2-mal 3 M abk = 24(24)24(28)28 M.
2(2)2(4)4-mal 2 M abk = 20 M.
2-mal 1 M abk = 18 M.

Über die letzten M 13(13)13(9)9 R im Muster gerade hoch str. Die erste und letzte M in allen R re str.

Die M stilllegen und das zweite Vorderteil str.

LINKES VORDERTEIL

Das linke Vorderteil auf die gleiche Weise wie das rechte Vorderteil str, aber spiegelverkehrt.
Mit einer Hin-R beg und sofort für den Armausschnitt M abk.
Das Muster wie bisher weiter str.

Auf die gleiche Weise wie am rechten Vorderteil abk, aber nun zu Beginn jeder Hin-R abk.
Das Abketten für den Halsausschnitt wird zu Beginn der Rück-R vorgenommen.

Danach 14(14)14(10)10 R im Muster gerade hoch str. Die erste und letzte M in allen R re str.

Alle M stilllegen.

RÜCKEN

Die 100(108)116(124)132 Rücken-M wieder auf eine Nd setzen.
Mit einer Hin-R beg und beidseitig zu Beginn der R für die Armausschnitte abk.
0(0)1(1)2-mal 4 M abk = 100(108)108(116)116 M.
1(3)3(3)3-mal 3 M abk = 94(90)90(98)98 M.
3(2)2(2)2-mal 2 M abk = 82(82)82(90)90 M.
6-mal 1 M abk = 70(70)70(78)78 M.

Danach 34(38)42(46)50 R im Muster gerade hoch str.
Die mittleren 34(34)34(42)42 M stilllegen.

6 R im Muster über die ersten 18 Schulter-M str.
Die erste und letzte M in allen R re str.

Die entsprechenden Schulter-M des Vorderteils wieder auf eine Nd setzen.
Die Schulter-M zus str; dafür den Rücken und das Vorderteil mit den Außenseiten aneinanderlegen und nacheinander die Schulter-M von beiden Nd mit einer 3. Nd zus str und gleichzeitig abk.

6 R im Muster über die letzten 18 M str.
Mit einer Hin-R beg.
Die erste und letzte M in allen R re str.

Die zweite Schulter genauso wie die erste Schulter zus str.

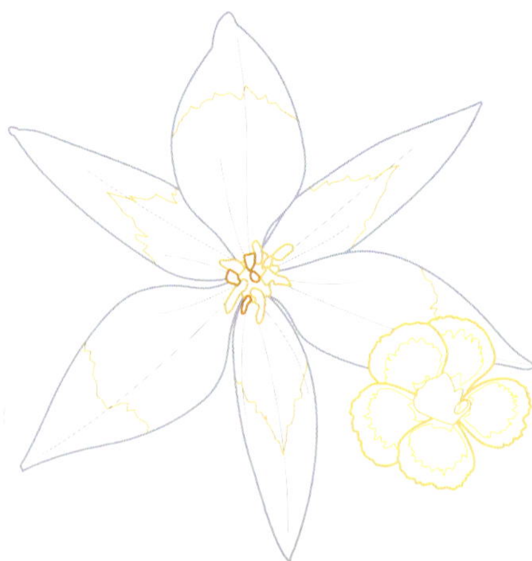

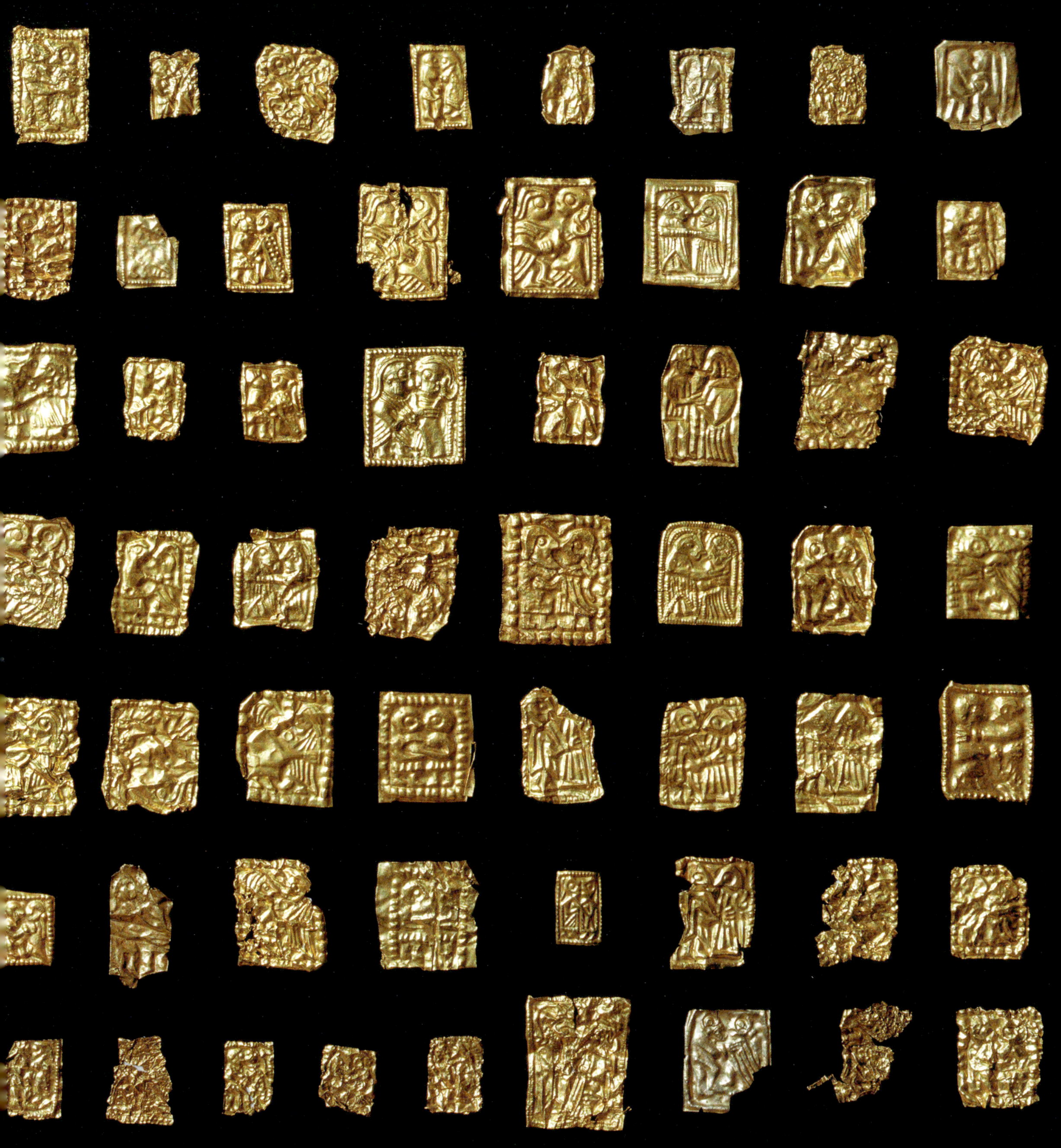

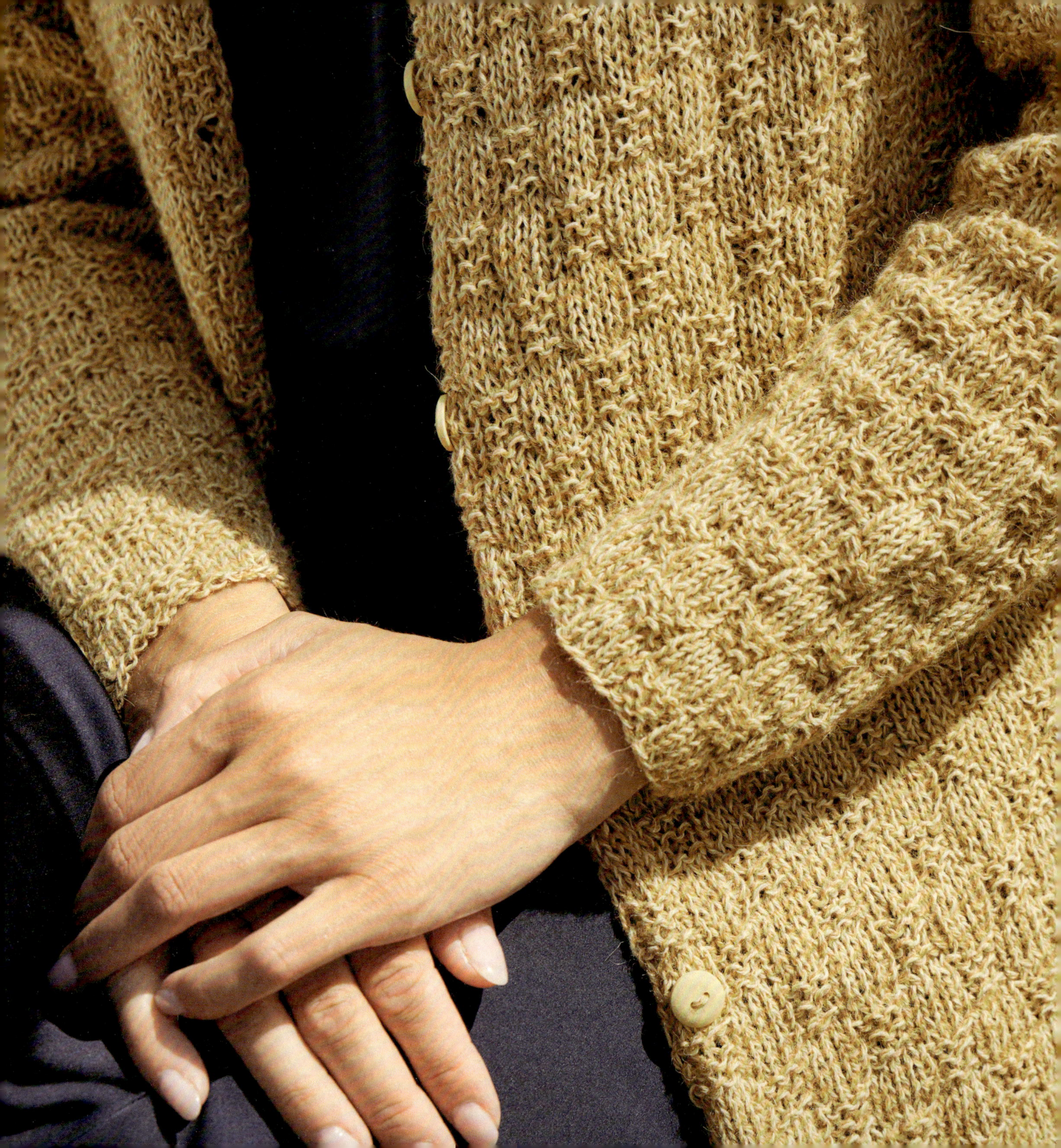

ÄRMEL

40(48)48(48)56 M mit A + B und einer Nd Nr. 3½ anschl und zur Runde schließen.

Rd 1: 2 re – *4 li – 4 re*.
Von * bis * wdh. Ende mit 4 li – 2 re.
Rd 2: 2 re – *1 li – 2 re – 1 li – 4 re*.
Von * bis * wdh. Ende mit 1 li – 2 re – 1 li – 2 re.
Rd 3 – 4: Wie die Rd 1 – 2 str.
Rd 5: Wie Rd 1 str.
Rd 6 mit Zunahme: 1 re – 1 neue re (s. Abk.) – re bis zur letzten M str – 1 neue re – 1 re = 42(50)50(50)58 M.

Rd 7: 3 li – *4 re – 4 li*.
Von * bis * wdh. Ende mit 4 re – 3 li.
Rd 8: *2 re – 1 li – 4 re – 1 li*.
Von * bis * wdh. Ende mit 2 re.
Rd 9 – 10: Wie die Rd 7 – 8 str.
Rd 11: Wie Rd 7 str.
Rd 12 mit Zunahme: Wie Rd 6 str = 44(52)52(52)60 M.

Im Muster str und die Zun in jeder 6. Rd wdh, bis insg 20(20)20(16)16 Zunahme-R gestr sind = 80(88)88(80)88 M.
Die neuen M in das Muster einfügen.

Gr. (XL)XXL:
Im Muster weiter str und noch 8-mal in jeder 4. Rd zun = (96)104 M.

Alle Gr.:
Nach der letzten Zunahme noch 21(19)15(3)1 R im Muster str.
Der Ärmel misst ca. 44(43)42(41)40 cm.

Im Muster weiter str und für die Armausschnitte abk:
3 M abk – die Rd zu Ende str = 77(85)85(93)101 M. Wenden.
Zu Beginn der Rück-R 3 M abk – die R zu Ende str = 74(82)82(90)98 M.

Danach das Muster in Reihen hin und her str und beidseitig zu Beginn der R abk:

1(2)1(1)1-mal 3 M abk = 68(70)76(84)92 M.
2(1)2(4)4-mal 2 M abk = 60(66)68(68)76 M.
8(8)10(10)10-mal 1 M abk = 44(50)48(48)56 M.
5(6)6(6)6-mal 2 M abk = 24(26)24(24)32 M.
1(1)0(0)0-mal 3 M abk = 18(20)24(24)32 M.
1(1)1(1)2-mal 4 M abk = 10(12)16(16)16 M.
Die letzten M abk.

Den zweiten Ärmel genauso str.

HALSRAND

Die mittleren 34(34)34(42)42 Rücken-M wieder auf eine Nd setzen.

Von der Außenseite mit A + B und Nd Nr. 3 M aus dem Halsausschnitt str:
34(34)34(36)36 M aus dem rechten Vorderteil bis zur Schulter heraus str – 4 M bis zu den Nacken-M str – 34(34)34(42)42 Nacken-M re str – 4 M bis zur Schulternaht str – 34(34)34(36)36 M aus dem linken Vorderteil str = 110(110)110(122)122 M.

Reihe 1 (Rück-R): 1abhFv – re zu Ende str.
Reihe 2 mit Knopfloch: 1abhFv – 2 re verschr zus – 2 neue M anschl – 2 re zus – re zu Ende str.
Reihe 3 – 5: Wie Reihe 1 str.
In der Hin-R abk: die 1. M abhFv bevor sie abgekettet wird. Die letzten 2 M re zus str, bevor sie abgekettet werden.

FERTIGSTELLUNG

Die Ärmel in die Armausschnitte nähen.
Alle Fäden vernähen und die Knöpfe annähen.

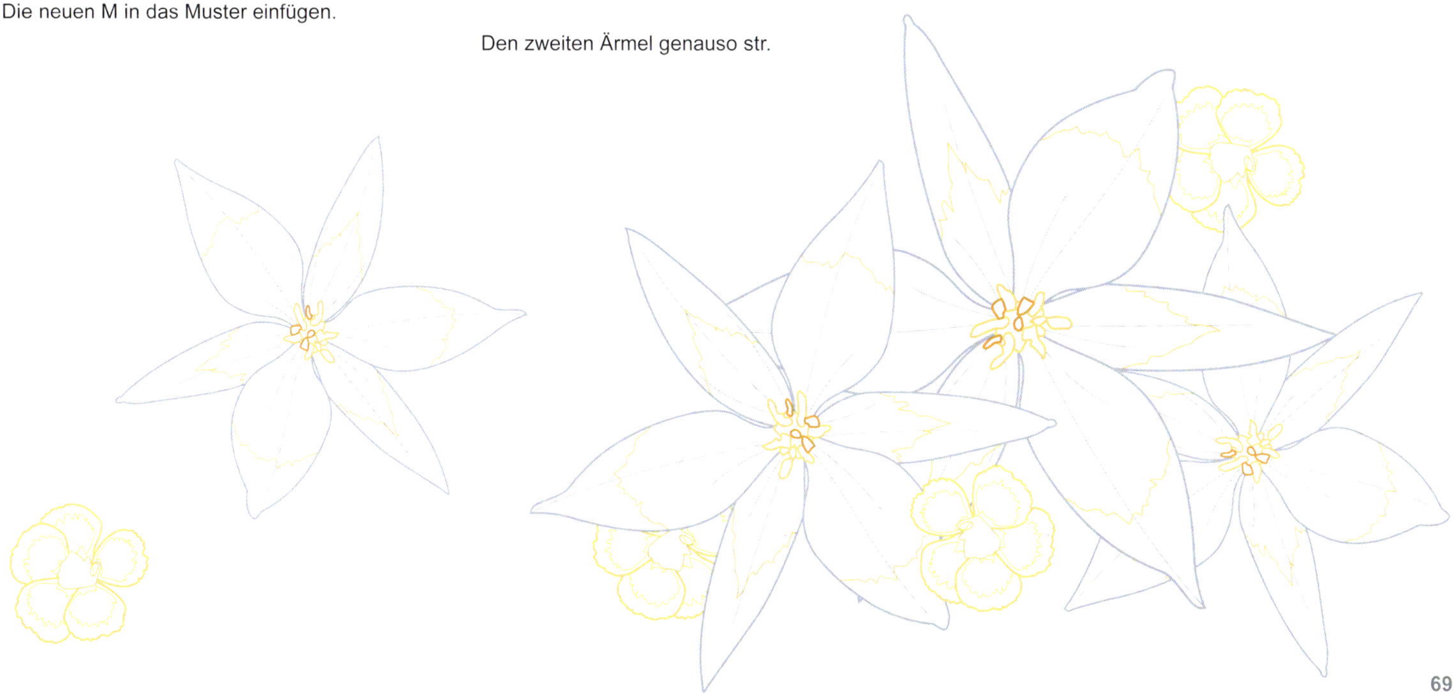

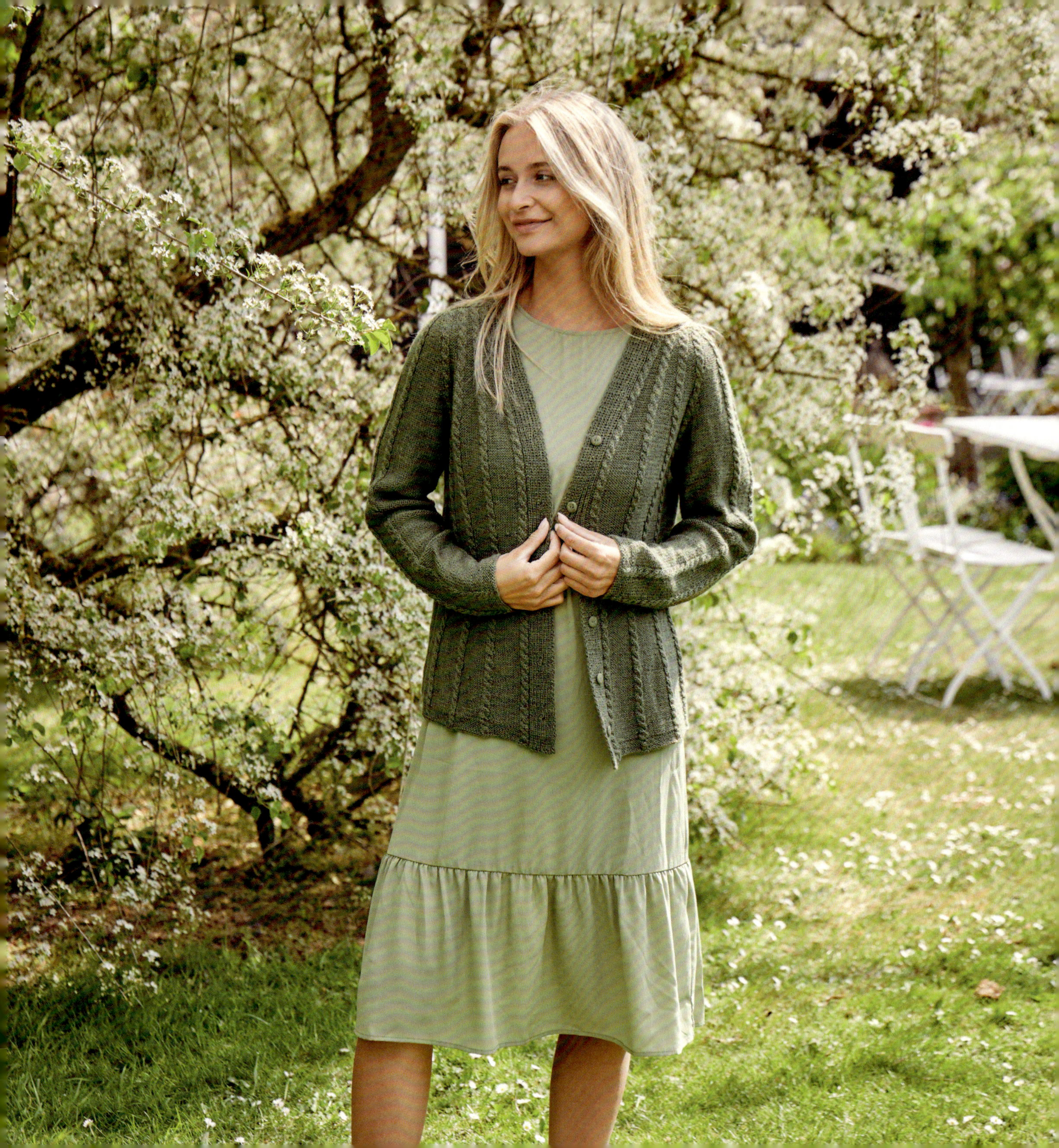

DIE MEERJUNGFRAUEN

Bogense wird auch die „Stadt der Meerjungfrauen“ genannt. Im Meer vor Bogense liegt das Schloss der Nixen, dort spielen sie in den Wellen, klatschen mit ihren Schwanzflossen und erzeugen kleine Schaumspritzer, um die Segler zu necken.

Weit draußen im Meer ist das Wasser so blau wie die Blütenblätter der schönsten Kornblumen und so klar wie das reinste Glas, aber es ist sehr tief, tiefer als jedes Ankerseil reicht, wo viele Kirchtürme übereinander gestellt werden müssen, um vom Grund bis über die Wasseroberfläche zu gelangen.
Dort unten lebt das Meervolk.

H.C. Andersen, 1836

Gr.: S(M)L(XL)XXL
Halbe Oberweite: 48(51)55(59)64 cm
Länge: 58(59)59(60)61 cm
Ärmellänge ab Armausschnitt: 44(43)42(42)41 cm

Material
250(250)300(300)350 g Isager Highland Farbe Moss

6 Knöpfe

Rundnadel Nr. 2½ und 3

Maschenprobe glatt rechts mit Nd Nr. 3: 10 cm = 26 M und 34 R

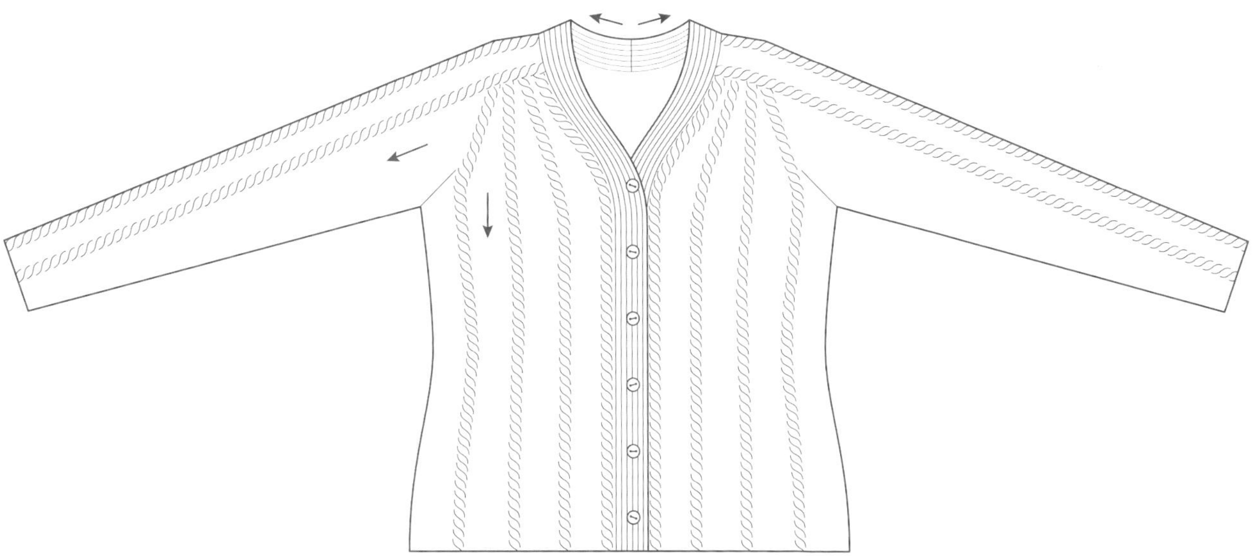

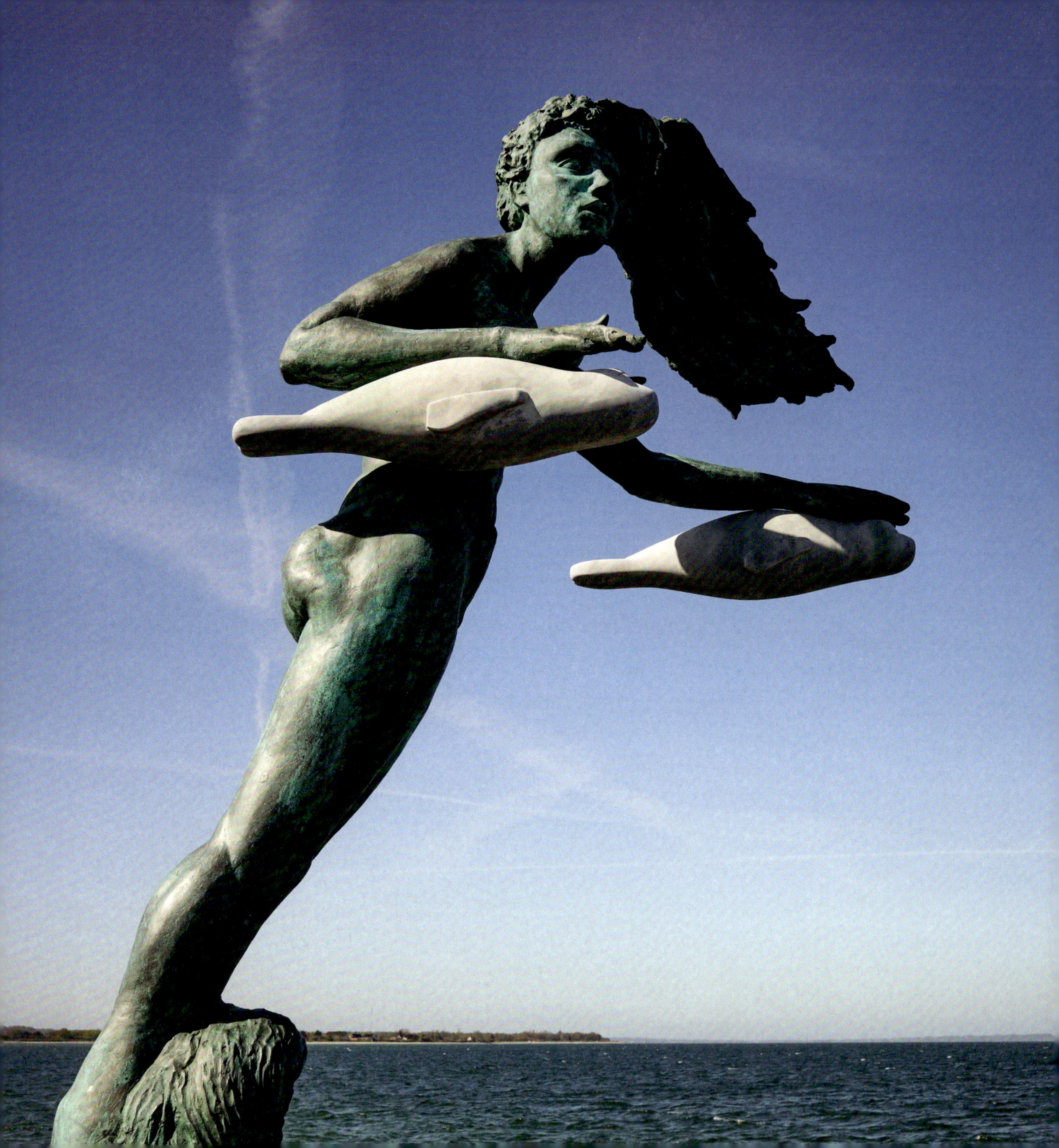

Die Jacke wird von oben nach unten gearbeitet.

Zopf: *2 M auf eine Hilfs-Nd vor die Arbeit legen – 2 re – die 2 M der Hilfs-Nd re str.*

SCHULTER

22 M mit Nd Nr. 3 anschl.

Reihe 1 (Rück-R): 1 re – 4 li – 4 re – 4 li – 4 re – 4 li – 1 re.
Reihe 2: 5 re – 4 li – 4 re – 4 li – 5 re.
Reihe 3: Wie Reihe 1 str.
Reihe 4 mit Zopf: 1 re – Zopf – 4 li – Zopf – 4 li – Zopf – 1r.

Die Reihen 1 – 4 wdh, bis insg 25(25)29(29)33 R gestr sind = 7,5(7,5)8,5(8,5)10 cm.
Die letzte R ist eine Rück-R.
Am Anfang und Ende der R eine Markierung setzen.

Die Schulter ist fertig, den Faden nicht abschneiden.

ÄRMEL

Im Anschluss an die Schulter den Ärmel str und weiterhin über den gesamten Ärmel in jeder 4. R Zöpfe str.

Reihe 1 mit Zunahme (Hin-R): 1 re – U – 4 re – 4 li – U – 4 re – U – 4 li – 4 re – U – 1 re = 26 M.
Reihe 2: 1 re – 1 re verschr – 4 li – 4 re – 1 re verschr – 4 li – 1 re verschr – 4 re – 4 li – 1 re verschr – 1 re.

Reihe 3 mit Zun: 1 re – U – 1 li – Zopf – 5 li – U – Zopf – U – 5 li – Zopf – 1 li – U – 1 re = 30 M.
Reihe 4: 1 re – 1 re verschr – 1 re – 4 li – 5 re – 1 re verschr – 4 li – 1 re verschr – 5 re – 4 li – 1 re – 1 re verschr – 1 re.

Reihe 5 mit Zun: 1 re – U – 2 li – 4 re – 6 li – U – 4 re – U – 6 li – 4 re – 2 li – U – 1 re = 34 M.
Reihe 6: Im Muster str, die U re verschr str.

Das Muster mit den Zun in jeder 2. R fortsetzen, bis insg 4(5)6(7)8 Zunahme-R gestr sind = 38(42)46(50)54 M.
Mit einer Rück-R enden.

Reihe 7 mit Zun (Hin-R): 1 re – U – im Muster bis zur letzten M str – U – 1 re = 40(44)48(52)56 M.
Reihe 8: Im Muster str, die beiden U re verschr str.

Reihe 7 – 8 wdh, bis insg 16 Zun auf diese Weise gestr sind = 70(74)78(82)86 M.
Mit einer Rück-R enden.

Das Muster fortsetzen.
Beidseitig 2(3)4(3)3-mal am Ende der R 2 neue M anschl = 78(86)94(94)98 M.
Die neuen M in den Rück-R re und in den Hin-R li str.

Beidseitig 1(1)1(1)2-mal 3 neue M anschl = 84(92)100(100)110 M.

Beidseitig 1(1)1(2)2-mal 4 neue M anschl = 92(100)108(116)126 M.

Die Armkugel ist nun fertig.

6(6)4(6)6 Muster-R wie bisher str.
Die erste und letzte M re str.

Das Muster fortsetzen und dabei Abnahmen str:
1 re – 2 li zus – im Muster bis zu den letzten 3 M str – 2 li zus – 1 re = 90(98)106(114)124 M.

Die Abn in jeder 8.(8.)6.(6.)6. R wdh, bis insg 17(9)22(13)4 Abn gestr sind = 58(82)64(90)118 M.

Gr. (M)(XL)XXL:
Noch (10)(11)24-mal Abn in jeder (6.)(4.)4. R str = (62)(68)70 M.

Weiter str, bis der Ärmel nach der Armkugel ca. 42(41)40(39)38 cm misst.
Nach der letzten Zopf-R noch 1 R str.
Den Faden nicht abschneiden.

Zu Nd Nr. 2½ wechseln.

Reihe 1 (Hin-R): Alle M re str.
Reihe 2: 15(16)16(17)17 re – *4 li – 8(9)10(11)12 re*.
Wieder von * bis * str – 4 li – 15(16)16(17)17 re.
Reihe 3: 15(16)16(17)17 re – *Zopf – 8(9)10(11)12 re*.
Wieder von * bis * str – Zopf – 15(16)16(17)17 re.
Reihe 4: Wie Reihe 2 str.

Die Reihen 1 – 4 noch einmal str.
Reihe 1 – 2 str.

Mit rechten M abk – aber bei allen 4 Zopf-M erst 2 und 2 M re zus str und dann abk.
Den Faden abschneiden.

Die zweite Schulter und den zweiten Ärmel genauso str.

RÜCKEN

Mit Nd Nr. 3 str.

Die Ärmel so hinlegen, dass die Anschlag-R beider Schultern zueinander zeigen.

Aus der linken Schulter 19(19)21(21)22 M von der Markierung bis zur Anschlag-R heraus str – im Anschluss 42(44)46(46)46 neue M anschl – aus der rechten Schulter von der Anschlag-R bis zur Markierung 19(19)21(21)22 M str = 80(82)88(88)90 M.

Reihe 1 (Rück-R): 38(39)42(42)43 re – 4 li – 38(39)42(42)43 re.
Reihe 2: 1 re – 37(38)41(41)42 li – 4 re – 37(38)41(41)42 li – 1 re.

Reihe 3: Wie Reihe 1 str.
Reihe 4: 1 re – 37(38)41(41)42 li – Zopf – 37(38)41(41)42 li – 1 re.

Das Muster mit den Zöpfen in jeder 4. R fortsetzen, bis insg 19(21)21(17)19 R gestr sind. Die letzte R ist eine Rück-R.

Zunahmen für die Armausschnitte str.
Reihe 1 (Hin-R): 1 re – U – im Muster bis zur letzten M str – U – 1 re = 82(84)90(90)92 M.
Reihe 2: Im Muster str, die U re verschr str.

Die Reihen 1 – 2 insg 10(9)11(14)13-mal str = 100(100)110(116)116 M.

Beidseitig 3(5)4(5)5-mal am Ende der Reihe 2 neue M anschl = 112(120)126(136)136 M.

Beidseitig 2(2)3(3)5-mal am Ende der Reihe 3 neue M anschl = 124(132)144(154)166 M.

Den Faden abschneiden und die M stilllegen. Der Rücken misst ab den Schultern ca. 14(16)17(18)19 cm.

KRAGEN

15 M mit Nd Nr. 3 anschl.

Reihe 1 (Rück-R): *1 re – 1 li*.
Von * bis * wdh. Ende mit 1 re.
Reihe 2: 1abhFv – *1 re – 1 li*.
Von * bis * wdh. Ende mit 2 re.

Insg 44(44)46(46)48 R str.
Die letzte R ist eine Hin-R.
Den Faden abschneiden und die M stilllegen.

15 M mit Nd Nr. 3 aus der Anschlag-R des Kragens heraus str.

Reihe 1 (Rück-R): 1abhFv – *1 li – 1 re*.
Von * bis * wdh.
Reihe 2: 2 re – *1 li – 1 re*.
Von * bis * wdh. Ende mit 1 re.

Insg 43(43)45(45)47 R str.
Die letzte R ist eine Rück-R.
Den Faden abschneiden.

RECHTES VORDERTEIL

Aus der rechten Schulter 24(24)27(27)30 M mit Nd Nr. 3 von der Markierung bis zur Anschlag-R heraus str.
Weiter über die zuletzt gestr 15 Kragen-M str: *1 li – 1 re*.
Von * bis * wdh. Ende mit 2 re = 39(39)42(42)45 M.

Reihe 1 (Rück-R): 1abhFv – 14 Rippen-M wie bisher – 1 re – 4 li – 2(2)3(3)4 re – 4 li – 2(2)3(3)4 re – 4 li – 2(2)3(3)4 re – 4 li – 1 re.
Reihe 2: 5 re – 2(2)3(3)4 li – 4 re – 2(2)3(3)4 li – 4 re – 2(2)3(3)4 li – 4 re – 1 li – 15 Rippen-M.
Reihe 3: Wie Reihe 1 str.
Reihe 4 mit Zopf: 1 re – Zopf – 2(2)3(3)4 li – Zopf – 2(2)3(3)4 li – Zopf – 2(2)3(3)4 li – Zopf – 1 li – 15 Rippen-M.

Die Reihen 1 – 4 insg 3-mal str.
Reihe 1 str.
Stricke die 1. Zunahme (Hin-R): 5 re – U – 2(2)3(3)4 li – U – 4 re – U – 2(2)3(3)4 li – U – 4 re – U – 2(2)3(3)4 li – U – 4 re – 1 li – 15 Rippen-M = 45(45)48(48)51 M.
Stricke 1 Muster-R und dabei die U re verschr.

Die Zöpfe weiterhin in jeder 4. R str. Je nach Größe werden in den folgenden Zunahme-R die Zopf-M einfach rechts gestr oder verzopft. Die neuen M in den Hin-R rechts und in den Rück-R links str.

6 R im Muster str.

Stricke die 2. Zun (Hin-R): 1 re – 4 re/Zopf – U – 4(4)5(5)6 li – U – 4 re/Zopf – U – 4(4)5(5)6 li – U – 4 re/Zopf – U – 4(4)5(5)6 li – U – 4 re/Zopf – 1 li – 15 Rippen-M = 51(51)54(54)57 M.
1 Muster-R und dabei die U re verschr str.
6(6)6(6)8 R im Muster str.

Stricke die 3. Zun (Hin-R): 1 re – 4 re/Zopf – U – 6(6)7(7)8 li – U – 4 re/Zopf – U – 6(6)7(7)8 li – U – 4 re/Zopf – U – 6(6)7(7)8 li – U – 4 re/Zopf – 1 li – 15 Rippen-M = 57(57)60(60)63 M.
Stricke 1 Muster-R und dabei die U re verschr.
6(8)6(6)8 R im Muster str.

Stricke die 4. Zun (Hin-R): 1 re – 4 re/Zopf – U – 8(8)9(9)10 li – U – 4 re/Zopf – U – 8(8)9(9)10 li – U – 4 re/Zopf – U – 8(8)9(9)10 li – U – 4 re/Zopf – 1 li – 15 Rippen-M = 63(63)66(66)69 M.
Stricke 1 Muster-R und dabei die U re verschr.
6(8)6(8)8 R im Muster str.

Stricke die 5. Zun (Hin-R): 1 re – 4 re/Zopf – U – 10(10)11(11)12 li – U – 4 re/Zopf – U – 10(10)11(11)12 li – U – 4 re/Zopf – U – 10(10)11(11)12 li – U – 4 re/Zopf – 1 li – 15 Rippen-M = 69(69)72(72)75 M.
Stricke 1 Muster-R und dabei die U re verschr.

Gr. L(XL)XXL:
5(7)7 Muster-R str.
1 Rück-R str und am Ende der R 1(2)2 neue M anschl = 73(74)77 M.

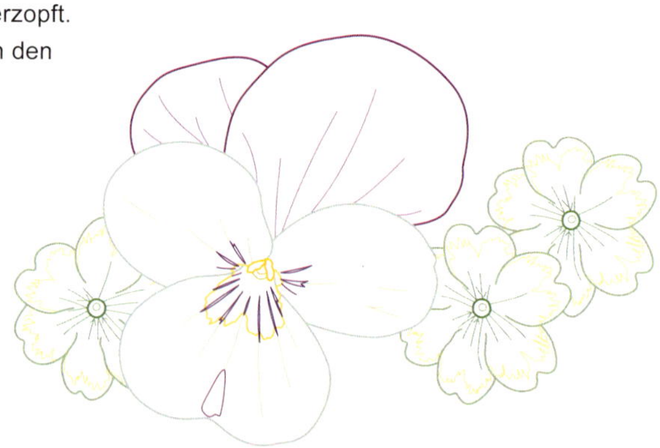

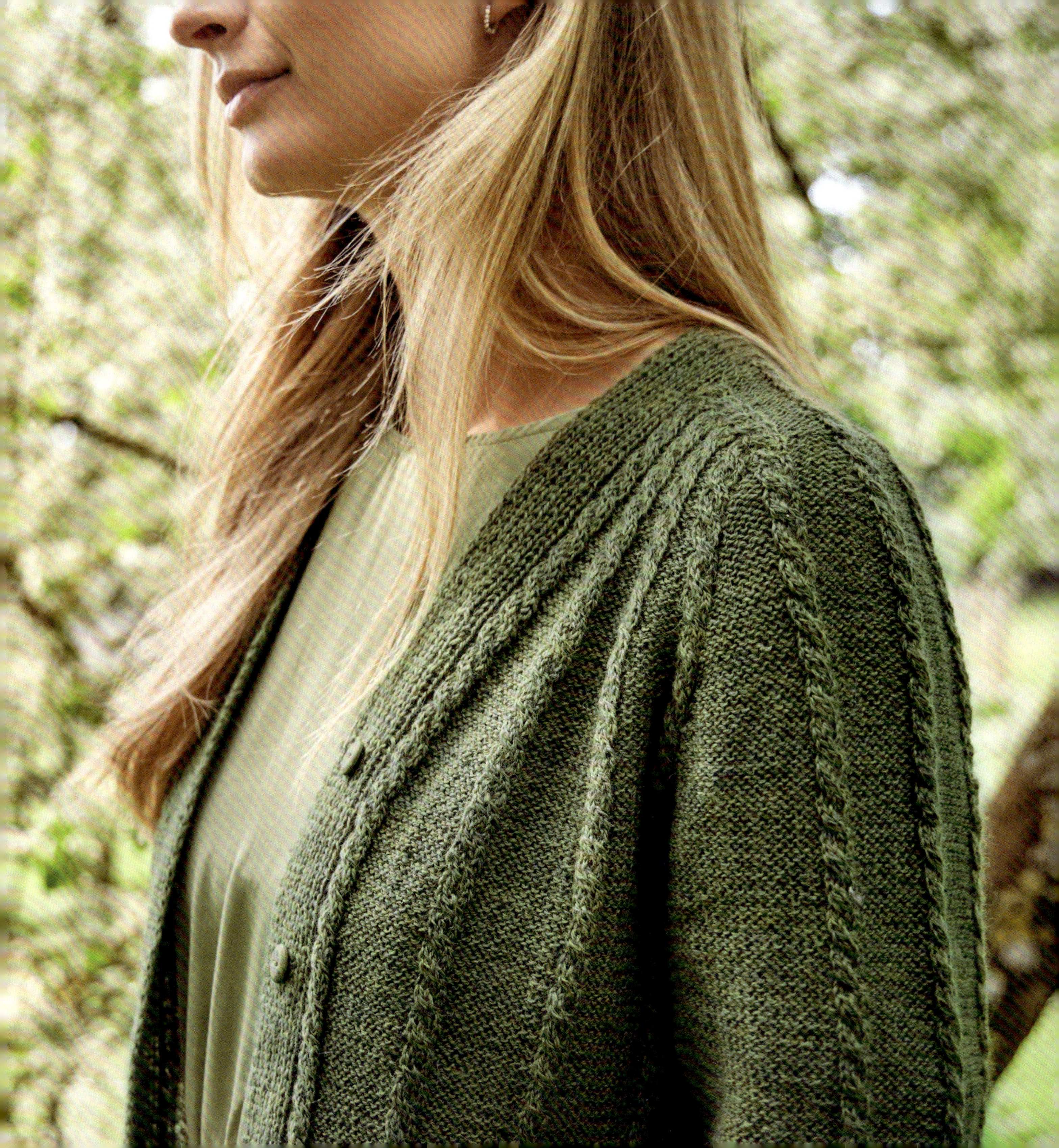

Stricke die 6. Zun (Hin-R): 1 re – 1(2)2 li – 4 re/Zopf – 13(13)14 li – U – 4 re/Zopf – 13(13)14 li – U – 4 re/Zopf – 13(13)14 li – U – 4 re/Zopf – 1 li – 15 Rippen-M = 76(77)80 M.
Stricke 1 Muster-R und dabei die U re verschr – am Ende der Rück-R 2(3)3 neue M anschl = 78(80)83 M.
In der nächsten R die neuen M li str, aber die erste M re str.

Alle Gr.:
1 Hin-R im Muster str.
1 Rück-R im Muster str und am Ende 2(5)2(5)9 neue M anschl = 71(74)80(85)92 M.

Den Faden abschneiden und die M stilllegen.

LINKES VORDERTEIL

Das erste Kragenteil wieder auf eine Nd setzen.

Aus der rechten Schulter 24(24)27(27)30 M mit Nd Nr. 3 heraus str, von der Anschlag-R bis zur Markierung.

Reihe 1 (Rück-R): 1 re – 4 li – 2(2)3(3)4 re – 4 li – 2(2)3(3)4 re – 4 li – 2(2)3(3)4 re – 4 li – 1 re – weiter über die 15 Kragen-M str: *1 re – 1 li*.
Von * bis * wdh. Ende mit 1 re = 39(39)42(42)45 M.
Reihe 2: 1abhFv – 14 Rippen-M wie bisher – 1 li – 4 re – 2(2)3(3)4 li – 4 re – 2(2)3(3)4 li – 4 re – 2(2)3(3)4 li – 5 re.
Reihe 3: Wie Reihe 1 str.
Reihe 4 mit Zopf: 1abhFv – 14 Rippen-M wie bisher – 1 li – Zopf – 2(2)3(3)4 li – Zopf – 2(2)3(3)4 li – Zopf – 2(2)3(3)4 li – Zopf – 1 re.

Die Reihen 1 – 4 insg 3-mal str.
Reihe 1 str.
Stricke die 1. Zunahme (Hin-R): 1abhFv – 14 Rippen-M – 1 li – 4 re – U – 2(2)3(3)4 li – U – 4 re – U – 2(2)3(3)4 li – U – 4 re – U – 2(2)3(3)4 li – U – 5 re = 45(45)48(48)51 M.
1 Muster-R str, die U re verschr str.
6 R im Muster str.

Die 2. Zun an der gleichen Stelle und die folgende R auf die gleiche Weise str wie bei der 1. Zun = 51(51)54(54)57 M.
6(6)6(6)8 R im Muster str.

Die 3. Zun an der gleichen Stelle und die folgende R auf die gleiche Weise str wie bei der 1. Zun = 57(57)60(60)63 M.
6(8)6(6)8 R im Muster str.

Die 4. Zun an der gleichen Stelle und die folgende R auf die gleiche Weise str wie bei der 1. Zun = 63(63)66(66)69 M.
6(8)6(8)8 R im Muster str.

Die 5. Zun an der gleichen Stelle und die folgende R auf die gleiche Weise str wie bei der 1. Zun = 69(69)72(72)75 M.

Gr. L(XL)XXL:
4(6)6 R im Muster str.
1 Hin-R str und am Ende 1(2)2 neue M anschl = 73(74)77 M.
1 Rück-R str.

Stricke die 6. Zun: 1abhFv – 14 Rippen-M – 1 li – 4 re/Zopf – U – 13(13)14 li – 4 re/Zopf – U – 13(13)14 li – 4 re/Zopf – U – 13(13)14 li – 4 re/Zopf – re zu Ende str – 2(3)3 neue M anschl = 78(80)83 M.
In der folgenden R die neuen M re und die U re verschr str.

Alle Gr.:
1 R im Muster str und am Ende 2(5)2(5)9 neue M anschl = 71(74)80(85)92 M.
1 Rück-R str. Die neuen M re str.
Den Faden nicht abschneiden.

KÖRPER

Das rechte Vorderteil und den Rücken wieder auf eine Nd setzen.

Reihe 1 mit 1. Knopfloch (Hin-R): 1abhFv – 70(73)79(84)91 M im Muster über das linke Vorderteil str – 10 neue M anschl – im Muster über die 124(132)144(154)166 Rücken-M str – 10 neue M anschl – 61(64)70(75)82 M im Muster über das rechte Vorderteil str – 3 re zus – 3 neue M für das Knopfloch anschl – 2 re zus – 5 Rippen-M wie bisher str = 286(300)324(344)370 M.

Insg 7 R im Muster str.
Die neuen M in den Rück-R re und in den Hin-R li str.

Stricke die 1. Abnahme in der Rückenmitte (Hin-R):
Bis 14 M vor den Zopf in der Rückenmitte str – eine Markierung setzen – 2 li zus – 28 M im Muster – 2 li zus – die R wie bisher zu Ende str = 284(298)322(342)368 M.
7 R im Muster str.

Stricke die 2. Abn in der Rückenmitte: Bis zur Markierung str – 2 li zus – 26 M wie bisher – 2 li zus – die R wie bisher zu Ende str = 282(296)320(340)366 M.
7 R im Muster str.

Stricke die 3. Abn in der Rückenmitte und das 2. Knopfloch:
Bis zur Markierung str – 2 li zus – 24 M wie bisher – 2 li zus – bis zu den letzten 10 M wie bisher str – 1 Knopfloch wie zuvor str = 280(294)318(338)364 M.
7 R im Muster str.

Stricke die 4. Abn in der Rückenmitte und die 1. Abn an den Vorderteilen: 30(30)34(34)35 M wie bisher – *2 li zus – 14(14)18(18)19 M wie bisher*.
Wieder von * bis * str – 2 li zus – bis zur Markierung str – 2 li zus – 22 M wie bisher – 2 li zus – wie bisher bis einschließlich zum 1. Zopf am Vorderteil str – *2 li zus – 14(14)18(18)19 M wie bisher*.
Wieder von * bis * str – 2 li zus – die R wie

bisher zu Ende str = 272(286)310(330)356 M.
7 R im Muster str.

Die Knopflöcher in jeder 24. R wdh, bis insg 6 Knopflöcher gestr sind und GLEICHZEITIG die Abn fortsetzen.

Stricke die 5. Abn in der Rückenmitte und die 2. Abn an den Vorderteilen: Die Abn am linken Vorderteil wieder direkt vor dem 2., 3. und 4. Zopf str – bis zur Markierung str – 2 li zus – 20 M wie bisher – 2 li zus – eine neue Markierung setzen – die Abn am rechten Vorderteil wieder direkt nach dem 1., 2. und 3. Zopf str – die R wie bisher zu Ende str = 264(278)302(322)348 M.
7(7)7(7)5 R im Muster str.

Gr. S(M):
Stricke die 6. Abn in der Rückenmitte, die 3. Abn an den Vorderteilen und das 3. Knopfloch: Die Abn wie bisher str – bis zu den letzten 10 M str – ein Knopfloch wie bisher str = 256(270) M.
9(7) R im Muster str.

Alle Gr.:
Stricke die 1. Zunahme (Hin-R):
Wie bisher bis hinter den 1. Zopf str – *bis direkt vor den nächsten Zopf str – U*. Von * bis * insg 3-mal str – bis zur Markierung am Rücken str – U nach der Markierung machen – bis zur Markierung str – U vor der Markierung machen – *bis hinter den nächsten Zopf str – U*.
Von * bis * insg 3-mal str – die R zu Ende str = 264(278)310(330)356 M.

1 Muster-R str, die U re verschr str.
4 R im Muster str.

Stricke die 2. Zun: Bis zur Markierung am Rücken str – U nach der Markierung – bis zur nächsten Markierungen str – U vor der Markierung – die R zu Ende str = 266(280)312(332)358 M.

1 Muster-R str, die U re verschr str.
4 R im Muster str.

Die letzten 12 R insg 4-mal str = 296(310)342(362)388 M.

Stricke nach dem 6. Knopfloch noch 7(7)3(3)3 R im Muster = 1 R nach Zopf-R.
Die Arbeit misst ab dem Nacken 53(54)54(55)56 cm.

Zu Rund-Nd 2½ wechseln.
Reihe 1 (Hin-R): 16 M wie bisher str – re bis zu den letzten 16 M str, diese in Rippen wie bisher str.
Reihe 2: Im Muster wie bisher str.

Reihe 3: 16 M wie bisher str – *Zopf – re bis zum nächsten Zopf str*. Von * bis * bis zum letzten Zopf wdh – Zopf – die letzten 16 M wie bisher str.
Reihe 4: Im Muster wie bisher str.

Wieder die Reihen 1 – 4 str.
Die Reihen 1 – 2 str.

Die ersten 16 M im Rippenmuster abk – die 4 Zopf-M erst 2 und 2 M re zus str und gleichzeitig abk – zw den Zöpfen mit rechten M abk – die letzten 16 M im Rippenmuster abk.
Den Faden abschneiden.

FERTIGSTELLUNG

Die Ärmelnähte zusammennähen.
Die Ärmel vor dem Annähen mit Nadeln an den Körper heften und von außen annähen.
Den Kragen mit Nadeln an Schultern und Nacken festheften und von außen annähen.
Alle Fäden vernähen und die Knöpfe annähen.

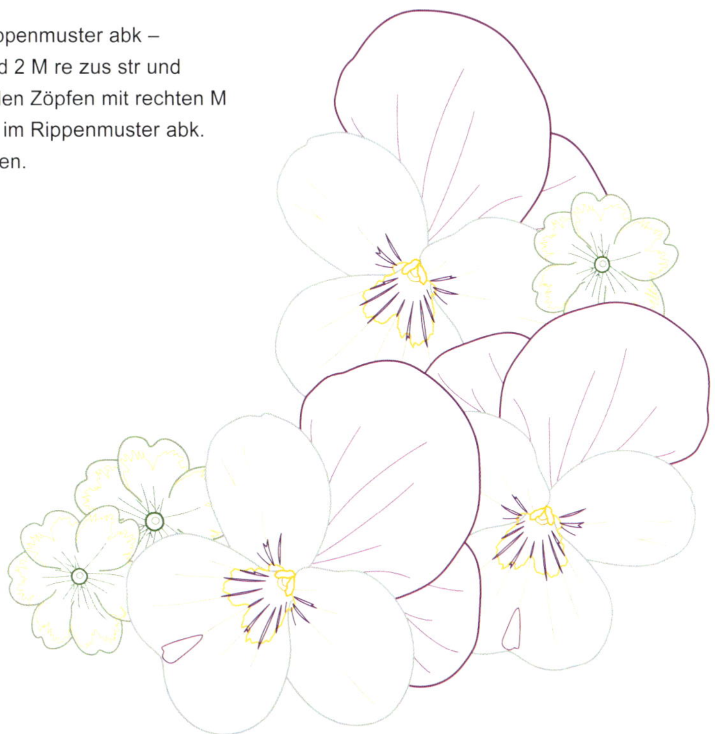

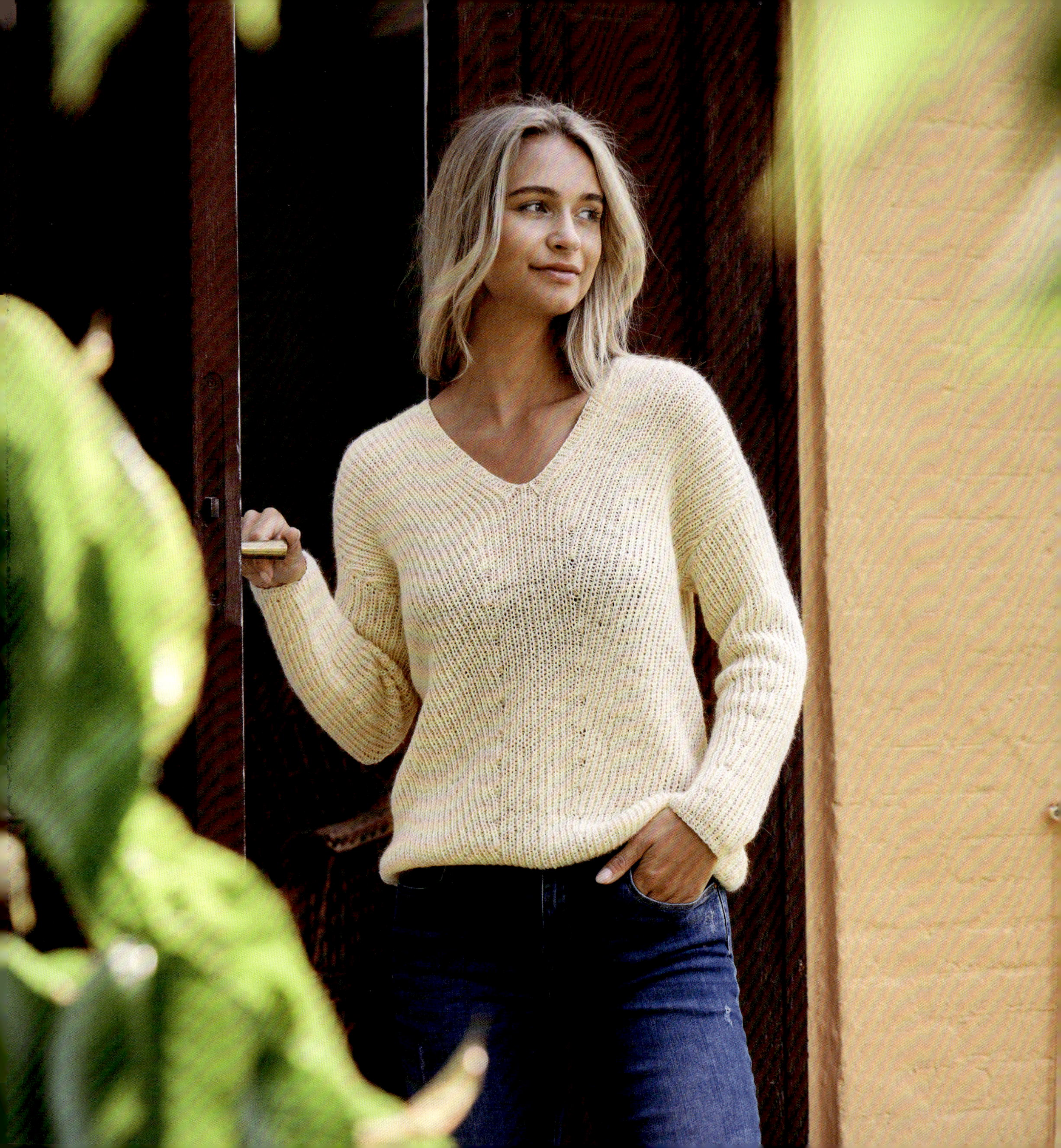

DER LEUCHTTURM VON HELNÆS

Helnæs ist über den natürlich entstandenen Deich Langeøre (Langohr) mit Fünen verbunden. Heute ist die Straße asphaltiert aber früher konnte man über Langeøre nur zu Fuß gehen – am besten bei Ebbe und Tageslicht.

Eine alte Geschichte erzählt, dass ein verliebtes Dienstmädchen von Fünen in ihrer mit Sand gefüllten Schürze ihren Auserwählten auf Helnæs besuchte.
Unterwegs streute sie den Sand, um einen Weg zu schaffen. Dieser wurde zu Langøre.
Den restlichen Sand schüttelte sie aus als sie bei ihren Liebsten ankam. Daraus entstanden die Hügel auf Helnæs.

Der schöne Leuchtturm auf Helnæs, erbaut 1901, ragt hoch und schön empor und bietet einen herrlichen Ausblick über die hügelige Landschaft und quer über den Lillebelt nach Alsen.

Gr. S(M)L(XL)XXL
Halbe Oberweite: 48(51)56(61)65 cm
Länge: 55 cm
Ärmellänge: 40(39)38(37)36 cm

Material
A: 250(250)250(300)300 g Isager Trio Farbe White
B: 250(250)250(250)300 g Isager Alpaca 1 Farbe E0
Mit je 1 Faden beider Qualitäten stricken

Rundnadel Nr. 3

Maschenprobe glatt rechts: 10 cm = 25 M und 30 R
Maschenprobe im Muster: 10 cm = 24 M und 50 R

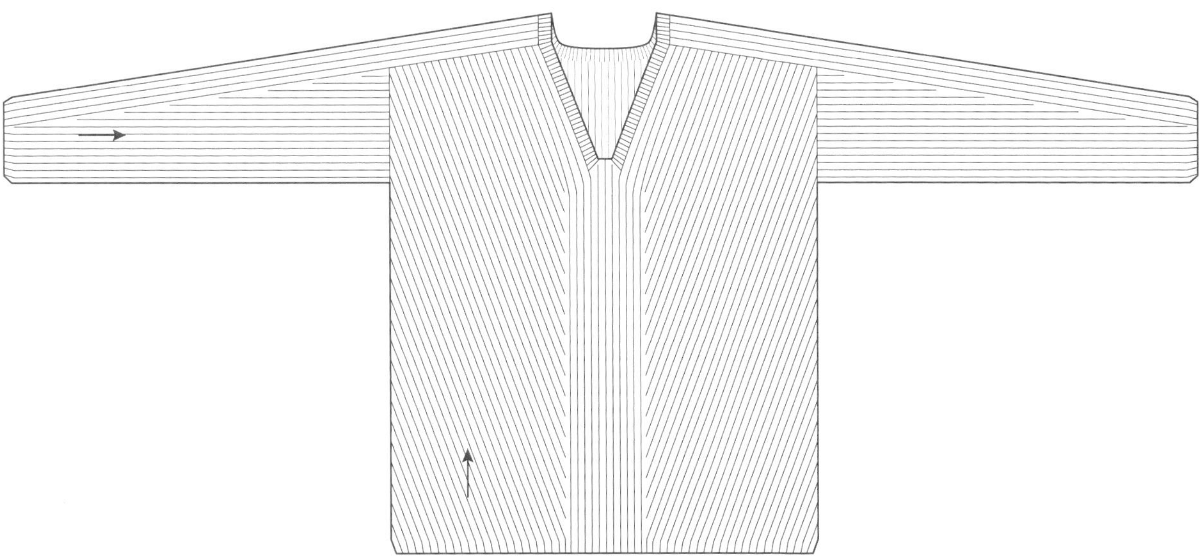

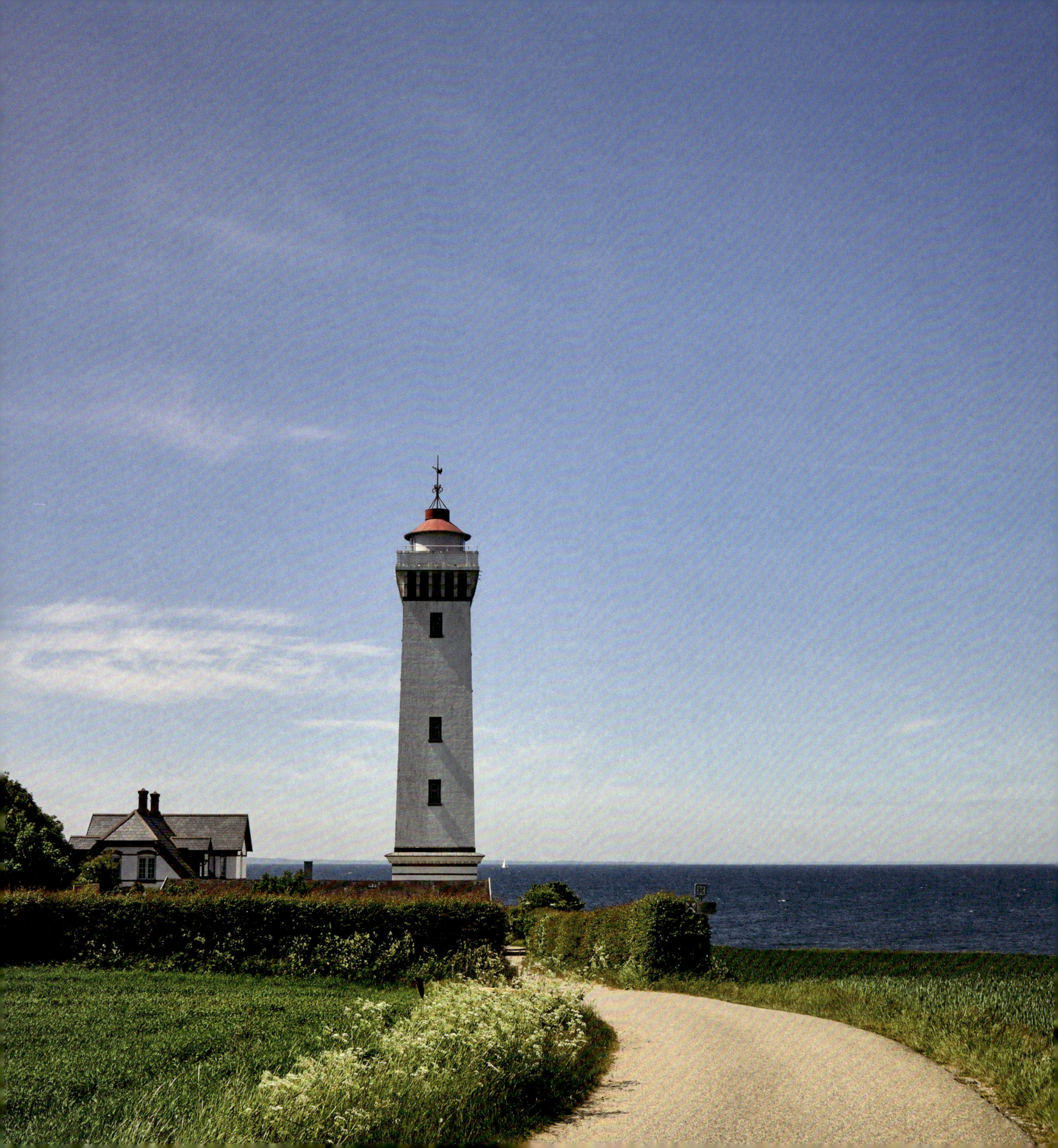

***3aus1M:** 1 M li aus der nächsten M str, ohne diese von der li Nd zu heben, 1 re aus dem hinteren Maschenbogen derselben M str, 1 re aus dem vorderen Maschenbogen derselben M str. Die M nun von der li Nd gleiten lassen = 3 M.*

***3 re zus:** Die Rechts-M + U, die Links-M und die Rechts-M + U re zus str.*

***3 re verschr zus:** Die Rechts-M zusammen mit ihren U re abh, die Links-M und die nächste Rechts-M + U re zus str und die abgehobene Rechts-M + U zurück über die zus gestr Maschen heben.*

RÜCKEN

119(127)139(151)159 M mit A + B und Nd Nr. 3 anschl.

Rippen str:
Reihe 1 (Rück-R): *1 re – 1 li*.
Von * bis * wdh. Ende mit 1 re.
Reihe 2: 2 re – *1 li – 1 re*.
Von * bis * wdh. Ende mit 1 re.
Die Reihen 1 – 2 insg 3-mal str.

Im Muster str:
Reihe 1 (Rück-R): 1 re – *U – 1 li abh – 1 re*.
Von * bis * wdh.
Reihe 2: 1 re – *den U mit der Rechts-M re zus str – 1 li*.
Von * bis * wdh. Ende mit: U mit nächster M re zus str – 1 re.
Reihe 3 – 12: Wie Reihe 1 – 2 str.
Reihe 13: Wie Reihe 1 str.

Die Umschläge werden nicht als Maschen mitgezählt.
Reihe 14 mit Ab- und Zunahme: 1 re – 3 re zus – 44(48)52(56)60 M im Muster – 3aus1M – 21(21)25(29)29 M im Muster – 3aus1M – 44(48)52(56)60 M im Muster – 3 re verschr zus – 1 re.

Die Muster-R 1 – 14 insg 17-mal str.
Die Reihen 1 – 12 str.
Die Arbeit misst in der Rückenmitte ca. 52 cm.
Die M stilllegen.

VORDERTEIL

Wie den Rücken str, bis die Muster-R 1 – 14 insg 11-mal gestr sind.
Die Reihen 1 – 12 str.
Die Arbeit misst ca. 35 cm.

Für den Halsausschnitt abk (Rück-R):
57(61)67(73)77 M im Muster str – die mittleren 5 M abk – 57(61)67(73)77 M im Muster str (die 1. M ist bereits auf der Nd).

Nun jede Seite für sich fertig str.

LINKES VORDERTEIL

Reihe 1 mit Abn (Hin-R): 1 re – 3 re zus – 52(56)62(68)72 M im Muster – 1 re = 55(59)65(71)75 M.

Im Muster weiter str und dabei die erste und letzte M in allen R re str. GLEICHZEITIG die Abn in jeder 14. R wdh, bis am linken Vorderteil insg 6 Abn gestr sind = 45(49)55(61)65 M.

12 R im Muster str.
Die M stilllegen.

RECHTES VORDERTEIL

Reihe 1 mit Abn (Hin-R):
1 re – 52(56)62(68)72 M im Muster – 3 re verschr zus – 1 re str = 55(59)65(71)75 M.
Im Muster weiter str und dabei die erste und letzte M in allen R re str. GLEICHZEITIG die Abn in jeder 14. R wdh, bis am rechten Vorderteil insg 6 Abn gestr sind = 45(49)55(61)65 M.

12 R im Muster str.
Die M stilllegen.

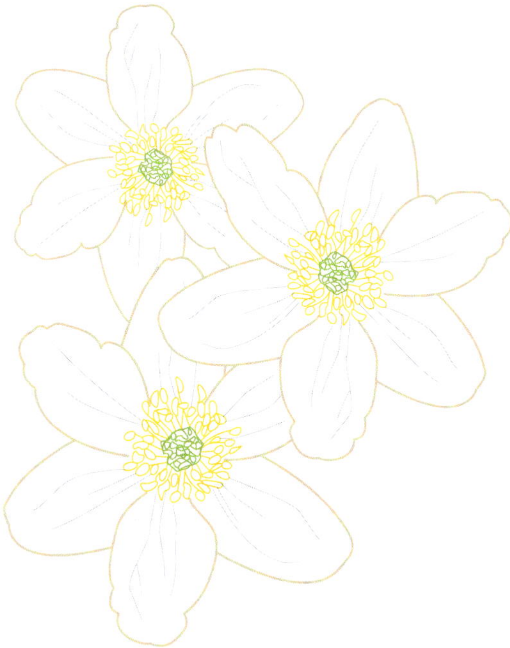

LINKER ÄRMEL

51(51)55(59)59 M mit A + B und Nd Nr. 3 anschl.

6 R Rippen wie am Rücken str.

13 R im Muster wie am Rücken str.

Die Umschläge werden nicht als Maschen mitgezählt.
Stricke Zunahmen (Hin-R): 14 M im Muster – 3aus1M – Markierung setzen – 21(21)25(29)29 M im Muster – Markierung setzen – 3aus1M – 14 M im Muster = 55(55)59(63)63 M.

Die Zun in jeder 24.(20.)20.(20.)14. R auf beiden Seiten der markierten 21(21)25(29)29 M wdh, bis insg 8(9)9(9)11 Zun gestr sind = 83(87)91(95)103 M.

Danach 12(16)10(6)20 R im Muster str.
Der Ärmel misst ca. 40(39)38(37)36 cm.

Reihe 1 (Rück-R): Die ersten 30(32)32(32)36 M sehr locker im Rippenmuster abk – die restlichen M im Muster str = 53(55)59(63)67 M. Die Strickarbeit wenden.

LINKE SCHULTER

Den Rücken und das linke Vorderteil wieder auf je eine Nd setzen.

Über die Ärmel-M in Reihen hin und her str und gleichzeitig dabei mit dem Rücken und dem linken Vorderteil wie folgt zus str:

Reihe 1 (Hin-R): 30(32)32(32)36 M sehr locker im Muster abk – im Muster bis zu der letzten Ärmel-M str. Die letzte M mit der äußersten Vorderteil-M re zus str (Hin-R) = 23(23)27(31)31 M. Die Strickarbeit wenden.

Reihe 2: 1 li (stramm anziehen) – 21(21)25(29)29 M im Muster str – die letzte Ärmel-M mit der äußersten Rücken-M re zus str (Rück-R). Die Strickarbeit wenden.

Reihe 3: 1 li (stramm anziehen) – 21(21)25(29)29 M im Muster str – die letzte Ärmel-M mit der äußersten Vorderteil-M re zus str (Hin-R). Die Strickarbeit wenden.

Die Reihen 2 – 3 wdh, bis die letzte M vom linken Vorderteil mit den Ärmel-M zu gestr ist. Es sind weiterhin 23(23)27(31)31 Ärmel-M auf der Nd.
Mit einer Reihe 2 enden.

Die Fäden abschneiden.
Die Schulter- und Rücken-M stilllegen.

RECHTER ÄRMEL

Wie den linken Ärmel str.

RECHTE SCHULTER

Den Rücken und das rechte Vorderteil wieder auf je eine Nd setzen.

Über die Ärmel-M in Reihen hin und her str und gleichzeitig dabei mit dem Rücken und dem linken Vorderteil wie folgt zus str:

Reihe 1 (Hin-R): 30(32)32(32)36 M sehr locker im Muster abk – im Muster bis zu der letzten Ärmel-M str. Die letzte M mit der äußersten Rücken-M re zus str (Hin-R) = 23(23)27(31)31 M. Die Strickarbeit wenden.

Reihe 2: 1 li (stramm anziehen) – 21(21)25(29)29 M im Muster str – die letzte Ärmel-M mit der äußersten Vorderteil-M re zus str (Rück-R).
Die Strickarbeit wenden.

Reihe 3: 1 li (stramm anziehen) – 21(21)25(29)29 M im Muster str – die letzte Ärmel-M mit der äußersten Rücken-M re zus str (Hin-R).
Die Strickarbeit wenden.

Die Reihen 2 – 3 wdh, bis die letzte M vom rechten Vorderteil mit den Ärmel-M zu gestr ist. In der HinR 23(23)27(31)31 M im Muster str – die letzte M nicht mit dem Rücken zus str.
Die Fäden nicht abschneiden.

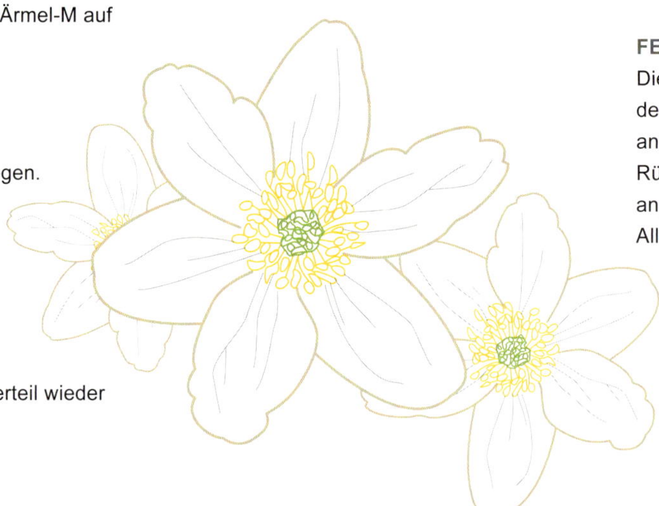

HALSRAND

Den Querfaden zwischen der letzten M vom rechten Ärmel und der ersten Rücken-M verschr auf die li Nd heben und mit der ersten Rücken-M re zus str – Rippen über die 29 Rücken-M str – den Querfaden zwischen der letzten Rücken-M und der ersten M vom linken Ärmel auf die li Nd heben und mit der ersten Ärmel-M li zus str – Rippen über die 22(22)26(30)30 Ärmel-M str – 42 M aus dem linken Halsausschnitt str – 5 M aus den abgeketteten M der vorderen Mitte str, ohne das Maschenbild zu unterbrechen – 42 M aus dem rechten Halsausschnitt str – 23(23)27(31)31 M im Rippenmuster über den rechten Ärmel str = 164(164)172(180)180 M.

Rd 1: Im Rippenmuster str.
Rd 2 mit Abn: 91(91)93(99)99 M in Rippen – 3 re zus – 5 M in Rippen – 3 re zus – 62(62)64(70)70 M in Rippen = 160(160)168(176)176 M.
Rd 3: Im Rippenmuster str, aber in den „Ecken“ der vorderen Mitte 3 rechte M hintereinander str.
Rd 4 mit Abn: 90(90)92(98)98 M in Rippen – 3 re zus – 3 M in Rippen – 3 re zus – 61(61)63(69)69 M in Rippen = 156(156)164(172)172 M.

Alle M im Rippenmuster abk.

FERTIGSTELLUNG

Die abgeketteten Ärmel-M mit Nadeln an den Körper heften und von der Außenseite annähen. Darauf achten, dass die Ärmel am Rücken und Vorderteil in der gleichen Höhe angenäht werden. Die Seitennähte schließen. Alle Fäden vernähen.

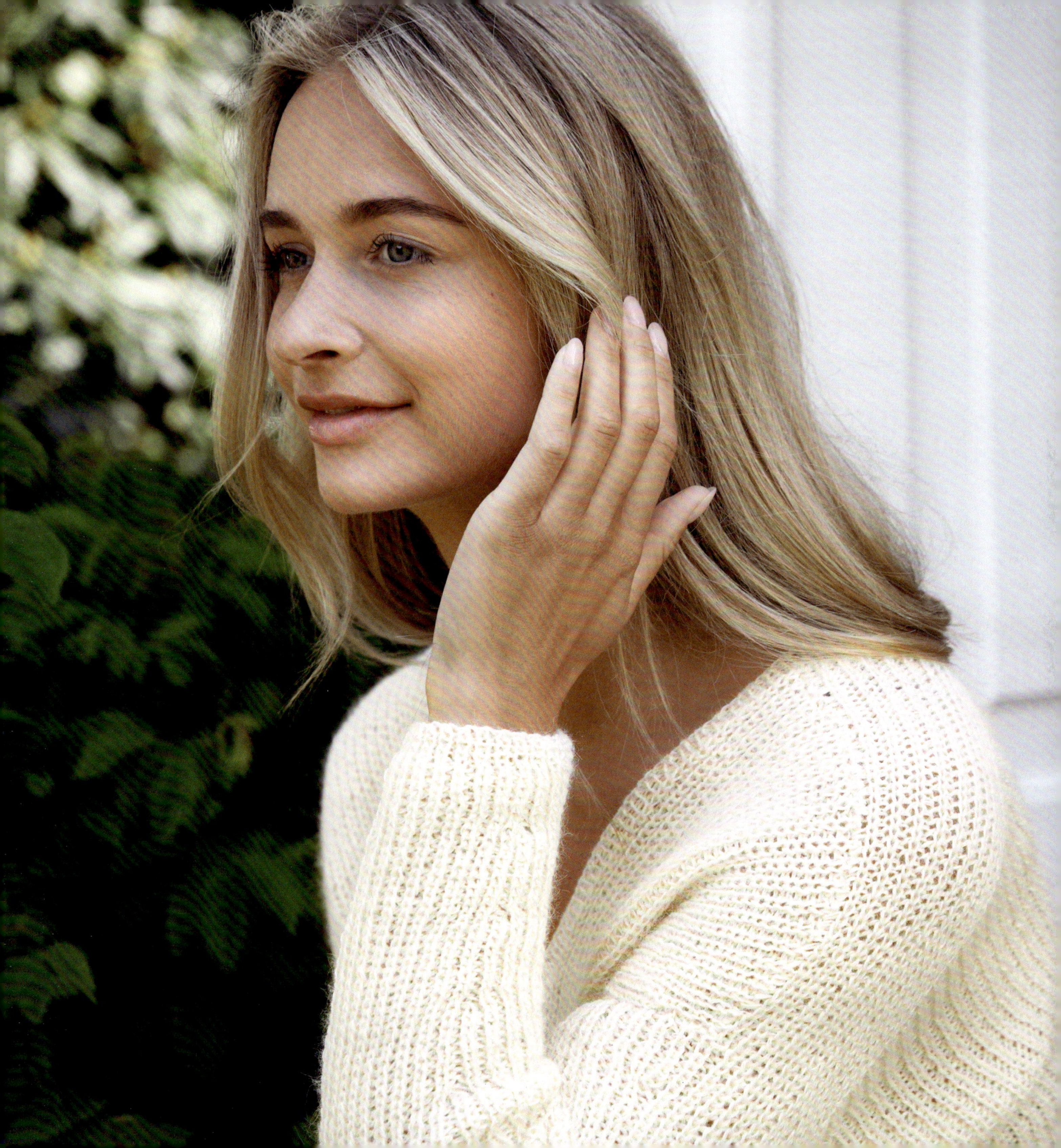

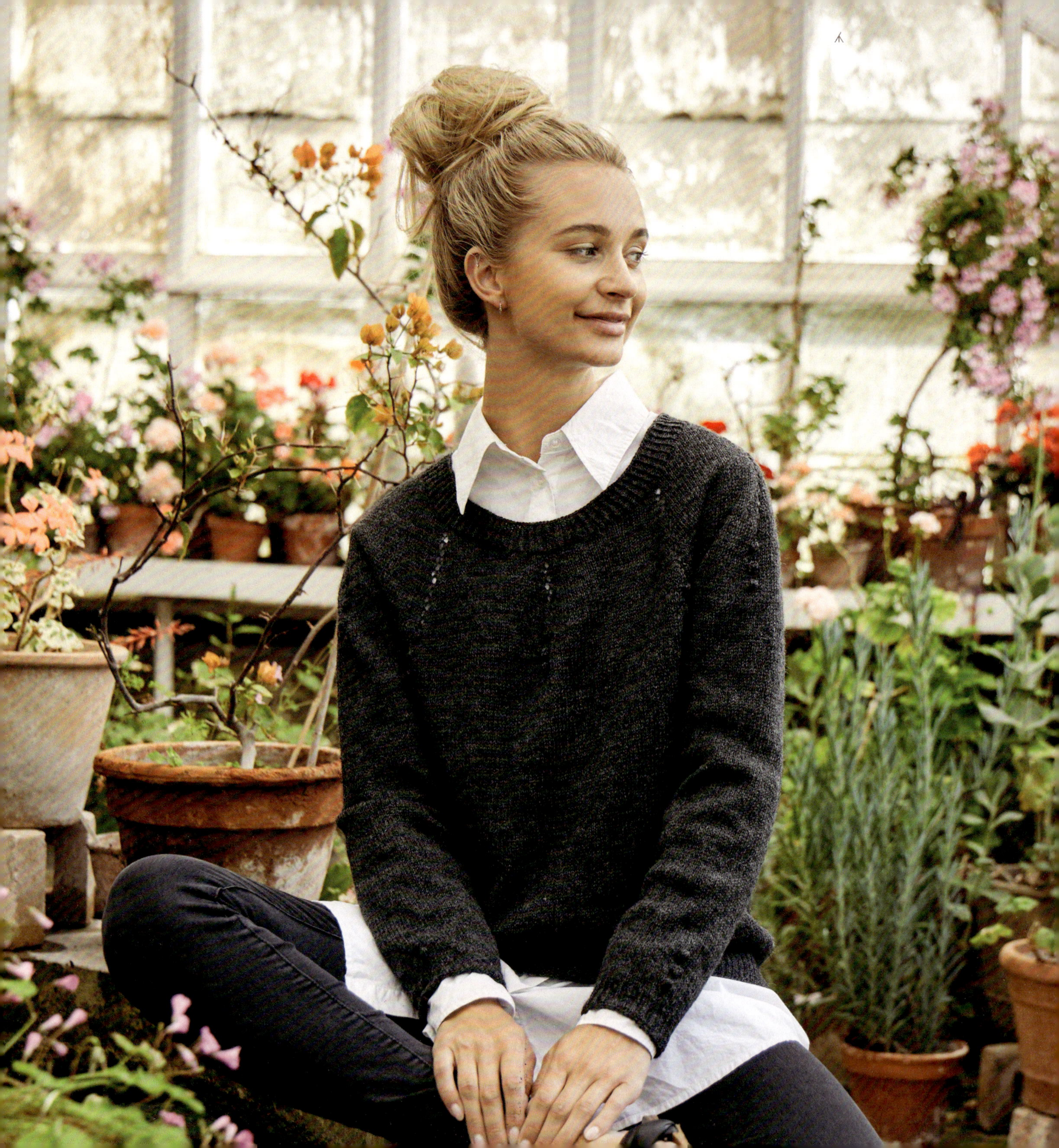

DIE KANONEN DES KÖNIGS

Schloss Nyborg wurde um das Jahr 1200 erbaut und unterstreicht die damals zentrale Lage für Dänemark. Die Burg wurde als wehrhafte Festung mit Ringmauern, Gräben und Wällen mit Kanonenstellungen errichtet.

Unsere erste Verfassung wurde 1282 auf Schloss Nyborg unterzeichnet und Nyborg war eine Zeit lang Dänemarks Hauptstadt.

Heute ist die Restaurierung von Schloss Nyborg in vollem Gange und es gibt keinen Zweifel daran, dass das Schloss zusammen mit der wunderschönen Umgebung entlang der Wälle ein großer Gewinn für Nyborg ist.

Gr.: S(M)L(XL)XXL
Halbe Oberweite: 46(50)55(60)64 cm
Gesamtlänge: 57 cm
Ärmellänge: 44(43)42(41)40 cm

Material
250(250)300(300)350 g Isager Highland Farbe Charcoal

Rund- und Strumpfnadeln Nr. 2½ und 3

Maschenprobe glatt rechts mit Nd Nr. 3: 10 cm = 25 M und 34 R

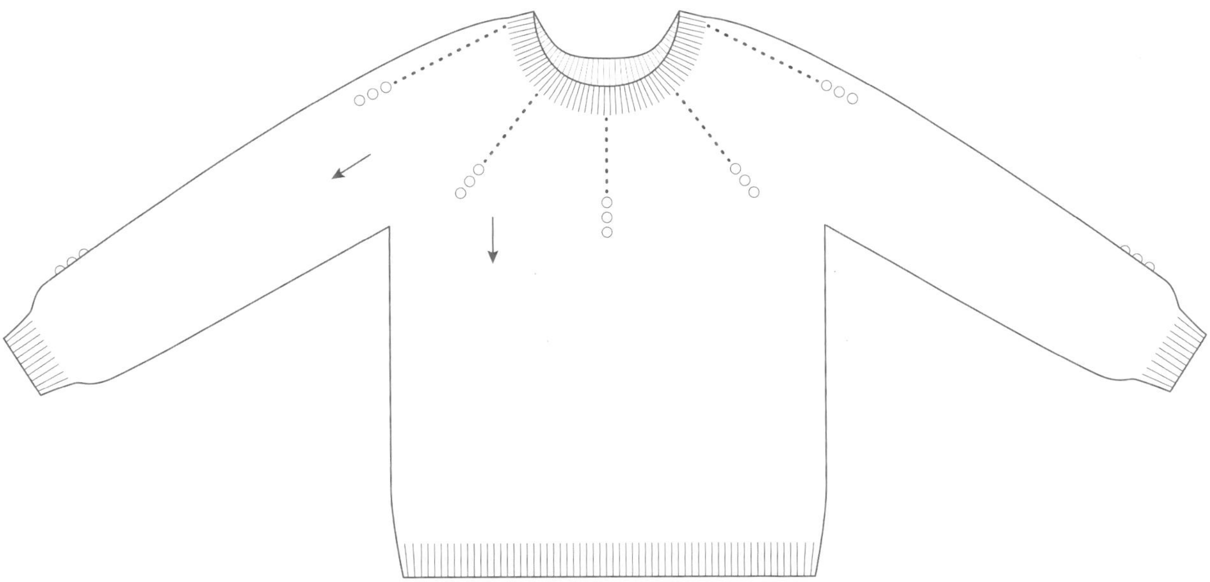

PASSE

70(75)75(80)80 M mit Nd Nr. 3 anschl.
In Reihen hin und her str.

Reihen 1: 1 re – li bis zum Ende der R str – 2 neue M anschl = 72(77)77(82)82 M.
Reihe 2 mit 1. Zunahme: 5 re – *U – 13(14)14(15)15 re*.
Von * bis * wdh. Ende mit U – 2 re – 2 neue M anschl = 80(85)85(90)90 M.

Reihe 3: Wie R 1 str = 82(87)87(92)92 M.
Reihe 4 mit 2. Zun: 7 re – *U – 14(15)15(16)16 re*.
Von * bis * wdh. Ende mit U – 5 re – 2 neue M anschl = 90(95)95(100)100 M.

Reihe 5: Wie R 1 str = 92(97)97(102)102 M.
Reihe 6 mit 3. Zun: 10 re – *U –15(16)16(17)17 re*.
Von * bis * wdh. Ende mit U – 7 re – 2 neue M anschl = 100(105)105(110)110 M.

Reihe 7: Wie R 1 str = 102(107)107(112)112 M.
Reihe 8 mit 4. Zun: 12 re – *U –16(17)17(18)18 re*.
Von * bis * wdh. Ende mit U – 10 re – 2 neue M anschl = 110(115)115(120)120 M.

Reihe 9: Wie R 1 str = 112(117)117(122)122 M.
Reihe 10 mit 5. Zun: 15 re – *U –17(18)18(19)19 re*.
Von * bis * wdh. Ende mit U – 12 re – 2 neue M anschl = 120(125)125(130)130 M.

Reihe 11: Wie R 1 str = 122(127)127(132)132 M.
Reihe 12 mit 6. Zun: 17 re – *U – 18(19)19(20)20 re*.
Von * bis * wdh. Ende mit U – 15 re – 2 neue M anschl = 130(135)135(140)140 M.

Reihe 13: Wie R 1 str = 132(137)137(142)142 M.
Reihe 14 mit 7. Zun: 20 re – *U – 19(20)20(21)21 re*.
Von * bis * wdh. Ende mit U – 17 re – 2 neue M anschl = 140(145)145(150)150 M.

Reihe 15: 1 re – li bis zum Ende der R str – 3 neue M anschl = 143(148)148(153)153 M.
Reihe 16 mit 8. Zun: 23 re – *U – 20(21)21(22)22 re*.
Von * bis * wdh. Ende mit U – 20 re – 3 neue M anschl = 152(157)157(162)162 M.

Reihe 17: Wie R 15 str = 155(160)160(165)165 M.
Reihe 18 mit 9. Zun: 6(5)5(4)4 re – *U – 21(22)22(23)23 re*.
Von * bis * wdh. Ende mit U – 2(1)1(23)23 re – 3(3)3(4)4 neue M anschl = 166(171)171(176)176 M.

Reihe 19: Wie R 15 str = 169(174)174(179)179 M.
Reihe 20 mit 10. Zun: 9(8)8(7)7 re – *U – 22(23)23(24)24 re*.
Von * bis * wdh. Ende mit U – 6(5)5(4)4 re – 3 neue M anschl = 180(185)185(190)190 M.

Reihe 21: Wie R 15 str = 183(188)188(193)193 M.
Reihe 22 mit 11. Zun: 13(12)12(11)11 re – *U – 23(24)24(25)25 re*.
Von * bis * wdh. Ende mit U – 9(8)8(7)7 re – 3 neue M anschl = 194(199)199(204)204 M.

Reihe 23: Wie R 15 str = 197(202)202(207)207 M.
Reihe 24 mit 12. Zun: 16(15)15(14)14 re – *U – 24(25)25(26)26 re*.
Von * bis * wdh. Ende mit U – 13(12)12(11)11 re – 3 neue M anschl = 208(213)213(218)218 M.

Reihe 25: 1 re – li bis zum Ende der R str – 4 neue M anschl = 212(217)217(222)222 M.
Reihe 26 mit 13. Zun: 21(20)20(19)19 re – *U – 25(26)26(27)27 re*.
Von * bis * wdh. Ende mit U – 16(15)15(14)14 re – 4 neue M anschl = 224(229)229(234)234 M.

Den Faden mit einer Länge von ca. 40 cm abschneiden.
Die 111(114)114(116)116 zuletzt gestrickten M von der rechten auf die linke Nd verschieben, ohne sie zu str.
Hier (= Rückenmitte) ist nun der neue Rd-Beginn.

Zur Runde schließen: 111(114)114(116)116 re – 10(14)14(18)18 neue M anschl (den 40 cm langen Faden verwenden) – 113(115)115(118)118 re str = 234(243)243(252)252 M.

Rd 1: 12(13)13(14)14 re – *U – 26(27)27(28)28 re*.
Von * bis * wdh. Ende mit U – 14 re = 243(252)252(261)261 M.
Rd 2: Alle M re str.

Rd 3: 13(14)14(15)15 re – *U – 27(28)28(29)29 re*.
Von * bis * wdh. Ende mit U – 14 re = 252(261)261(270)270 M.
Rd 4: Alle M re str.

Rd 5: 13(14)14(15)15 re – *U – 28(29)29(30)30 re*.
Von * bis * wdh. Ende mit U – 15 re = 261(270)270(279)279 M.
Rd 6: Alle M re str.

Rd 7: 14(15)15(16)16 re – *U – 29(30)30(31)31 re*.
Von * bis * wdh. Ende mit U – 15 re = 270(279)279(288)288 M.
Rd 8: Alle M re str.

Rd 9: 14(15)15(16)16 re – *U – 30(31)31(32)32 re*.
Von * bis * wdh. Ende mit U – 16 re = 279(288)288(297)297 M.
Rd 10: Alle M re str.

Rd 11: 15(16)16(17)17 re – *U – 31(32)32(33)33 re*.
Von * bis * wdh. Ende mit U – 16 re = 288(297)297(306)306 M.
Rd 12: Alle M re str.

Rd 13: 15(16)16(17)17 re – *U – 32(33)33(34)34 re*.
Von * bis * wdh. Ende mit U – 17 re = 297(306)306(315)315 M.
Rd 14: Alle M re str.

Gr. S:
Die Arbeit misst ab Nackenmitte ca. 12 cm.
Weiterlesen bei KUGEL

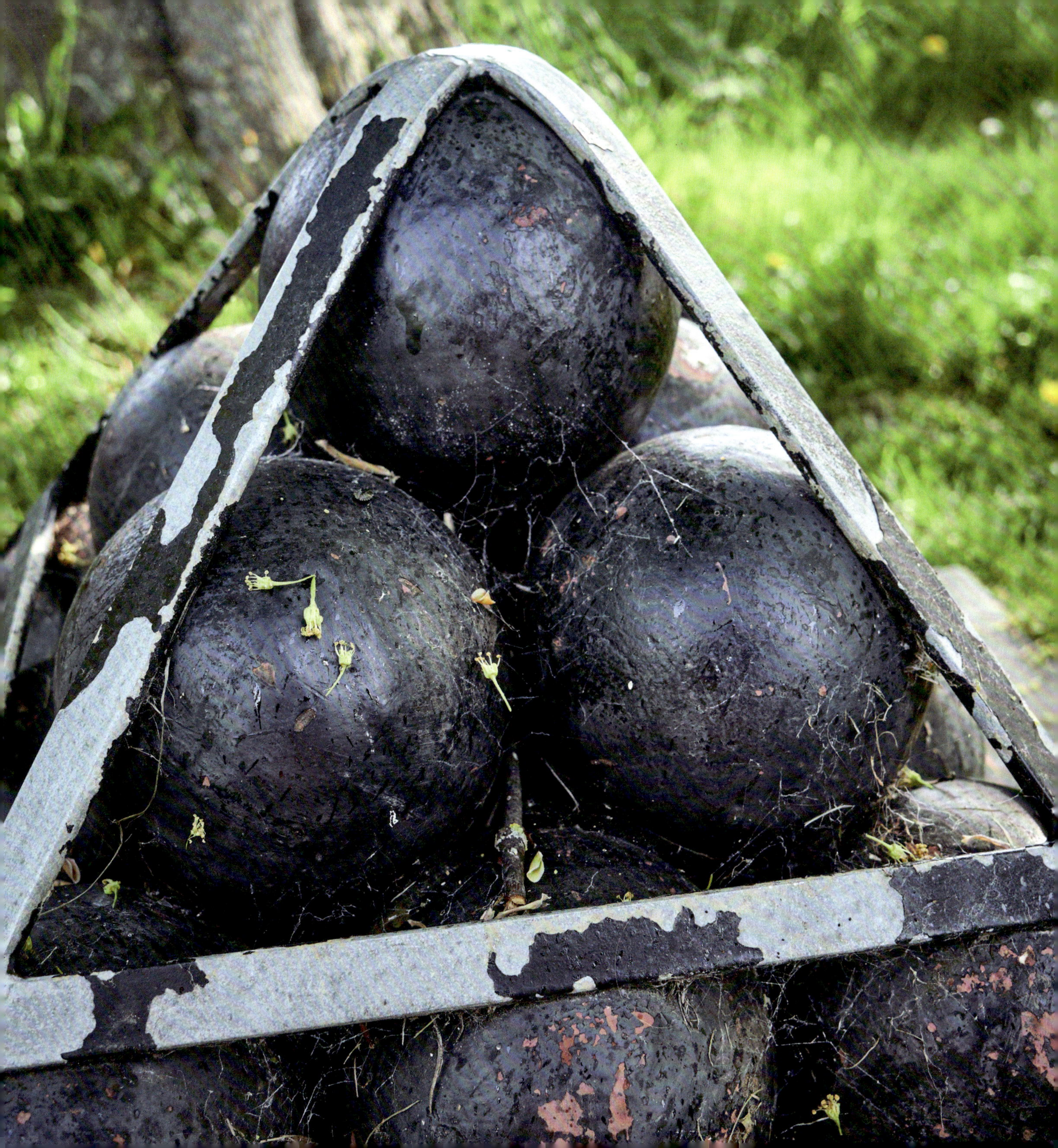

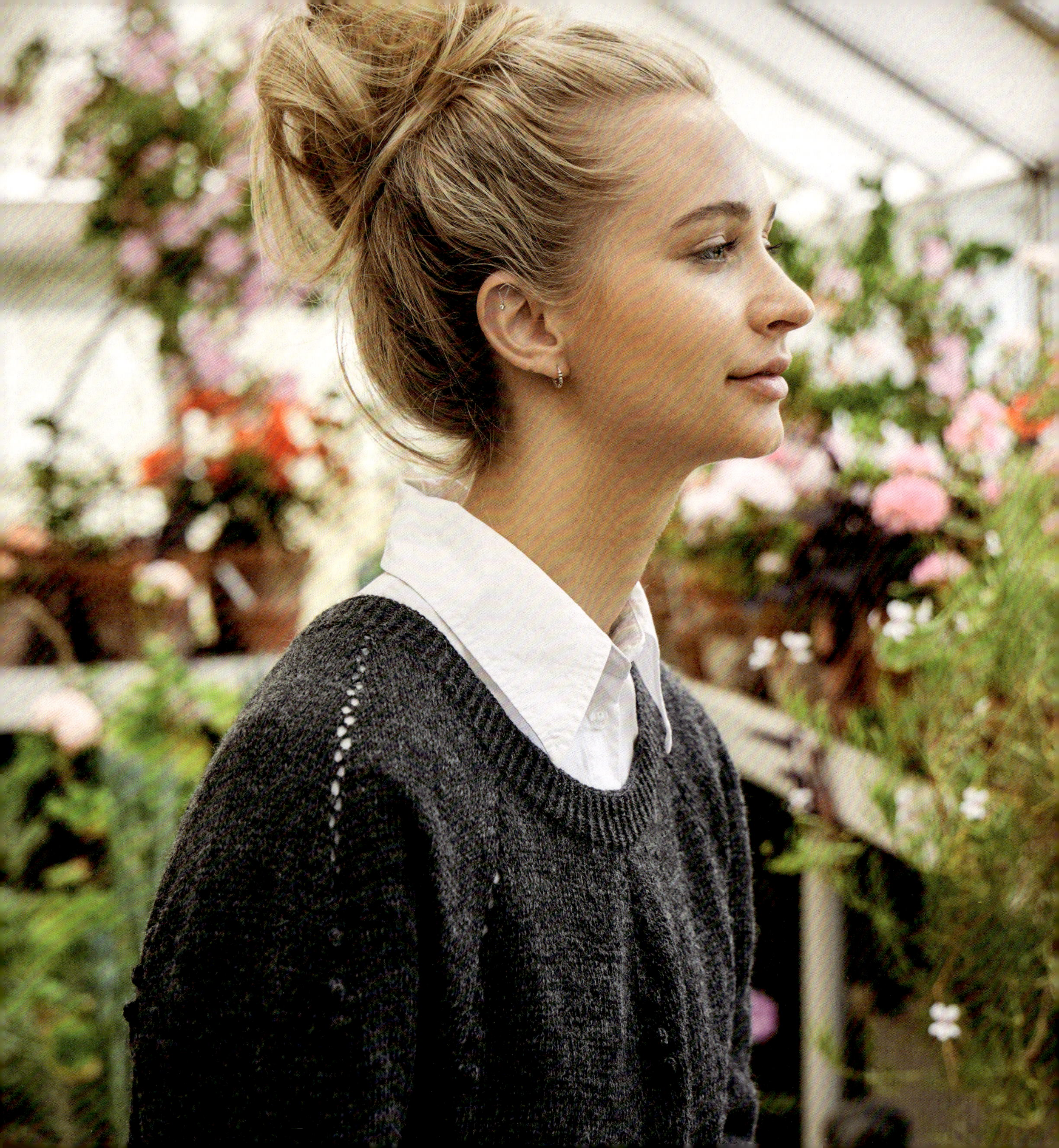

Gr. (M)L(XL)XXL:
Rd 15: (17)17(18)18 re – *U – (34)34(35)35 re*. Von * bis * wdh.
Ende mit U – 17 re = (315)315(324)324 M.
Rd 16: Alle M re str.

Rd 17: (17)17(18)18 re – * U – (35)35(36)36 re*. Von * bis * wdh.
Ende mit U – 18 re = (324)324(333)333 M.
Rd 18: Alle M re str.

Rd 19: (18)18(19)19 re – *U – (36)36(37)37 re*. Von * bis * wdh.
Ende mit U – 18 re = (333)333(342)342 M.
Rd 20: Alle M re str.

Gr. (M):
Die Arbeit misst ab Nackenmitte ca. 14 cm.
Weiterlesen bei KUGEL.

Gr. L(XL)XXL:
Rd 21: 18(19)19 re – *U – (37)37(38)38 re*. Von * bis * wdh.
Ende mit U – 19 re = 342(351)351 M.
Rd 22: Alle M re str.

Rd 23: 19(20)20 re – *U – 38(39)39 re*. Von * bis * wdh.
Ende mit U – 19 re = 351(360)360 M.
Rd 24: Alle M re str.

Gr. L:
Die Arbeit misst ab Nackenmitte ca. 15 cm.
Weiterlesen bei KUGEL

Gr. (XL)XXL:
Rd 25: 20 re – *U – 40 re*. Von * bis * wdh.
Ende mit U – 20 re = 369 M.
Rd 26: Alle M re str.

Rd 27: 21 re – *U – 41 re*. Von * bis * wdh.
Ende mit U – 20 re = 378 M.
Rd 28: Alle M re str.

Rd 29: 21 re – *U – 42 re*. Von * bis * wdh.
Ende mit U – 21 re = 387 M.
Rd 30: Alle M re str.

Gr. (XL):
Die Arbeit misst ab Nackenmitte ca. 17 cm.
Weiterlesen bei KUGEL

Gr. XXL:
Rd 31: 22 re – *U – 43 re*. Von * bis * wdh.
Ende mit U – 21 re = 396 M.
Rd 32: Alle M re str.

Rd 33: 22 re – *U – 44 re*. Von * bis * wdh.
Ende mit U – 22 re = 405 M.
Rd 34: Alle M re str.

Rd 35: 23 re – *U – 45 re*. Von * bis * wdh.
Ende mit U – 22 re = 414 M.
Rd 36: Alle M re str.
Die Arbeit misst ab Nackenmitte ca. 19 cm.

KUGEL

4 Rd re str.

ERKLÄRUNG

Kugel über 2 M: *2aus1M (s. Abk) str. Noch einmal 2aus1M str. Die Arbeit wenden. 3 R glatt re über diese 4 M str. Danach 2 re zus – 2 re verschr zus – die ersten 2 zus gestr M über die zuletzt zus gestr M heben = 1 M.*

Kugel über 1 M: *4aus1M str, dafür 2-mal abwechselnd re in den vorderen Maschenbogen und re verschr in den hinteren Maschenbogen str = 4 M.*
Die Arbeit wenden. 3 R glatt re über diese 4 M str. Danach 2 re zus – 2 re verschr zus – die ersten 2 zus gestr M über die zuletzt zus gestr M heben = 1 M.

1. Kugelreihe:
Stricke 16(18)19(22)23 re – *Kugel über 2 M – 1 neue re, dafür den Querfaden zwischen der Kugel und der nächsten M re verschr str – 31(35)37(41)44 re*.
Von * bis * wdh. Ende mit Kugel über 2 M – 1 neue re – 15(17)18(19)21 re.

Stricke Zunahmen: 16(18)19(22)23 re – *1 neue re, dafür den Querfaden zwischen der M und der Kugel re verschr str – 33(37)39(43)46 re*. Von * bis * wdh.
Ende mit 1 neue re – 17(19)20(21)23 re = 306(342)360(396)423 M.

4 Rd re str.

2. Kugelreihe mit Zunahmen:
Stricke 16(19)20(22)24 re – *Kugel über 1 M – 1 neue re – 33(37)39(43)46 re*.
Von * bis * wdh.
Ende mit Kugel über 1 M – 1 neue re – 17(18)19(21)22 re = 315(351)369(405)432 M.

Stricke Zu- und Abnahmen: 16(19)20(22)24 re – *1 neue re – 2 re verschr zus – 33(37)39(43)46 re*.
Von * bis * wdh. Ende mit 1 neue re – 2 re verschr zus – 17(18)19(21)22 re.

4 Rd re str.

3. Kugelreihe mit Zunahmen:
Stricke 17(19)20(23)24 re – *Kugel über 1 M – 1 neue re – 34(38)40(44)47 re*.
Von * bis * wdh.
Ende mit Kugel über 1 M – 1 neue re – 17(19)20(21)23 re = 324(360)378(414)441 M.

Stricke: 17(19)20(23)24 re – *den Querfaden zwischen der M und der Kugel verschränkt auf die li Nd heben und diese neue M mit der Kugel re zus str – 35(39)41(45)48 re*.
Von * bis * wdh. Am Ende der R den Querfaden und die Kugel zus str – 18(20)21(22)24 re.
Es sind weiterhin 324(360)378(414)441 M auf der Nd.

4 Rd re str.
Die Arbeit misst ab Nackenmitte 19(20)21(23)25 cm.

AUFTEILUNG

Die M für den Köper und die Ärmel aufteilen: 47(52)55(61)65 Rücken-M re str

– 67(75)78(86)90 Ärmel-M stilllegen – 24(24)29(29)31 neue M anschl – 95(105)111(121)131 Vorderteil-M re str – 67(75)78(86)90 Ärmel-M stilllegen – 24(24)29(29)31 neue M anschl – 48(53)56(60)65 Rücken-M re str.

KÖRPER

Über die 238(258)280(300)323 Körper-M glatt rechts str, bis die Arbeit ab Nackenmitte 53 cm misst.

Gr. XXL:
1 R re str und dabei die letzten 2 M re zus str = 322 M.

Alle Gr.:
Zu Nd Nr. 2½ wechseln und 12 Rd im Rippenmuster str:
1 re verschr – 1 li. Von * bis * wdh.
Alle M rechts abk.

ÄRMEL

Die Ärmel-M auf Strumpf-Nd Nr. 3 setzen.
Im Armausschnitt 24(24)29(29)31 neue M aus den angeschlagenen Körper-M heraus str – 1 M aus dem Übergang zu den Ärmel-M str – die 67(75)78(86)90 Ärmel-M re str – 1 M aus dem Übergang str = 93(101)109(117)123 M.

12(12)15(15)16 re str = Mitte unter dem Ärmel. Hier eine Markierung für den Runden-Beg setzen.

4(3)3(2)4 Rd re str.
Stricke 1. Abnahme: 1 re – 2 re zus – re bis zu den letzten 3 M str – 2 re verschr zus – 1 re = 91(99)107(115)121 M.

Die Abn in jeder 10.(8.)7.(6.)5. Rd wdh, bis insg 12(15)16(19)21 Abnahme-Rd gestrickt sind = 69(71)77(79)81 M.

7(2)6(3)3 Rd re str.

Die Abn wie bisher in jeder 10.(8.)7.(6.)5. Rd fortsetzen und GLEICHZEITIG Kugeln str.

Die mittlere M auf dem Ärmel markieren.
Reihe 1 mit 1. Kugel: Stricke 34(35)38(39)40 re – Kugel über 1 M – 1 neue re – Rd re zu Ende str.
Reihe 2: Stricke re bis zu der Kugel-M – 1 neue re – Rd re zu Ende str.

Reihe 3: Stricke re bis 1 M vor die Kugel-M – 3 re zus, dafür die ersten 2 M zus wie zum Rechtsstricken auf die re Nd heben, 1 re, die 2 abgehobenen M zus über die gestr M heben – Rd re zu Ende str.

3 Rd re str.
Die 2. Kugel wie die 1. Kugel str.

3 Rd re str.
Die 3. Kugel wie die 1. Kugel str.

Nach insg 14(17)19(22)24 Abnahme-Rd noch 5(4)3(3)6 Rd re str = 65(67)71(73)75 M.
Der Ärmel misst ca. 41(40)39(38)37 cm.

Zu Strumpf-Nd Nr. 2½ wechseln.
Stricke Abn: 7(2)5(5)6 re – *2 re zus – 3 re*. Von * bis * wdh. Ende mit 2 re zus – 6(3)4(6)7 re = 54(54)58(60)62 M.

12 Rd im Rippenmuster str: *1 re verschr – 1li*.
Von * bis * wdh.
Alle M rechts abk.

Den zweiten Ärmel genauso str.

HALSRAND

Von der Außenseite neue M mit Nd Nr. 2½ rund um den Halsausschnitt heraus str.
In der Rückenmitte beg.

35(37)37(40)40 M aus der einen Hälfte der Anschlags-R str – 40 M aus der linken Halsausschnittseite bis zu den angeschlagenen M in der Vorderteilmitte str – 10(14)14(18)18 M aus der Vorderteilmitte str – 40 M aus der rechten Halsausschnittseite bis zu der Anschlags-R str – 35(37)37(40)40 M bis zur Rückenmitte str = 160(168)168(178)178 M.

12 Rd Rippen str: *1 re verschr – 1 li*.
Von * bis * wdh.
Alle M rechts abk.

FERTIGSTELLUNG

Alle Fäden vernähen.

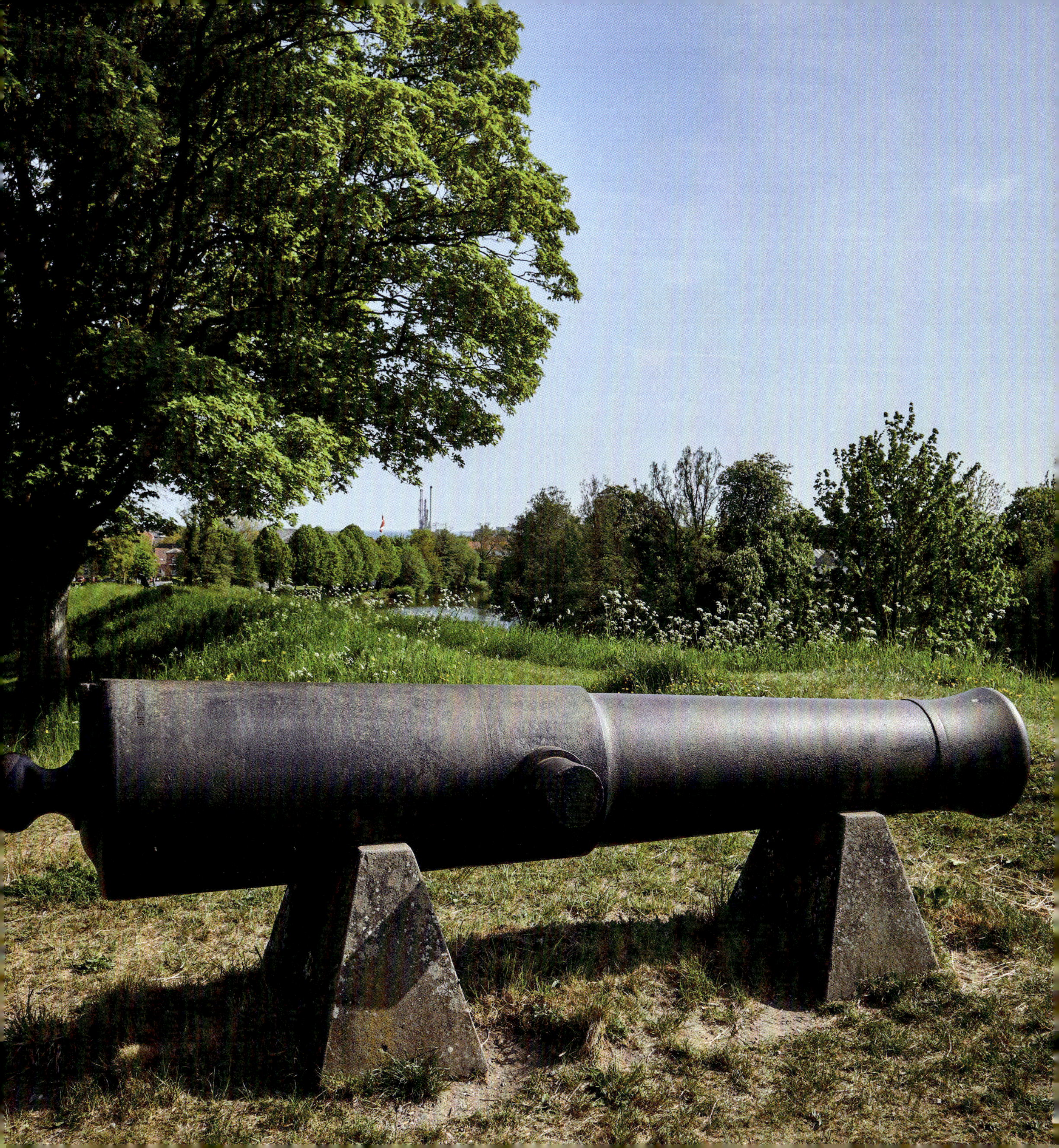

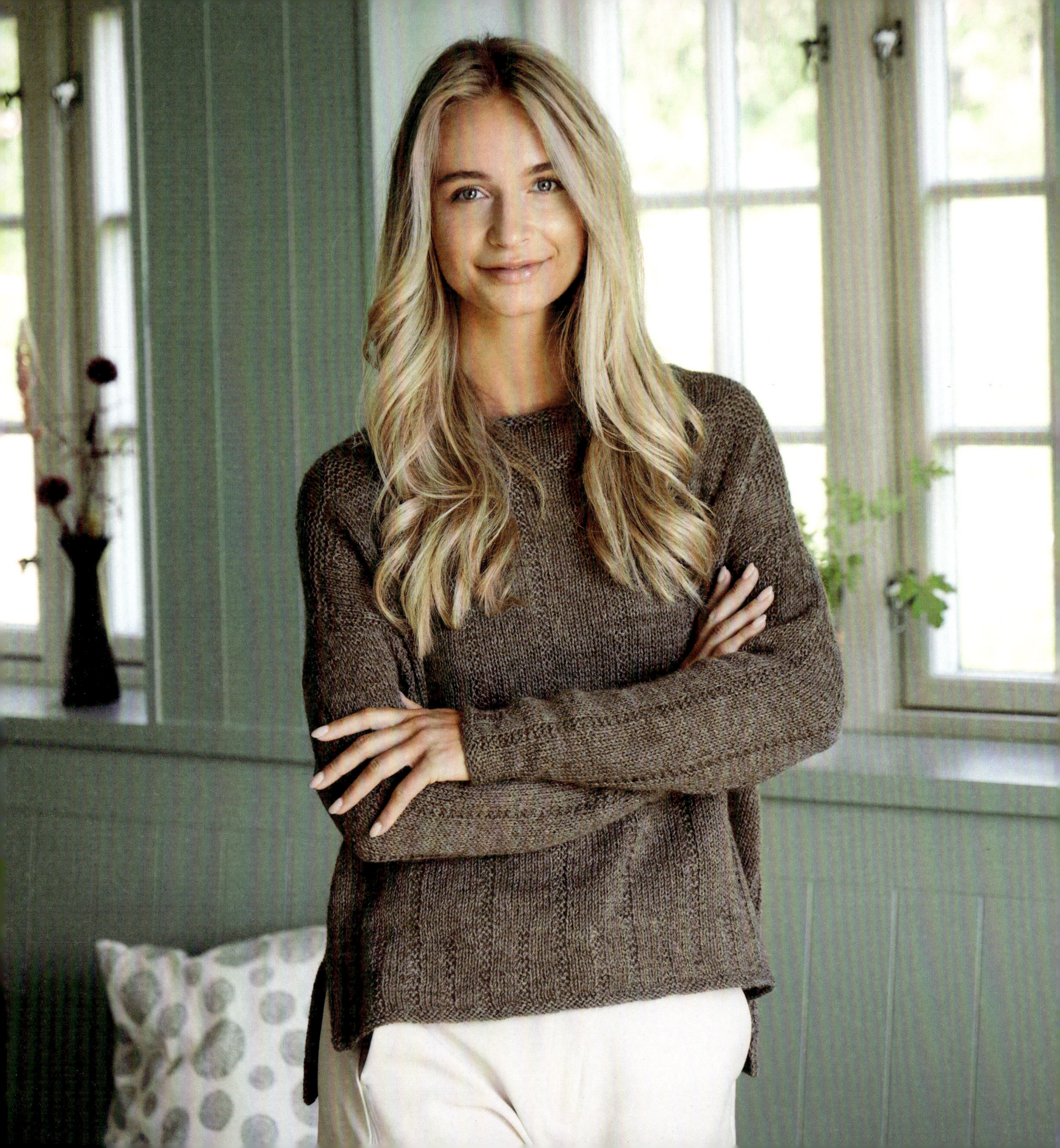

LILLEBÆLT

Im Jahr 1952 sollte die olympische Fackel von Griechenland nach Helsinki in Finnland getragen werden und die Route führte durch Dänemark. Die alte Lillebæltsbrücke wurde 1935 fertig gestellt, aber trotzdem entschied man, die olympische Fackel über den Lillebælt zu segeln.

Die Geschichte besagt, dass es einen starken Wind gab. Das Segeln selbst verlief gut, aber direkt vor dem Landgang blies der Wind die Fackel aus. Mit im Boot war der spätere Olympiasegler Ejnar Christensen. Er war dafür bekannt, oft eine brennende Zigarre im Mund zu haben.

Die olympische Fackel wurde auf der fünischen Seite brennend übergeben ...

Gr.: S(M)L/XL(XXL)
Halbe Oberweite: 49(55)61(67) cm
Rückenlänge: 63(64)64(65) cm
Ärmellänge: 43(41)38(36) cm

Material
150(150)200(200) g Isager Trio Farbe Khaki
200(200)200(250) g Isager Alpaca 2 Farbe E4s
Mit je 1 Faden beider Qualitäten stricken

Rund- und Strumpfnadeln Nr. 3½ und 4.

Maschenrobe glatt rechts mit Nd Nr. 4: 10 cm = 20 M und 28 R

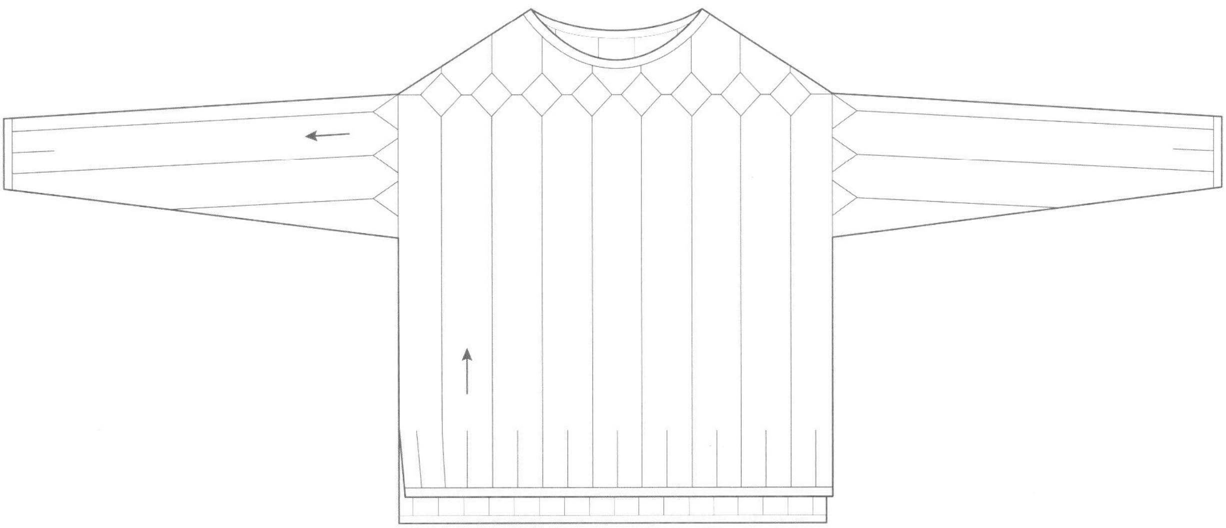

UNTERER BUND

Für das Vorderteil 98(110)122(134) M mit Nd Nr. 3½ und je einem Faden beider Qualitäten anschl.

4 R wie folgt str: 1abhFv (s.Abk.) – die R re zu Ende str.
Die erste R ist eine Rück-R.

Zu Nd Nr. 4 wechseln.
Reihe 1 (Rück-R): 1abhFv – 1 re – *4 li – 2 re*. Von * bis * wdh.
Reihe 2: 1abhFv – die R re zu Ende str.

Die Reihen 1 – 2 wdh, bis insg 19 R gestr sind.
Mit einer Rück-R enden.
Die Arbeit misst ca. 7,5 cm.
Die Fäden abschneiden und das Vorderteil zur Seite legen.

Den unteren Bund für den Rücken genauso str, aber insg 31 R str.
Mit einer Rück-R enden.
Die Arbeit misst ca. 11,5 cm.
Die Fäden zum Schluss NICHT abschneiden.

KÖRPER

Das Vorderteil wieder auf eine Nd setzen.

Über den Rücken wie folgt str: 2 re zus – bis zu den letzten 2 M str – 2 re verschr zus – weiter über das Vorderteil str: 2 re zus – bis zu den letzten 2 M str – 2 re verschr zus = 192(216)240(264) M.

Die Arbeit zur Runde schließen.
1 li str – eine Markierung für den Rundenbeginn setzen.

Im Muster wie folgt str:
Rd 1: *10 re – 2 li*. Von * bis * wdh.
Rd 2: Alle M re str.

Die Runden 1 – 2 wdh, bis der Rücken insg ca. 34(30)30(27) cm misst.
Mit einer Rd 2 enden, in der 191(215)239(263) re gestr werden – die letzte M NICHT str.
Nun die Arbeit teilen und jedes Teil für sich fertig str.
Die ersten 96(108)120(132) M der Rd für den Rücken stilllegen.

VORDERTEIL

In Reihen hin und her über das Vorderteil str.
Reihe 1 (Rück-R): *1 re – 10 li – 1 re*.
Von * bis * wdh, bis 96(108)120(132) M gestr sind.
Reihe 2: Alle M re str.

Die Reihen 1 – 2 wdh, bis nach der Teilung 40(48)48(56) R gestr sind.
Mit einer Hin-R enden.

Danach die 1. – 7. R des Passendiagramms str.
Der Armausschnitt misst ca. 17(20)20(23) cm.
Die Fäden abschneiden und die M stilllegen.

RÜCKEN

Die Rücken-M wieder auf eine Nd setzen.
Wie das Vorderteil str.

PASSE

Die Vorderteil-M wieder auf eine Nd setzen.
Die Arbeit zur Runde schließen und über alle 192(216)240(264) M str.
Die Übergänge zwischen Rücken und Vorderteil markieren.

Rd 1 mit Abnahme: Die 8. Diagramm-R über die Rücken-M bis zur Markierung str – über die Vorderteil-M wdh = 184(208)232(256) M.
Rd 2: Alle M li str = 9. Diagramm-R.

Die 10. – 16.(22.)24.(30.) Diagramm-R str.
Es sind insg 5(8)9(12) Abnahme-R gestr = 152(152)168(168) M.

Die Fäden abschneiden.

HALSAUSSCHNITT

Die Strickarbeit wenden.
Die ersten 32(32)36(36) Vorderteil-M von der linken auf die rechte Nd heben, ohne sie zu str.
Die nächsten 12 M stilllegen, ohne sie zu str = Vorderteilmitte.

In Reihen hin und her str. Nach den 12 stillgelegten M beg.

Reihe 1 (Rück-R): 3 M abk – im Muster zu Ende str = 137(137)153(153) M.
Reihe 2: 3 M abk – im Muster und mit den Abn an den Markierungen wie bisher str = 126(126)142(142) M.

Reihen 3 – 4: Wie die Reihen 1 – 2 str = 112(112)128(128) M.

Reihe 5: 2 M abk – im Muster zu Ende str = 110(110)126(126) M.
Reihe 6: 2 M abk – im Muster und mit den Abn an den Markierungen wie bisher str = 100(100)116(116) M.

Die Reihen 5 – 6 insg 5(5)6(6)-mal str = 52(52)56(56) M.

Nächste R (Rück-R): 1abhFv – im Muster zu Ende str.
Nächste R (Hin-R): 2 re zus – 3 re zus – im Muster bis 3 M vor die Markierung str – 3 re verschr zus – 2 re zus = 46(46)50(50) M.
Die Fäden nicht abschneiden.

HALSRAND

Die mittleren 12 Vorderteil-M wieder auf eine Nd setzen.

Mit Nd Nr. 3½ und beiden Qualitäten str.
Im Anschluss an die 46(46)50(50) M aus dem linken Halsausschnitt 22(22)25(25) M bis zu den mittleren 12 M str – 12 re str – aus dem rechten Halsausschnitt 22(22)25(25) M bis zu den M auf der Nd str – 1 re str.
Es sind insg 102(102)116(116) M auf der Nd.

Die Strickarbeit wenden.
3 R hin und her re str.
In der Hin-R alle M rechts abk.

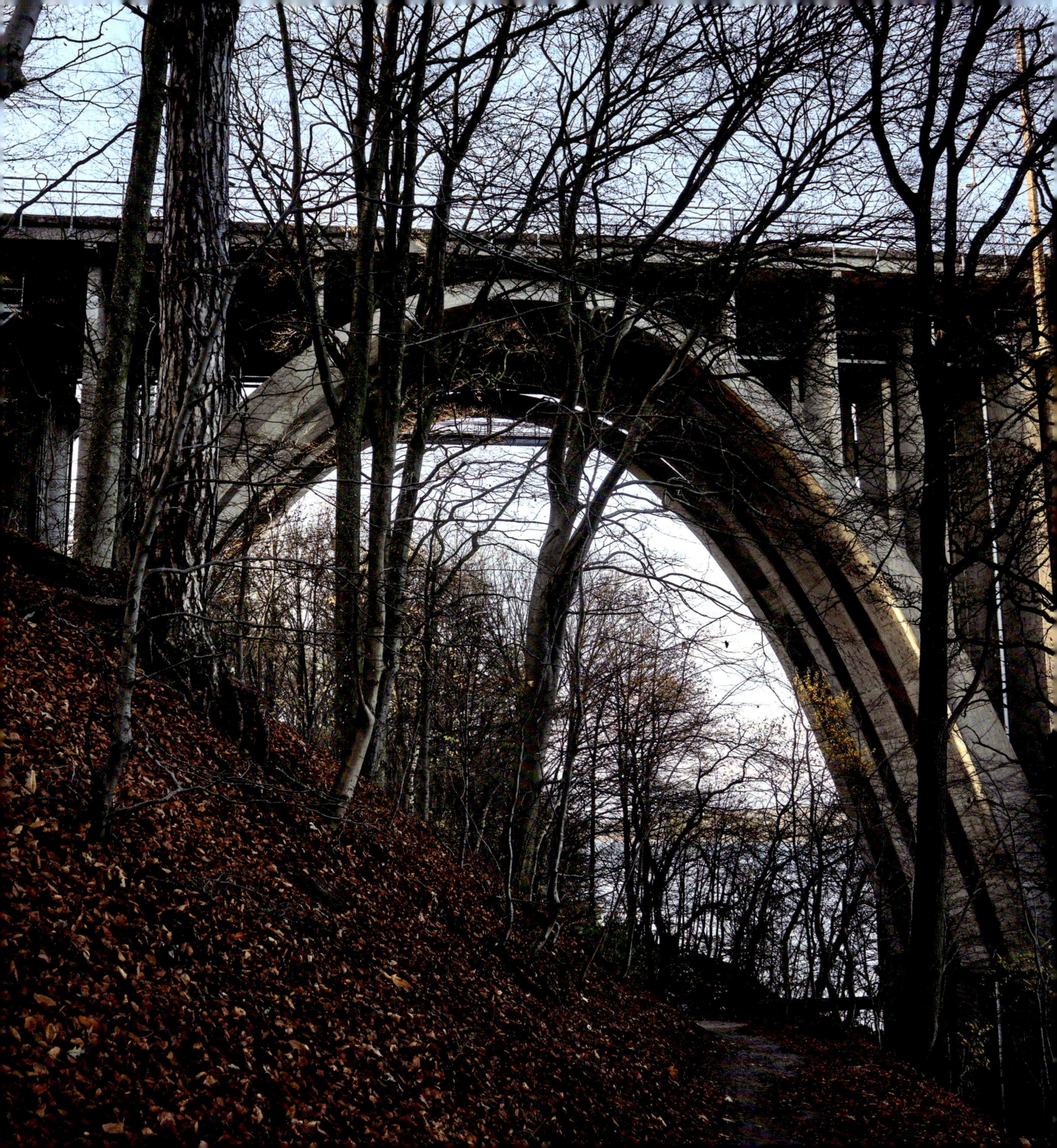

ÄRMEL

Mit Nd Nr. 4 und beiden Qualitäten str. 36(42)42(48) M aus jeder Seite des Armausschnitts heraus str = 72(84)84(96) M. Zur Runde schließen und unten im Armausschnitt beg.

Laut Ärmeldiagramm die 1. – 7. R str. Die 8. R mit Abn str = 70(82)82(94) M.

Die 9. und 10. Diagramm-R fortlaufend wdh und GLEICHZEITIG 18(20)24(20)-mal in jeder 6.(4.)4.(4.) Reihe Abn str = 36(44)36(56) M.

Gr. (M)(XXL):
Danach die Abn weitere (4)(4)-mal in jeder (6.)(2.) R wdh = (36)(48) M.
Weiter str, bis die Arbeit 39(37)34(32) cm misst.
Mit einer 10. Diagramm-R enden.

Zu Strumpf-Nd Nr. 3½ wechseln.
Rd 1: *1 li – 4 re – 1 li*. Von * bis * wdh.
Rd 2: Alle M re str.
Die Runden 1 – 2 insg 6-mal str.

Stricke 1 Rd li – 1 Rd re – 1 Rd li.
Alle M rechts abk.

Den zweiten Ärmel genauso str.

FERTIGSTELLUNG

Den Halsrand zusammen nähen.
Alle Fäden vernähen.

DIAGRAMM

X = in den Rück-R re und den Hin-R li str

☐ = in den Rück-R li und den Hin-R re str

⋀ = 3 re zus str

⋀ = 3 M nacheinander re abh, zurück auf die linke Nd setzen und verschr zus str

// = 2 re zus str

\\ = 2 re verschr zus str

Ärmel

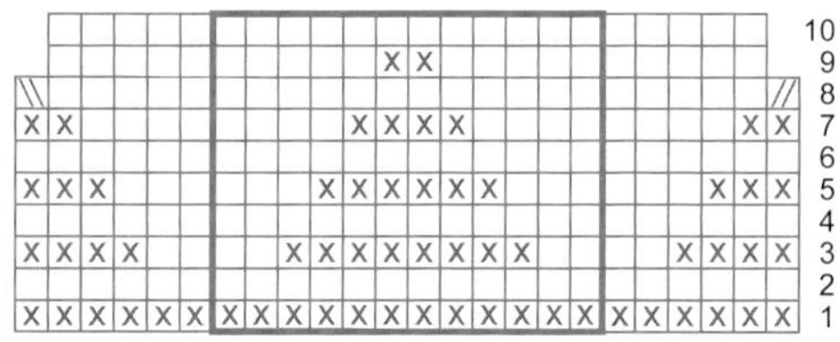

Rapport

Passe

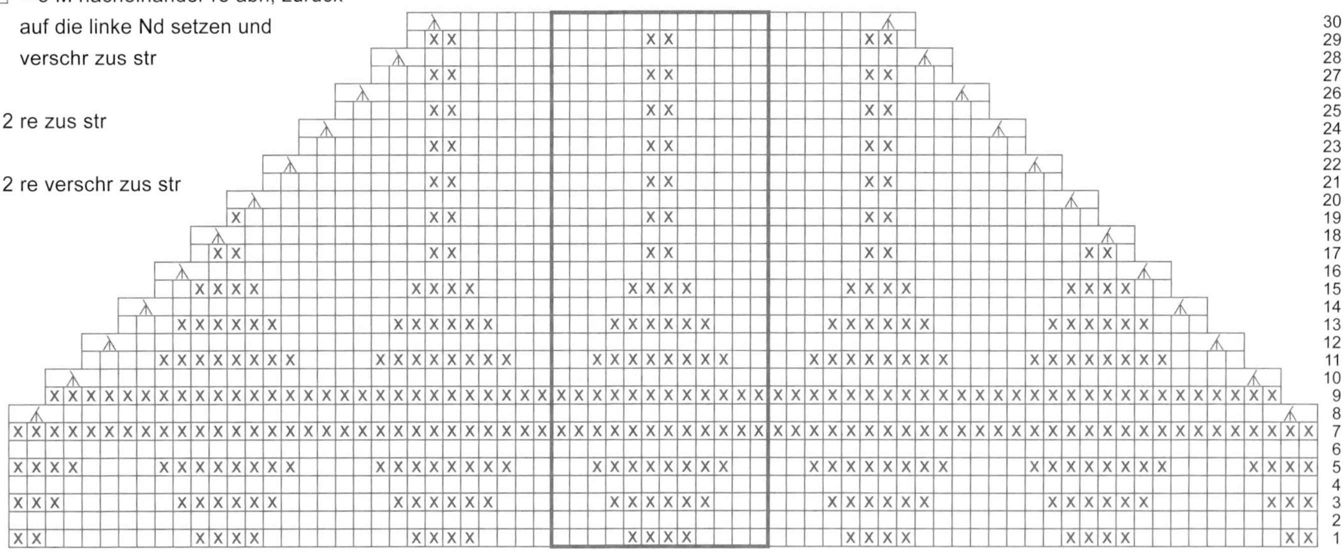

Rapport

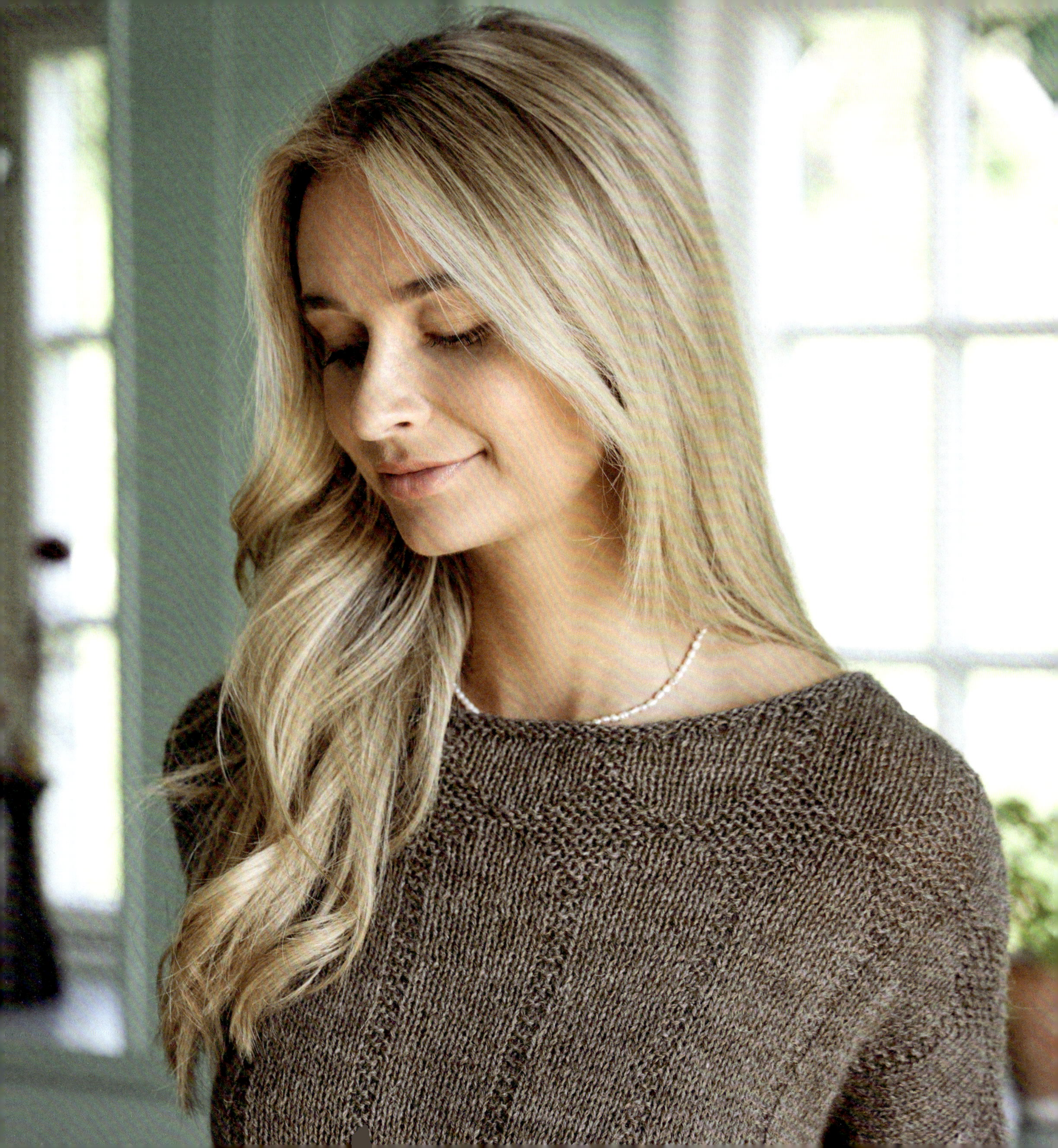

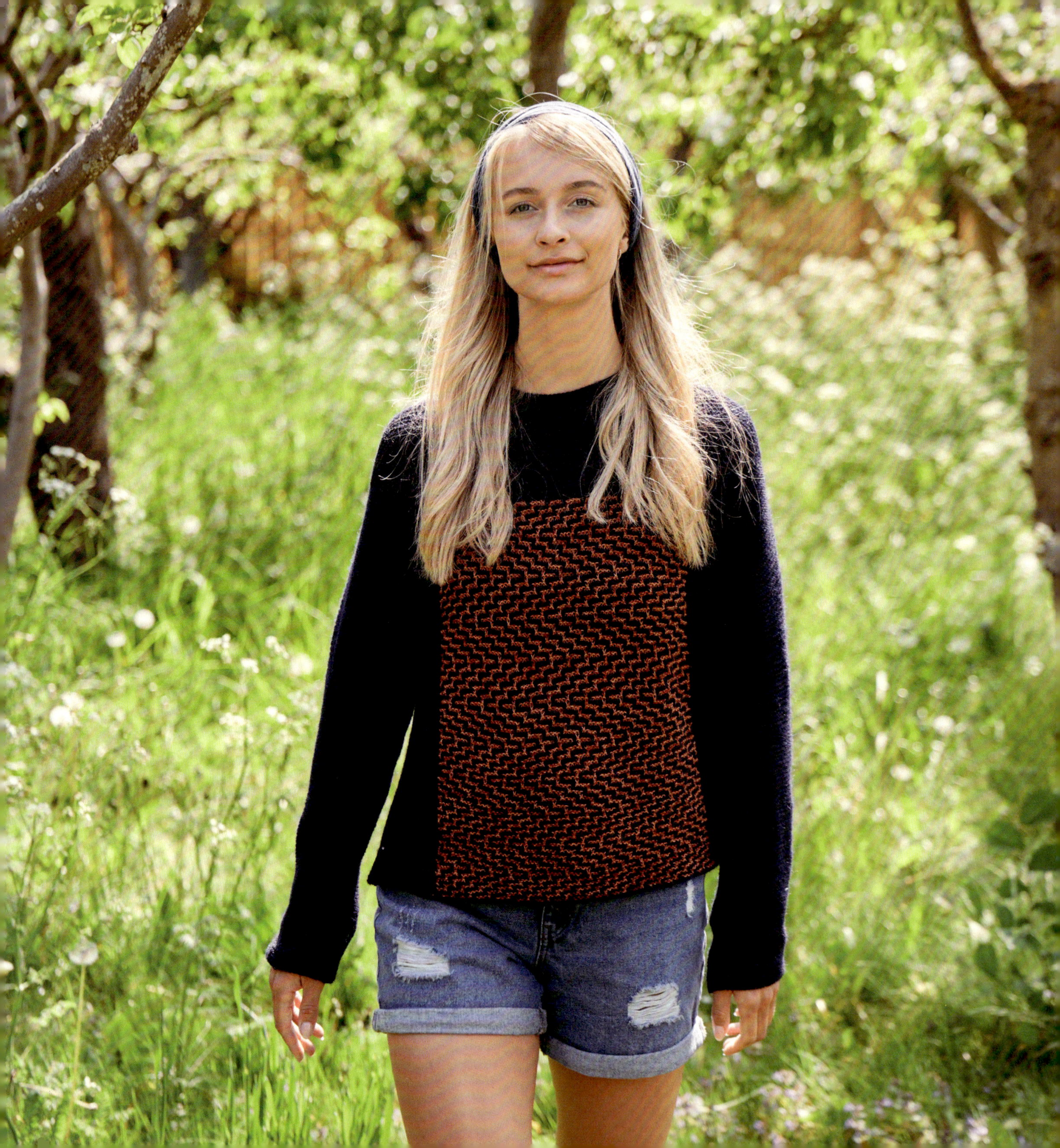

MADS TOMATE

Mads Rasmussen war ab 1896 Besitzer einer Konservenfabrik in Fåborg. Er war kunstinteressiert und stellte seine Sommerwohnung einer Schar fünischer Maler zur Verfügung, sodass diese ihre Gemälde ausstellen konnten. Schnell wurde die Sammlung zu groß für die Wohnung und Mads Rasmussen begann 1912 den Bau des Fåborg-Museums zu verwirklichen.

Abgesehen davon, dass das Fåborg-Museum großartige Gemälde der fünischen Maler beherbergt, ist das Museum an sich außergewöhnlich schön mit seinen hübschen Wandfarben und gemusterten Böden.

Gr.: S(M)L(XL)XXL
Halbe Oberweite: 50(55)59(63)67 cm
Länge: 55 cm
Ärmellänge ab Armausschnitt: 42(40)38(36)34 cm

Material
A1: 200(200)200(200)250 g Isager Trio Farbe Navy
A2: 150(150)200(200)200 g Isager Alpaca 1 Farbe 100
B1: 50 g Isager Trio Farbe Nougat
B2: 50 g Isager Alpaca 1 Farbe 33

Rundnadel Nr. 3

Maschenprobe kraus rechts: 10 cm = 25 M und 50 R
Maschenprobe im Muster: 10 cm = 23 M und 58 R

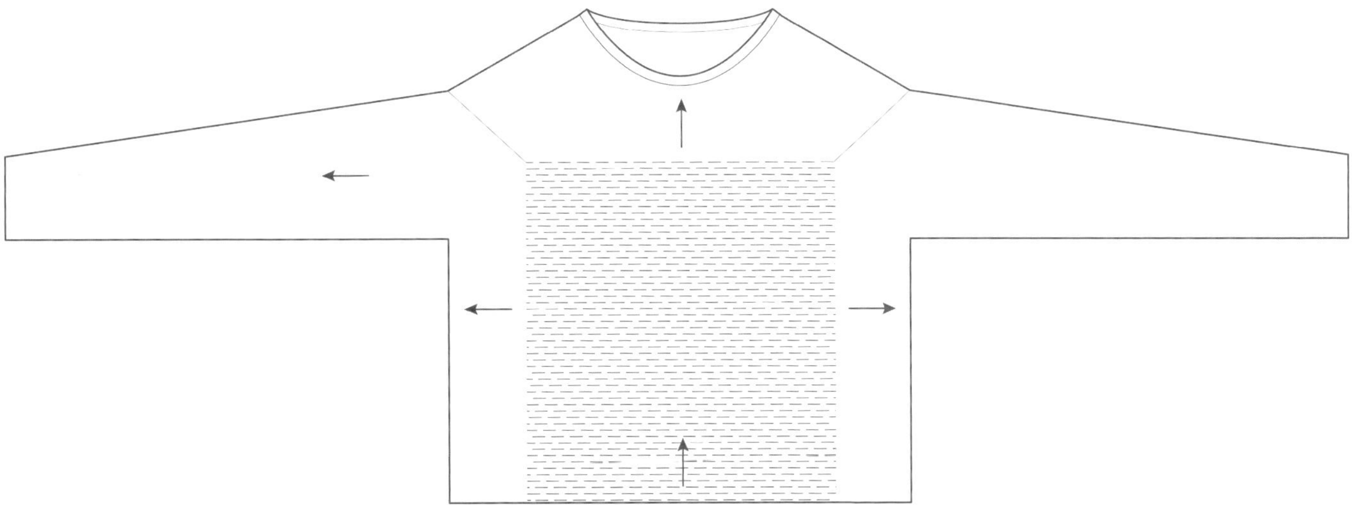

Der Pullover wird von der Mitte aus in Richtung Ärmel gearbeitet.

3aus1M: *1 re M aus der nächsten M str, diese aber nicht von der linken Nd heben, U und wieder 1 re aus derselben M str, nun die M von der linken Nd heben = 3 M.*

3 re verschr zus: *2 M nacheinander wie zum Rechtsstricken abh, 1 re str, die 2 abgehobenen M zurück über die gestrickte M heben = 1 M.*

RÜCKEN, MITTELTEIL

77(82)87(92)97 M mit Nd Nr. 3 und A1+2 anschl.

In Reihen hin und her str.
1 R re str (Rück-R).

Mit B1+2 str.
Reihe 1: Die 1. Diagramm-R von rechts nach links str.
Reihe 2: Die 2. Diagramm-R von links nach rechts str.

Mit A1+2 str.
Reihe 3: Die 3. Diagramm-R von rechts nach links str.
Reihe 4: Die 4. Diagramm-R von links nach rechts str.

Die Reihen 1 – 4 wdh, aber das Muster laut Diagramm str.
Die 40 Diagramm-R insg 5(5)5(5)-mal str.
Danach noch weitere 26(18)10(2)34 R laut Diagramm str.

Die Arbeit misst ca. 39(38)37(35)34 cm.
Die Fäden abschneiden.
Die M auf der Nd lassen.

RÜCKEN

Mit A1+2 und Nd Nr. 3 an den Seiten des Mittelteils neue M innerhalb der Rand-M heraus str.

87(84)78(78)75 M aus der rechten Seite des Mittelteils wie folgt heraus str: 2 M aus dem unteren Rand und danach ca. 3 M pro 8 R str – weiter über den oberen Rd wie folgt str: 7(2)6(3)10 re – *2 re zus – 8 re*.
Von * bis * wdh. Ende mit 2 re zus – 8(8)9(7)5 re – 87(84)78(78)75 M auch aus der linken Seite des Mittelteils str (die letzten 2 M sollten aus dem unteren Rand gestr werden) = 244(242)235(239)238 M.

In Reihen hin und her str.
Reihe 1 (Rück-R): 1abhFv (s. Abk.) – re zu Ende str.

Reihe 2 mit Zunahme: 1abhFv – 86(83)77(77)74 re – 3aus1M str (davon die mittlere M markieren) – 68(72)77(81)86 re – 3aus1M str (davon die mittlere M markieren) – 87(84)78(78)75 re = 248(246)239(243)242 M.

Reihe 3: 1abhFv – re zu Ende str.

Reihe 4 mit Zun: 1abhFv – *re bis zur markierten M der letzten Zun str – 3aus1M in diese M str und wieder die mittlere M dieser 3 M markieren*. Wieder von * bis * str.
Re zu Ende str = 252(250)243(247)246 M.

Die Reihen 4 – 5 wdh, bis insg 20(22)24(26)28 Zunahme-R gestr sind = 324(330)331(343)350 M.
Mit einer Rück-R enden.

Die Fäden in einer Länge von 1,5 m abschneiden. Die M auf 3 Fäden stilllegen, sodass die mittleren 110(118)127(135)144 M auf einem Faden für sich und die M der beiden Seiten auch jeweils auf einem eigenen Faden liegen.

VORDERTEIL

Das vordere Mittelteil genauso stricken wie am Rücken.
Das Vorderteil wie den Rücken weiter str, aber die M zum Schluss nicht stilllegen und die Fäden nicht abschneiden.

SEITENNÄHTE

An beiden Seiten vom Vorderteil und Rücken die unteren 67(63)56(54)50 M markieren.
Die unteren 67(63)56(54)50 M an beiden Seiten des Rückens wieder auf eine Nd setzen.

Den Rücken und das Vorderteil mit den Außenseiten aneinanderlegen. Die Seitennähte mit einer dritten Nd zus str. Dafür die gegenüberliegenden M beider Teile zus str und gleichzeitig abk.

An der anderen Seite wdh.

PASSE

Die mittleren 110(118)127(135)144 M auf der Nd lassen und die restlichen 40(43)46(50)53 M an jeder Seite für die Ärmel stilllegen.

Die mittleren 110(118)127(135)144 Rücken-M wieder auf eine Nd setzen.

Die Vorderteil-M so auf der Nd verschieben, dass die mittleren 10(6)5(7)6 M stillgelegt werden können und die Passe mit einer Hin-R direkt nach den stillgelegten M beg.

Mit A1+2 str.
Reihe 1 (Hin-R): 2 M abk – 45(51)56(59)64 re (die 1. M ist bereits auf der Nd) – 3 re verschr zus – eine Markierung setzen – am Rücken 3 re zus – 104(112)121(129)138 re – 3 re verschr zus – eine Markierung setzen – 3 re zus – 47(53)58(61)66 re = 200(220)239(253)272 M.

Reihe 2 (Rück-R): 2 M abk – die R re zu Ende str = 198(218)237(251)270 M.

Die Reihen 1 – 2 wdh, bis beidseitig insg 5(5)4(4)3-mal 2 M zu Beginn jeder R abgekettet und insg 5(5)4(4)3-mal die Abn an beiden Seiten der Markierungen gestr sind = 150(170)201(215)246 M.

Die Abn an beiden Seiten der Markierungen fortsetzen, ABER nun beidseitig zu Beginn jeder R 7(9)12(13)16-mal nur 1 M abk.
Es sind insg 12(14)16(17)19-mal Abn an den Markierungen gestr = 80(80)81(85)86 M.
Die letzte R ist eine Rück-R.

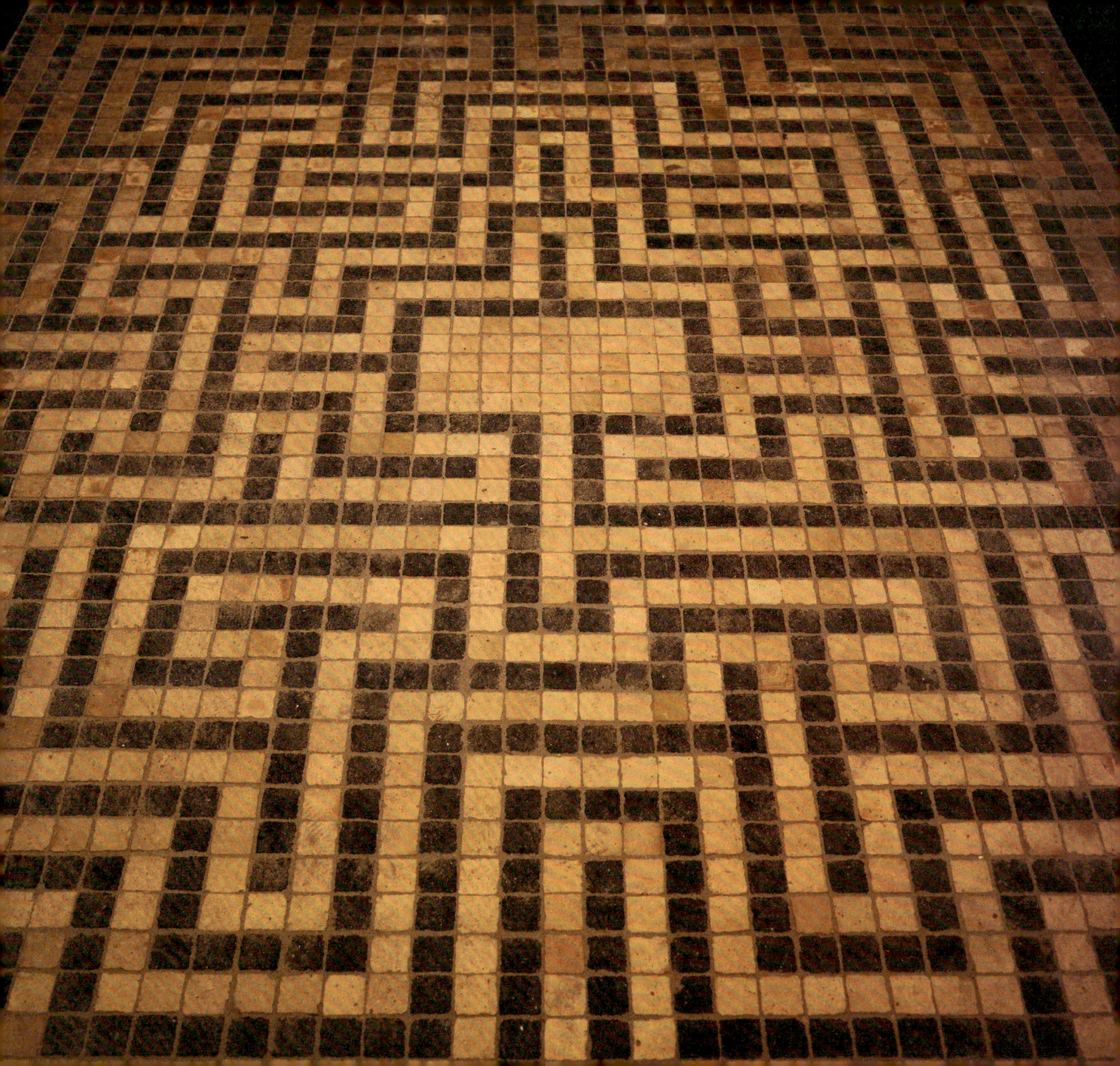

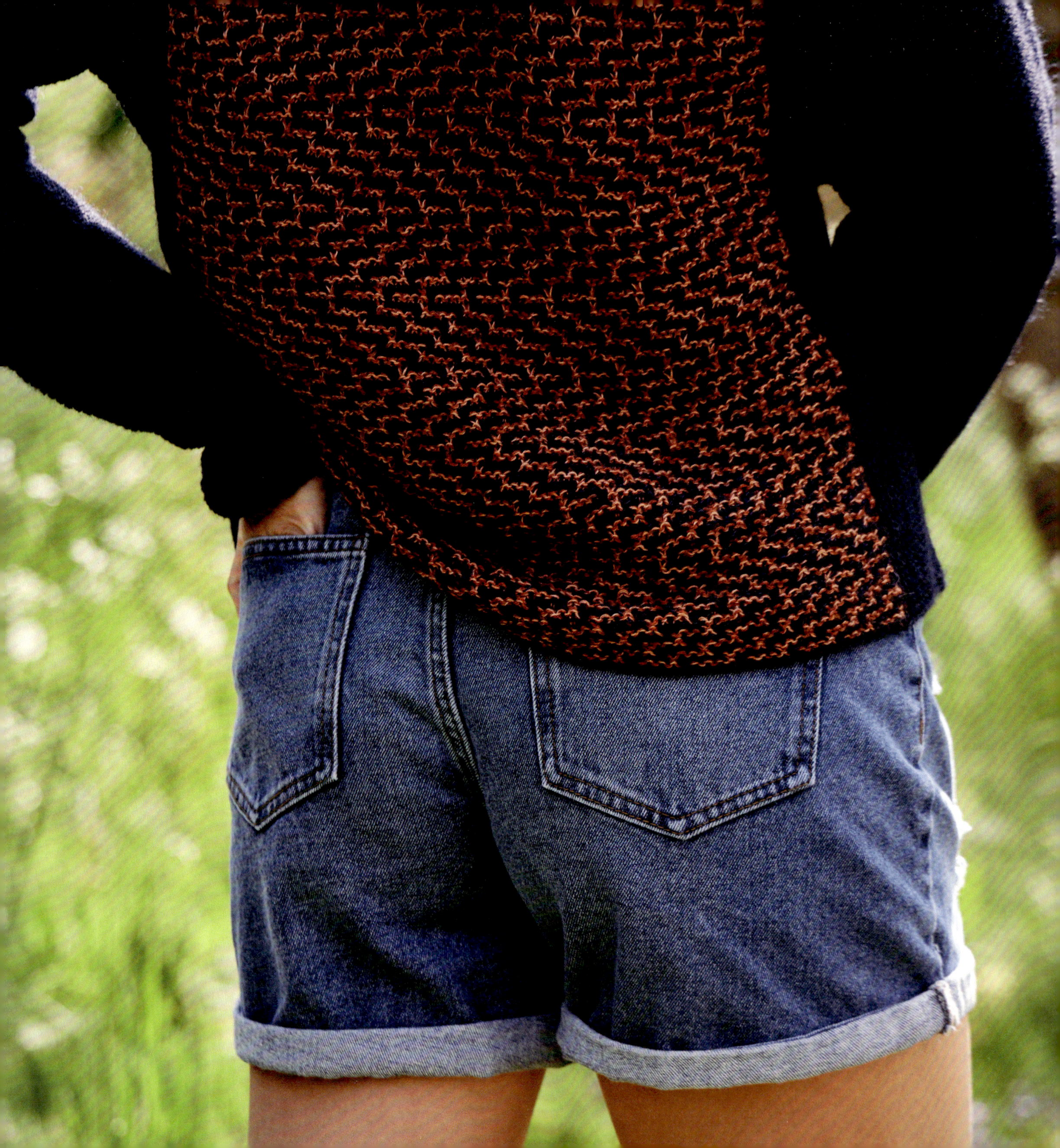

Die mittleren 44(44)45(49)50 Rücken-M stilllegen.
Jede Seite für sich fertig str.

Reihe 1: 6 re – 3 re verschr zus – 3 re zus – 6 re.
Reihe 2: 14 re.
Reihe 3: 4 re – 3 re verschr zus – 3 re zus – 4 re.
Reihe 4: 10 re.
Reihe 5: 2 re – 3 re verschr zus – 3 re zus – 2 re.
Reihe 6: 6 re.
Reihe 7: 3 re verschr zus – 3 re zus.
Reihe 8: 2 re zus.
Die Fäden abschneiden und durch die letzte M ziehen.

Die andere Seite genauso str. Nach den Nacken-M beg.

ÄRMEL

Die 2 x 40(43)46(50)53 Ärmel-M vom Vorderteil und Rücken wieder auf eine Nd setzen.

Mit einer Hin-R und A1+2 unten am Ärmel beg. 1 M zw Seitennaht und Ärmel heraus str – 40(43)46(50)53 re – 1 M vor der Ärmel-Mitte heraus str – 1 M aus der Ärmel-Mitte str – 40(43)46(50)53 re str – 1 M vor der Seitennaht heraus str = 84(90)96(104)110 M.

3(7)7(7)5 R re hin und her str.

Stricke Abn: 40(43)46(50)53 re – 2 re verschr zus – eine Markierung setzen – 2 re zus – 40(43)46(50)53 re = 82(88)94(102)108 M.

Weiterhin kraus rechts str und insg 20(10)17(7)21-mal in 10.(10.)8.(8.)6. R an beiden Seiten der Markierung Abn str = 44(70)62(90)68 M.

Gr. (M)L(XL)XXL:
Die Abn in der Ärmel-Mitte noch (11)7(19)8-mal in jeder (8.)6.(6.)4. R wdh = (48)48(52)52 M.

Alle Gr.:
Nach der letzten Abn noch 5(7)7(5)5 R str.
Der Ärmel misst ca. 41(39)37(35)33 cm.

Stricke Abn: 6(3)3(0)0 re – *2 re zus – 8 re*.
Von * bis * wdh. Ende mit 2 re zus – 6(3)3(0)0 re = 40(43)43(46)46 M.

2 R re str.
In der Rück-R mit rechten M abk.

Den zweiten Ärmel genauso str.

HALSRAND

Die 44(44)45(49)50 Nacken-M wieder auf eine Nd setzen.
Auch die mittleren 10(6)5(7)6 Vorderteil-M wieder auf eine Nd setzen.

In einer Hin-R neue M mit A1+2 heraus str.

Von der Mitte des rechten Ärmels bis zu den Nacken-M 4 M heraus str – 44(44)45(49)50 Nacken-M re str – bis zur Mitte des linken Ärmels 4 M heraus str – 25(27)29(31)32 M bis zu den vorderen Mittel-M heraus str – 10(6)5(7)6 re über die mittleren M str – 25(27)29(31)32 M bis zur Ärmelmitte heraus str = 112(112)116(126)128 M.

4 R re hin und her str.
In der Rück-R alle M rechts abk.

FERTIGSTELLUNG

Die Ärmelnähte zusammennähen.
Den Halsrand zusammennähen.
Alle Fäden vernähen.

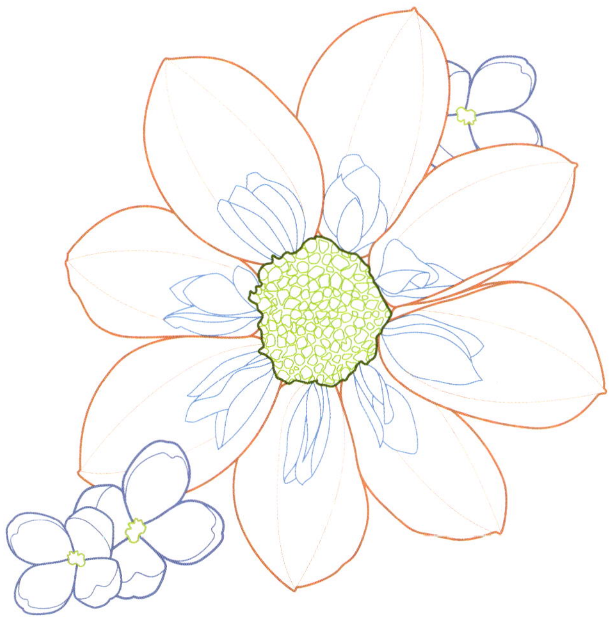

DIAGRAMM

■ = re mit A1+2

■ = re mit B1+2

o o = Hin-R: 1 M li abh mit dem Faden hinter der Arbeit.
Rück-R: 1 M li abh mit dem Faden vor der Arbeit

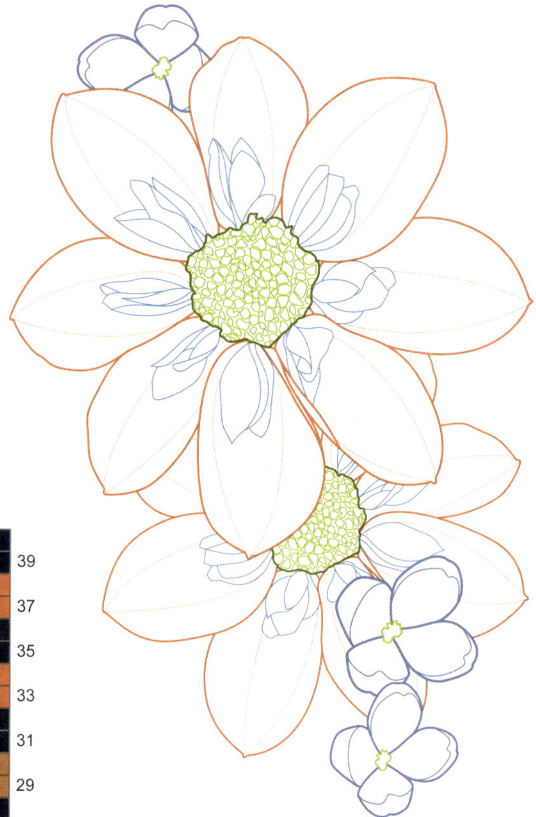

Gr. (M)(XL)

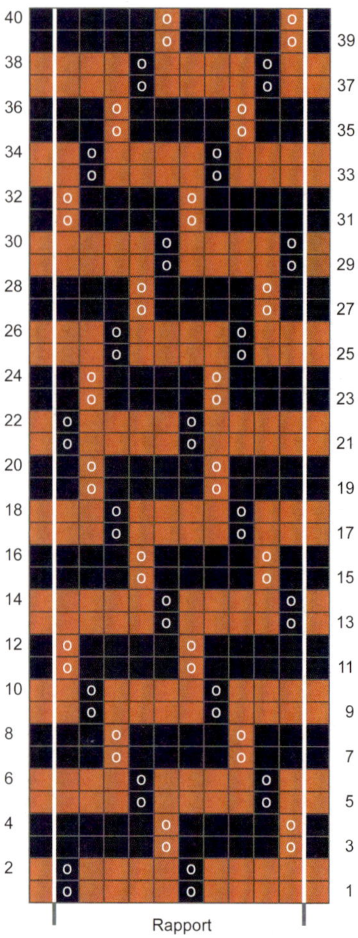

Gr. S, L, XL

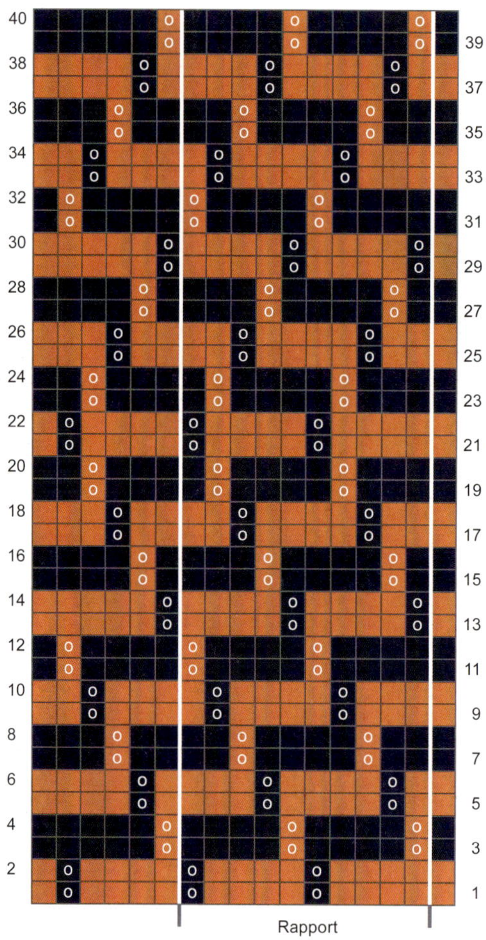

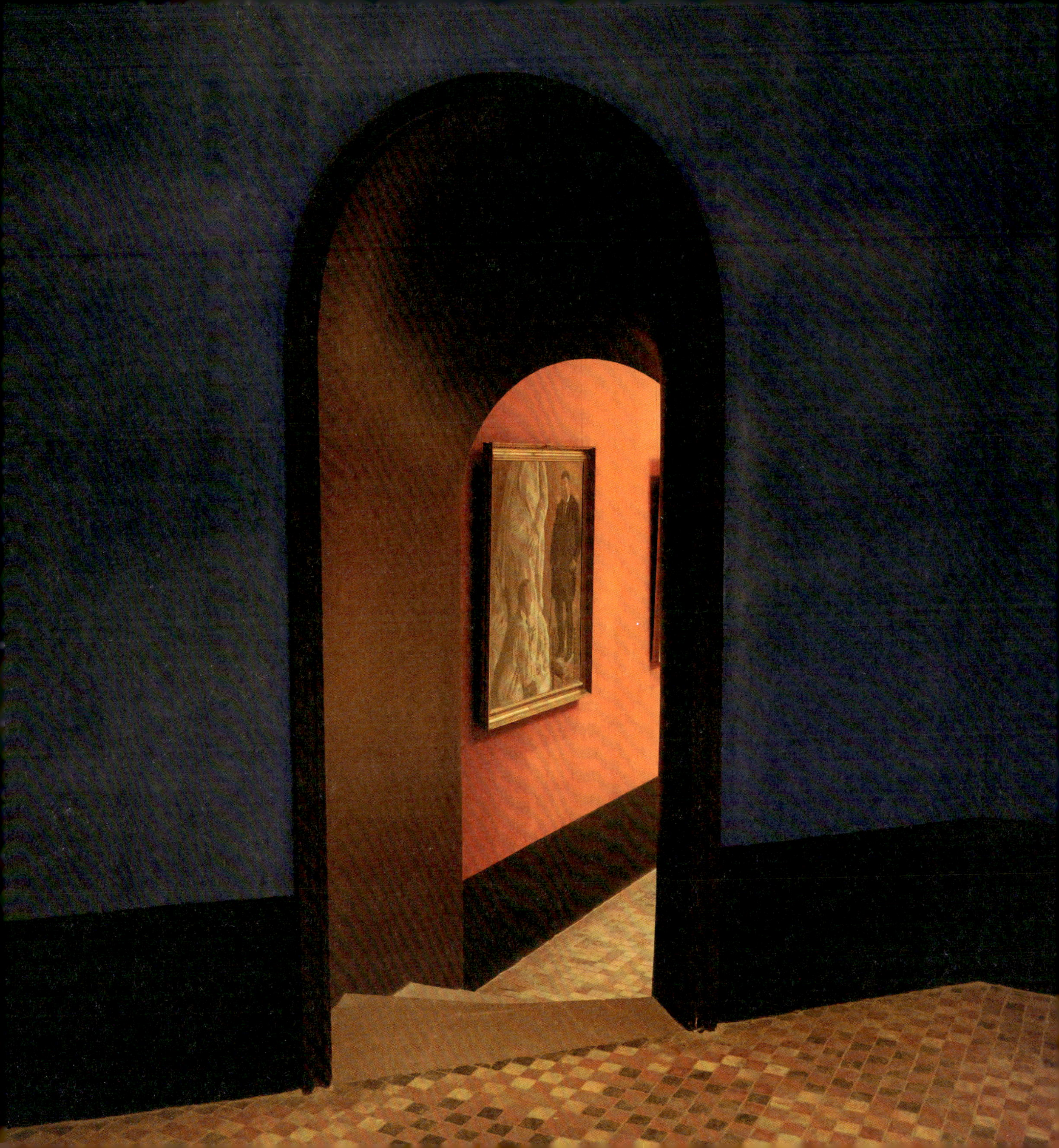

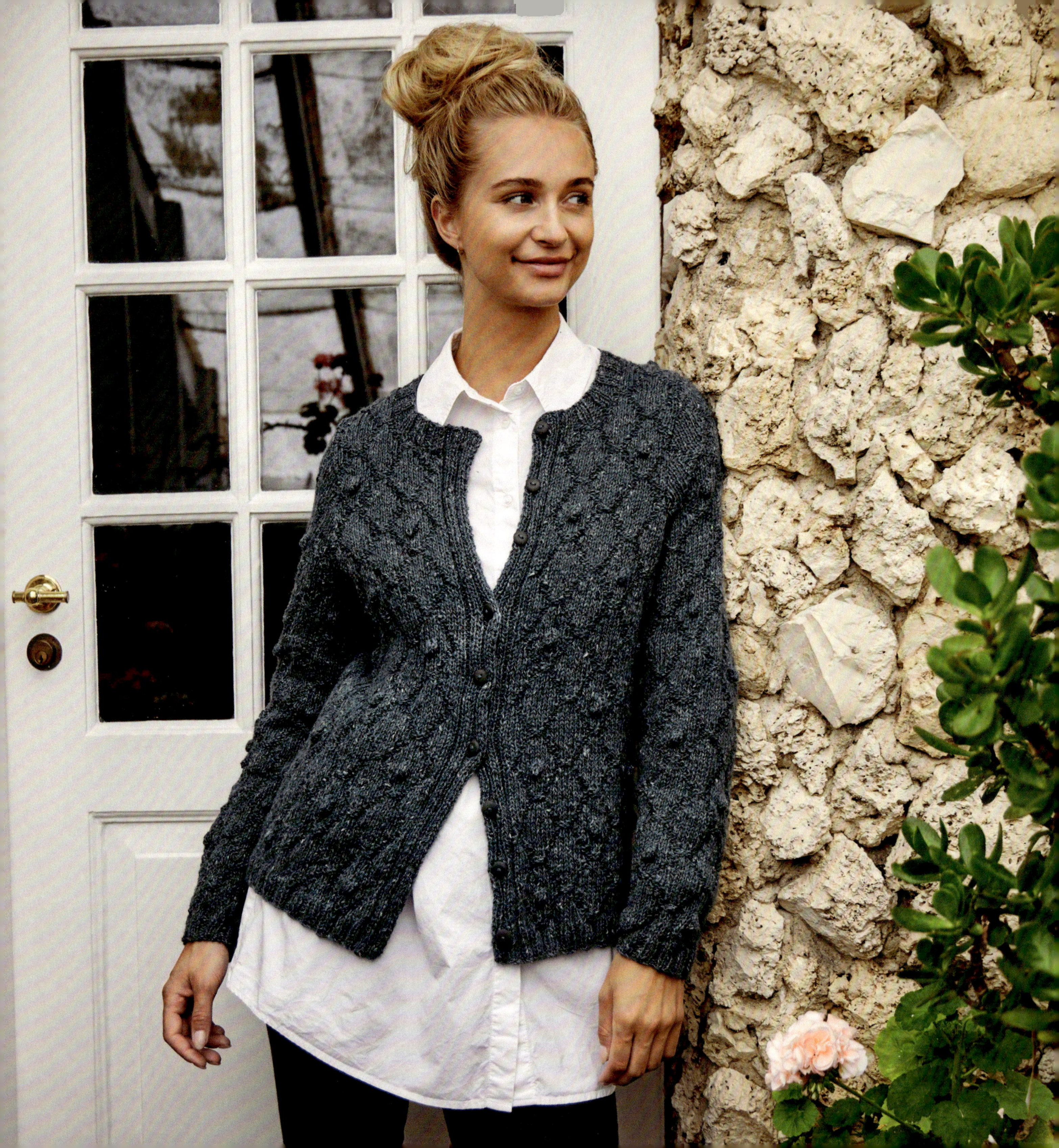

NYBORGS STADTTORE

Einst war das landseitige Tor Landporten der einzige Weg nach Nyborg hinein. Wenn das Tor abends geschlossen wurde, gab es bis zur Öffnung am nächsten Morgen keinen Zugang in die Stadt.

Bis heute läuten die Kirchenglocken um 21:45 Uhr, um mitzuteilen, dass es Zeit wird durch das Tor hinein zu kommen, bevor es schließt. Die großen schweren petrolfarbenen Torflügel könnten immer noch geschlossen werden – ob sie es werden, weiß ich nicht.

Gr.: S(M)L/XL(XXL)
Halbe Oberweite: 48(54)60(66) cm
Länge: 58 cm
Ärmellänge ab Armausschnitt: 44(43)41(40) cm

Material
250(250)250(300) g Isager Tweed Farbe Thunder
150(150)150(200) g Isager Alpaca 1 Farbe 16
Mit je 1 Faden beider Qualitäten str

9 Knöpfe

Rund- und Strumpfnadeln Nr. 4 und 4½

Maschenprobe glatt rechts mit Nd Nr. 4½:10 cm = 17 M und 26 R
Maschenprobe im Muster mit Nd Nr 4½:10 cm = 18 M und 27 R

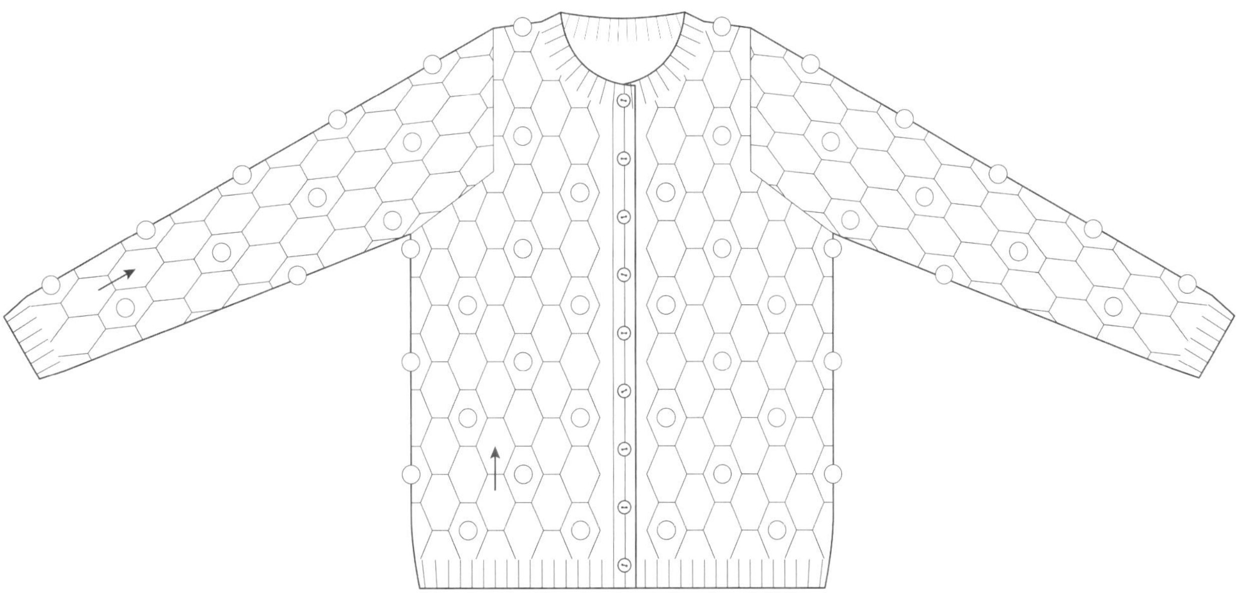

KÖRPER

176(200)224(248) M mit Rund-Nd Nr. 4 und je 1 Faden beider Qualitäten anschl.

Reihe 1 (Rück-R): 1abhFv (s. Abk.) – *2 li – 2 re*.
Von * bis * wdh. Ende mit 2 li – 1 re.
Reihe 2: 1abhFv – *2 re – 2 li*.
Von * bis * wdh. Ende mit 3 re.
Reihen 3 – 6: Wie Reihe 1 – 2 str.
Reihe 7: Wie Reihe 1 str.
Die Arbeit misst ca. 3½ cm.

Zu Nd Nr. 4½ wechseln und im Muster str.
Reihe 1 mit 1. Knopfloch str (Hin-R): 1abhFv – 1 re – 2 re verschr zus – 2 neue M anschl – 2 re zus – 1 re – 2 li – 1 re – die 1. Diagramm-R bis zu den letzten 10 M str – 1 re – 2 li – 2 re – 2 li – 3 re.
Reihe 2: 1abhFv – 9 M in Rippen str – 2. Diagramm-R bis zu den letzten 10 M auf der Nd str – 9 M in Rippen str – 1 re.

Im Muster laut Diagramm und an beiden Rändern mit dem Rippenmuster weiter str.
Alle R beg mit 1abhFv und enden mit 1 re.
Insg 7(6)6(6) Knopflöcher in jeder 16. R str.

Nach dem letzten Knopfloch noch 0(14)10(6) R im Muster str.
Die Arbeit misst ca. 39(38)36(35) cm.

Im Muster wie bisher weiter str.
Für die Armausschnitte abk (Rück-R):
1abhFv – 42(47)51(55) M – 6(8)12(16) M abk – 78(88)96(104) M str (die 1. M ist bereits auf der Nd) – 6(8)12(16) M abk – 43(48)52(56) M str.

Die Fäden nicht abschneiden.
Jedes Teil für sich weiter str.

RECHTES VORDERTEIL

Im Muster und mit den Knopflöchern in jeder 16. R weiter str.

Zu Beginn jeder Rück-R für den Armausschnitt abk.
1(2)3(4)-mal 3 M abk = 40(42)43(44) M.
2(3)3(3)-mal 2 M abk = 36(36)37(38) M.
3(2)2(2)-mal 1 M abk = 33(34)35(36) M.

15(15)13(15) R und mit Knopflöchern wie bisher str, jedoch die Rand-M am Armausschnitt in allen R re str.

In der Hin-R die ersten 9 Rand-M stilllegen.

Im Muster über die restlichen 24(25)26(27) M weiter str.
Zu Beginn jeder Hin-R für den Halsausschnitt abk:
3(4)4(4)-mal 2 M abk = 18(17)18(19) M.
4(3)3(4)-mal 1 M abk = 14(14)15(15) M.

13(13)17(15) R im Muster über die restlichen M str.
Die letzte R ist eine Rück-R.

Der Armausschnitt misst 19(20)21(23) cm.
Die Fäden abschneiden und die M stilllegen.

LINKES VORDERTEIL

Mit einer Hin-R beg und weiter im Muster str.

Zu Beginn jeder Hin-R für den Armausschnitt abk.
1(2)3(4)-mal 3 M abk = 40(42)43(44) M.
2(3)3(3)-mal 2 M abk = 36(36)37(38) M.
3(2)2(2)-mal 1 M abk = 33(34)35(36) M.

15(15)13(15) R im Muster wie bisher str, jedoch die Rand-M am Armausschnitt in allen R re str.

In der Hin-R die letzten 9 Rand-M stilllegen.

Im Muster über die restlichen 24(25)26(27) M weiter str.
Zu Beginn jeder Rück-R für den Halsausschnitt abk:
3(4)4(4)-mal 2 M abk = 18(17)18(19) M.
4(3)3(4)-mal 1 M abk = 14(14)15(15) M.

14(14)18(16) R im Muster über die restlichen M str.
Die letzte R ist eine Rück-R.

Der Armausschnitt misst 19(20)21(23) cm.
Die Fäden abschneiden und die M stilllegen.

RÜCKEN

Mit einer Hin-R und dem Abketten für den Armausschnitt beg.

Im Muster weiter str und zu Beginn jeder R abk.
Beidseitig 1(2)3(4)-mal 3 M abk = 72(76)78(80) M.
Beidseitig 1(2)2(2)-mal 2 M abk = 68(68)70(72) M.
Beidseitig 5(4)4(4)-mal 1 M abk = 58(60)62(64) M.

36(36)38(40) R im Muster über die restlichen M str, jedoch die erste und letzte M in allen R re str.
Die letzte R ist eine Rück-R.

Die mittleren 30(32)32(34) Nacken-M stilllegen.

Über die 14(14)15(15) M der rechten Schulter 6 R im Muster str, jedoch die erste und letzte M in allen R re str.

Die entsprechenden 14(14)15(15) Vorderteil-M wieder auf eine Nd setzen.
Die Schulter mit den Außenseiten aneinanderlegen und mit einer 3. Nd die gegenüber liegenden M beider Schultern zus str und gleichzeitig abk.

Über die 14(14)15(15) M der linken Schulter 6 R im Muster str, jedoch die erste und letzte M in allen R re str.

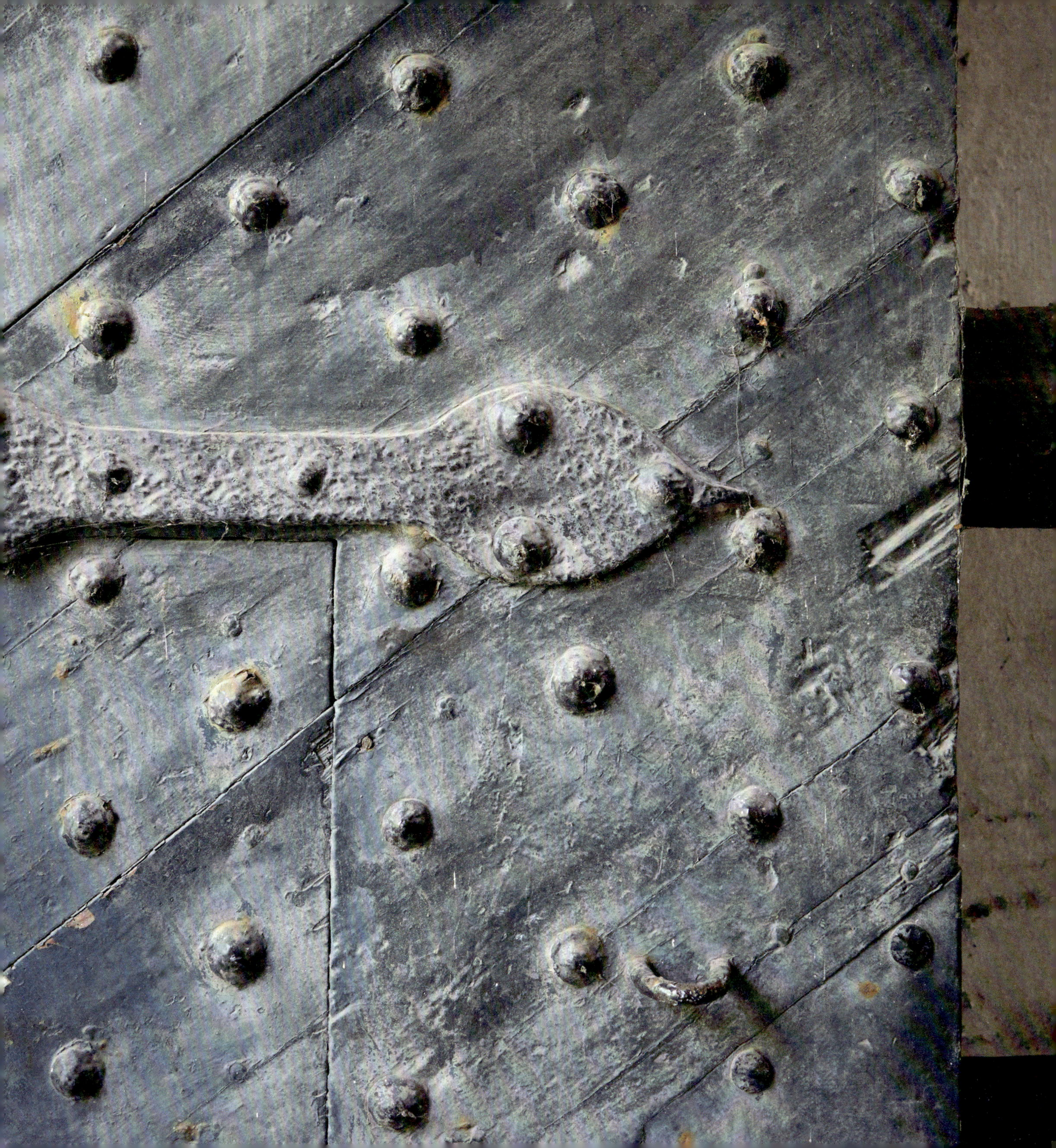

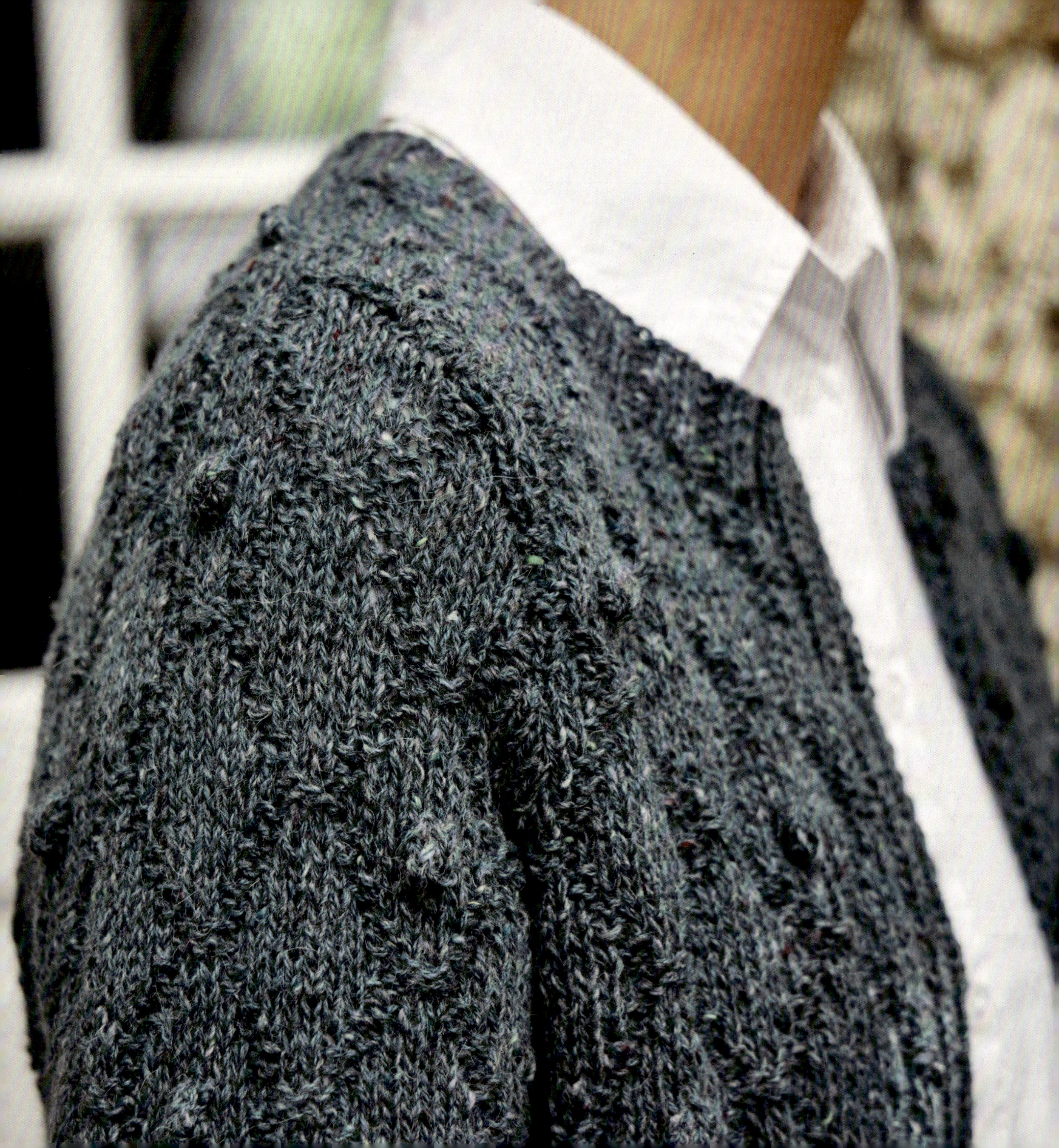

Die linke Schulter mit den entsprechenden Vorderteil-M auf die gleiche Weise zus str wie an der rechten Schulter.

HALSRAND

Die je 9 M von beiden Vorderrändern wieder auf eine Nd setzen.
Auch die Nacken-M wieder auf eine Nd setzen.

Mit einer Rund-Nd Nr. 4 und je 1 Faden beider Qualitäten str.

Über das rechte Vorderteil wie folgt str: 1abhFv – 8 Rippen-M wie bisher – 12(12)12(15) M aus dem schrägen Stück am Halsausschnitt str – 10(9)13(13) M bis zu der Schulternaht heraus str – 4 M bis zu den Nacken-M heraus str – Rippen über die 30(32)32(34) Nacken-M wie folgt str: 0(1)1(2) re – *2 li – 2 re*.
Von * bis * wdh. Ende mit 2 li – 0(1)1(2) re – 4 M bis zur Schulternaht heraus str – 10(9)13(13) M aus dem geraden Stück am linken Halsausschnitt str – 12(12)12(15) M aus dem schrägen Stück str – 9 Rippen-M wie bisher str = 100(100)108(112) M.

Reihe 1 (Rück-R): 1abhFv – *2 li – 2 re*.
Von * bis * wdh. Ende mit 2 li – 1 re.
Reihe 2: 1abhFv – *2 re – 2 li*.
Von * bis * wdh. Ende mit 3 re.
Reihe 3: Wie Reihe 1 str.
Reihe 4 mit Knopfloch: 1abhFv – 1 re – 2 re verschr zus – 2 neue M anschl – 2 re zus – 1 re – *2 li – 2 re*.
Von * bis * wdh. Ende mit 1 re.
Reihe 5 – 6: Wie Reihe 1 – 2 str.
Reihe 7: Wie Reihe 1 str.
Im Muster abk.

ÄRMEL

40 M mit Strumpf-Nd Nr. 4 und je 1 Faden beider Qualitäten anschl.
Zur Runde schließen.
6 Rd Rippen wie folgt str: 1 li – *2 re – 2 li*.
Von * bis * wdh. Ende mit 2 re – 1 li.
Die Arbeit misst ca. 3 cm.

Stricke Zunahmen: 1 li – 1 neue re (s. Abk.) – 2 re – 1 neue re – 2 li – 1 neue re – 2 re – 1 neue re – 26 Rippen-M – 1 neue re – 2 re – 1 neue re – 2 li – 1 neue re – 2 re – 1 neue re – 1 li = 48 M.

Zu Nd Nr. 4½ wechseln.

14(8)6(6) Rd im Muster laut Diagramm str.
An den Seiten nur Noppen str, wenn es möglich ist eine vollständige Noppe zu str.

Im Muster weiter str.
Stricke Zun: 1 M – 1 neue M, die je nach Muster re oder li gestr wird – bis zur letzten M str – 1 neue M je nach Muster re oder li str – 1 M = 50 M.

Die neuen M in das Muster einfügen.

Die Zun in jeder 12.(8.)6.(4.) Rd wdh, bis insg 4(5)7(9) Zunahme-Rd gestr sind = 56(58)62(66) M.
Danach noch 4(6)7(9)-mal Zun in jeder 14.(10.)8.(6.) Rd str = 64(70)76(84) M.

Im Muster str, bis der Ärmel 44(43)41(40) cm misst.
Nach einer geraden Diagramm-Rd enden.

Zu Beginn der Rd 3 M abk – die Rd zu Ende str = 61(67)73(81) M. Wenden.
Zu Beginn der Rd 3 M abk – die Rd zu Ende str = 58(64)70(78) M.

In Reihen hin und her str.

Gr. (XXL):
Beidseitig noch 1-mal zu Beginn der R 3 M abk = 72 M.

Alle Gr.:
Beidseitig 2(3)3(3)-mal 2 M abk = 50(52)58(60) M.

Beidseitig 11(12)13(12)-mal 1 M abk = 28(28)32(36) M.

Beidseitig 2(2)3(4)-mal 2 M abk = 20 M.

Beidseitig 1-mal 3 M abk = 14 M.

Die letzten M abk.

Den zweiten Ärmel genauso str.

FERTIGSTELLUNG

Die Ärmel vor dem Einnähen mit Nadeln in die Armausschnitte heften und von der Außenseite mit dem Matratzenstich einnähen.
Alle Fäden vernähen und die Knöpfe annähen.

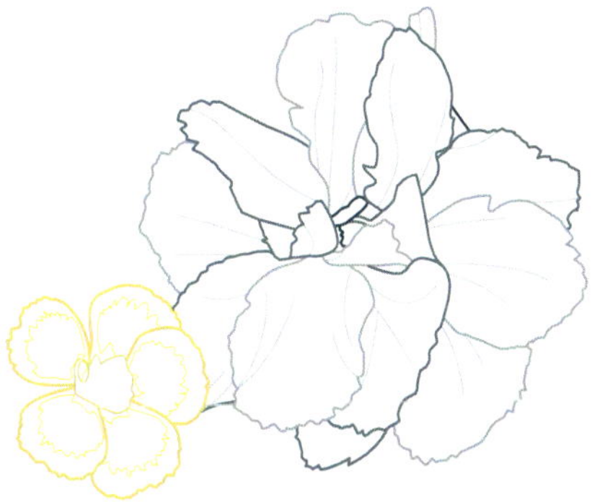

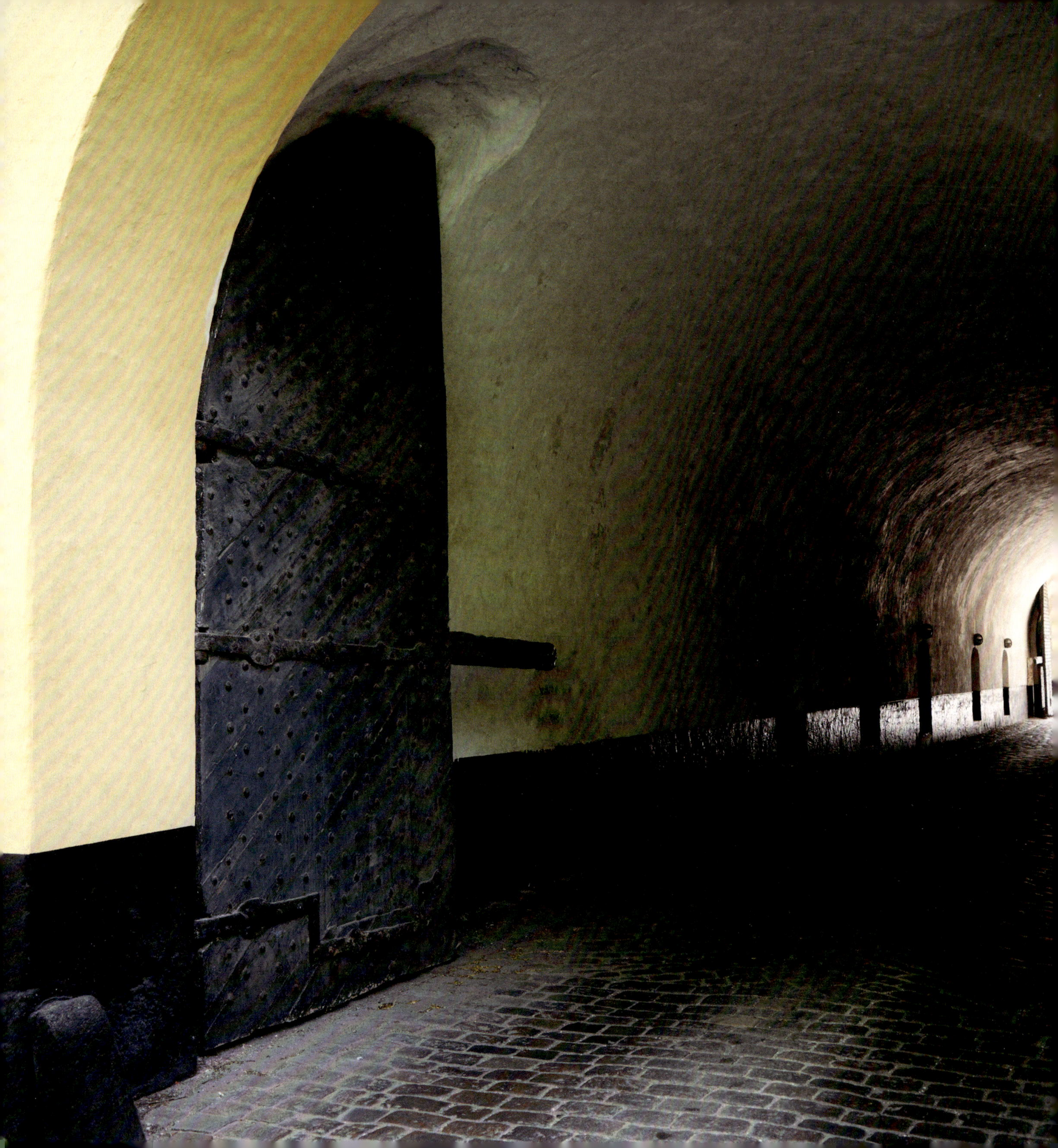

DIAGRAMM

☐ = in den Hin-R re, in den Rück-R li str

☒ = in den Hin-R li, in den Rück-R re str

2 = die M abh, den Querfaden zw Noppe und nächster M verschr auf die linke Nd heben, die abgehobene M von der rechten Nd zurück auf die linke Nd heben und mit dem verschr Faden li zus str

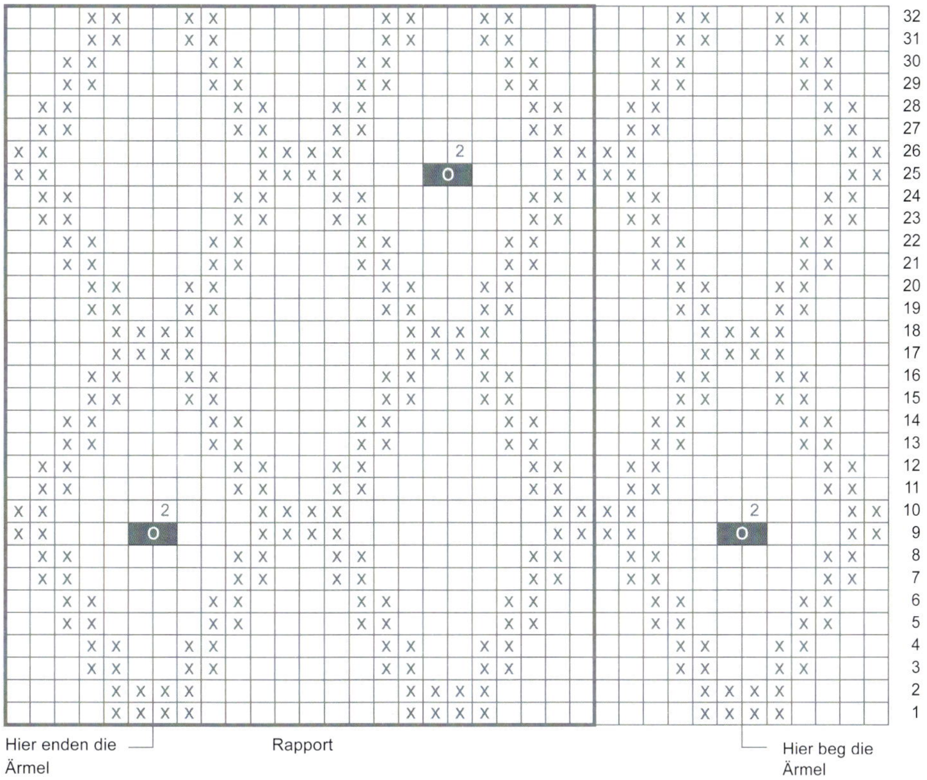

O Noppe: 2aus1M str, dafür 1 M aus dem vorderen Maschenbogen re str, dann eine 2. M aus dem hinteren Maschenbogen derselben M re verschr str. Wieder 2aus1M str. Die Arbeit wenden. 3 R glatt rechts über diese 4 M str. Danach 2 re zus – 2 re verschr zus – weiter über die Körper-M str.

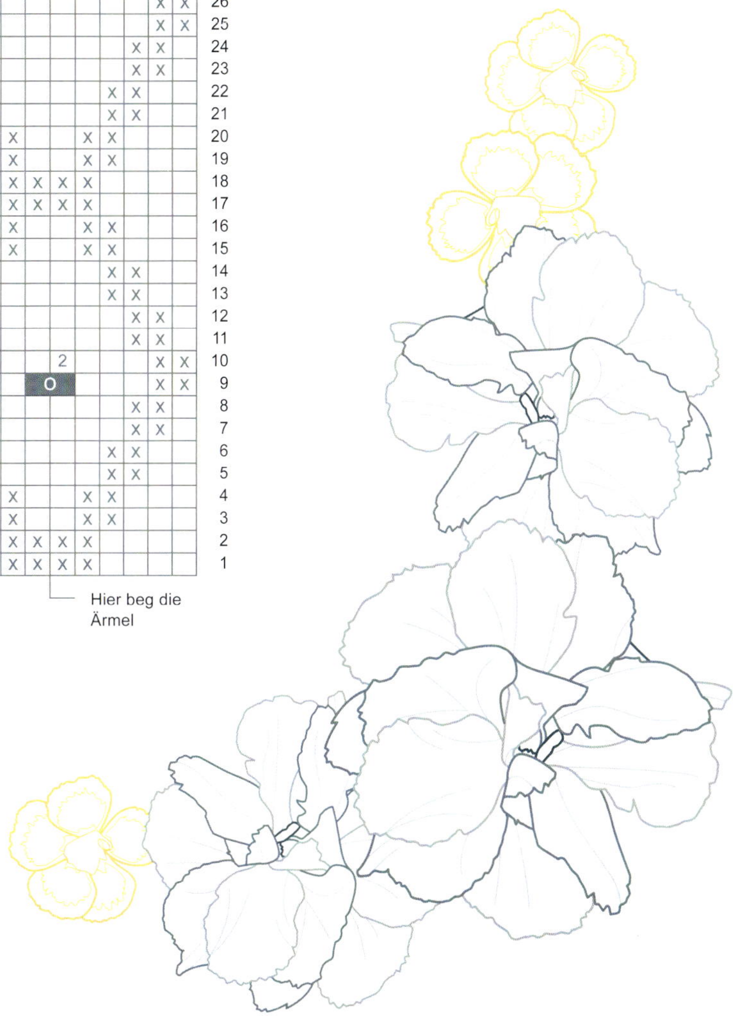

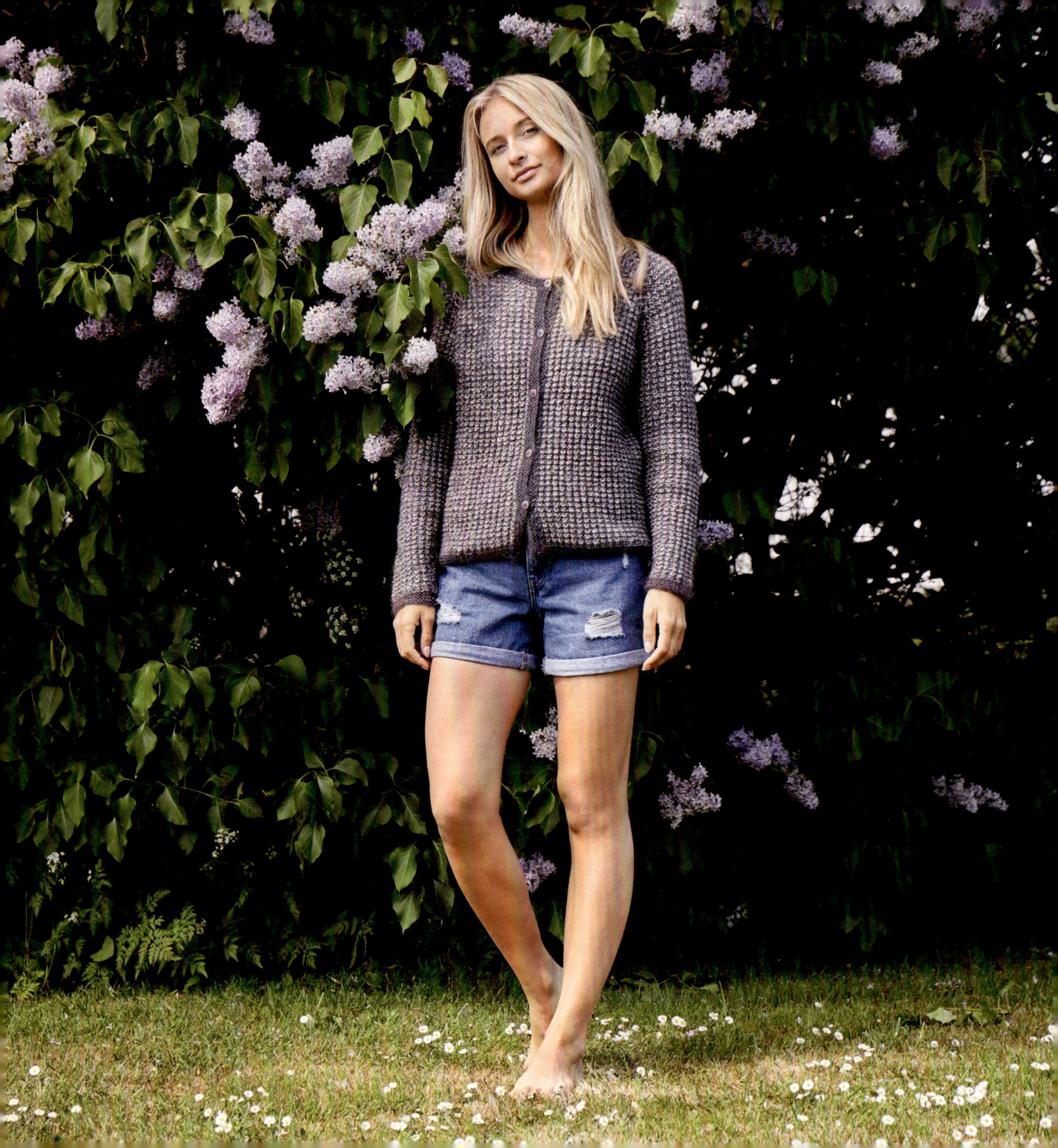

FLIEDERHECKE

Seit dem 19. Jahrhundert ist es auf Fünen Tradition, Fliederhecken anzupflanzen. Im Mai sieht man den blühenden Flieder, der sich wie lange wogende Schlangen durch die Landschaft schlängelt.

Der Boden von Fünen gehört zu der fruchtbaren Sorte – hier musste man nicht an Platz sparen. Der Flieder konnte sich ausdehnen und breite Hecken um Felder und Gärten bilden.

Gr.: S(M)L(XL)XXL
Halbe Oberweite: 48(53)58(62)66 cm
Länge: 55 cm
Ärmellänge ab Armausschnitt: 43(42)42(41)40 cm

Material
A: 250(300)300(300)350 g Isager Jensen Yarn Farbe 61s
B: 125(150)150(150)175 g Isager Silk Mohair Farbe 60
Mit je 1 Faden beider Qualitäten stricken

6 Knöpfe

Rund- und Strumpf-Nd Nr. 4 und 5

Maschenprobe glatt rechts mit Nd Nr. 5: 10 cm = 15 M und 20 R
Maschenprobe im Muster mit Nd Nr. 5: 10 cm = 16 M und 22 R

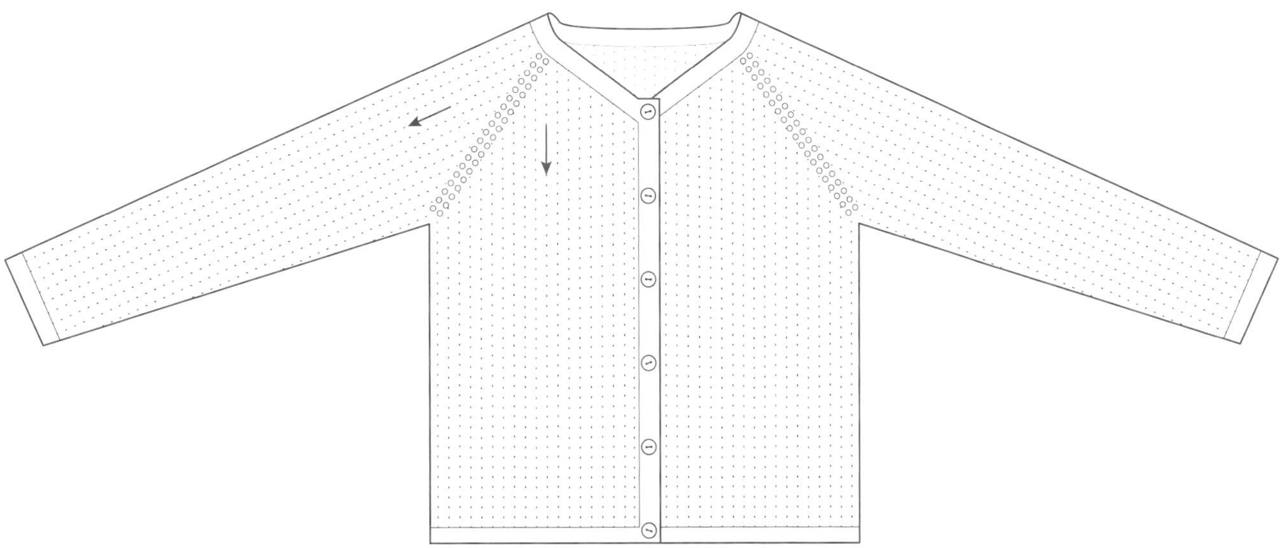

Die Jacke wird von oben nach unten gearbeitet.

PASSE

49(51)53(55)57 M mit beiden Qualitäten und Nd Nr. 5 anschl.

Reihe 1 (Hin-R): 1 re – *1 li – 1 re*. Von * bis * wdh. Am Ende der R 2 neue M anschl = 51(53)55(57)59 M.

Reihe 2: 3 re – U – 1 re und diese M als Raglan-M markieren – U – 7 re – U – 1 re und markieren – U – 29(31)33(35)37 re – U – 1 re und markieren – U – 7 re – U – 1 re und markieren – U – 1 re – 2 neue M anschl = 61(63)65(67)69 M.
Reihe 3: Wie Reihe 1 str = 63(65)67(69)71 M.

Reihe 4: 6 re – U – 1 re – U – 9 re – U – 1 re – U – 31(33)35(37)39 re – U – 1 re – U – 9 re – U – 1 re – U – 4 re – 2 neue M anschl = 73(75)77(79)81 M.
Reihe 5: Wie Reihe 1 str = 75(77)79(81)83 M.

Reihe 6: re bis zur markierten M str – U – 1 re – U – re bis zur markierten M str – U – 1 re – U – re bis zur markierten M str – U – 1 re – U – re bis zur markierten M str – U – 1 re – U – die R re zu Ende str – 2 neue M anschl = 85(87)89(91)93 M.
Reihe 7: Wie Reihe 1 str = 87(89)91(93)95 M.

Reihe 8: Wie Reihe 6 str = 97(99)101(103)105 M.

Reihe 9: 1 re – *1 li – 1 re*. Von * bis * wdh. Am Ende der R 4(2)2(2)2 neue M anschl = 101(101)103(105)107 M.

Reihe 10: Wie Reihe 6 str, aber am Ende der R 4(2)2(2)2 neue M anschl = 113(111)113(115)117 M.

Gr. S: Weiterlesen bei Reihe 15.

Gr. (M)L(XL)XXL:
Reihe 11: 1 re – *1 li – 1 re*. Von * bis * wdh. Am Ende der R (4)4(2)2 neue M anschl = (115)117(117)119 M.
Reihe 12: Wie Reihe 6 str, aber am Ende der R (4)4(2)2 neue M anschl = (127)129(127)129 M.

Gr. (M)L: Weiterlesen bei Reihe 15.

Gr. (XL)XXL:
Reihe 13: 1 re – *1 li – 1 re*. Von * bis * wdh. Am Ende der R 4 neue M anschl = (131)133 M.
Reihe 14: Wie Reihe 6 str, aber am Ende der R 4 neue M anschl = (143)145 M.

Alle Gr.:
Reihe 15: 1 re – *1 li – 1 re*. Von * bis * wdh.

Reihe 16: Re bis zur markierten M str – U – 1 re – U – re bis zur markierten M str – U – 1 re – U – re bis zur markierten M str – U – 1 re – U – re bis zur markierten M str – U – 1 re und markieren – U – re zu Ende str = 121(135)137(151)153 M.

An jeder Seite der Raglan-M sind nun 6(7)7(8)8 Zun gestr.

Die Reihen 15 – 16 wdh, bis an jeder Seite der Raglan-M 19(20)21(22)23 Zun gestr sind = 225(239)249(263)273 M.
Die Passe misst ab dem Nacken 17(18)19(20)21 cm.

1 Hin-R str.

AUFTEILUNG

Die M in Körper und Ärmel aufteilen (Rück-R): 32(35)36(39)40 M im Muster str – die nächsten 47(49)51(53)55 M stilllegen, ohne sie zu str – 7(9)13(15)17 neue M anschl – 67(71)75(79)83 M im Muster str – 47(49)51(53)55 M stilllegen, ohne sie zu str – 7(9)13(15)17 neue M anschl – 32(35)36(39)40 M im Muster str.

KÖRPER

Das Muster über die 145(159)173(187)197 Körper-M weiter str, bis ab Nacken insg 113 R gestr sind.
Mit einer Hin-R enden.
Die Arbeit misst in der Rückenmitte ca. 51 cm.
A abschneiden.

Zu Nd Nr. 4 wechseln.
Mit 2 Fäden B str.

7 R re str.
In der Hin-R alle M abk.

ÄRMEL

Die 47(49)51(53)55 Ärmel-M auf eine Nd Nr. 5 setzen.

5(7)9(9)11 neue M anschl – eine Rück-R über die 47(49)51(53)55 Ärmel-M re str – 5(7)9(9)11 neue M anschl = 57(63)69(71)77 M.

In Reihen hin und her str.
Reihe 1 (Hin-R): 2 re – *1 li – 1 re*. Von * bis * wdh. Ende mit 1 re.
Reihe 2: Alle M re str.
Reihe 1 – 2 insg 3(1)3(2)2-mal str.
Reihe 1 str.

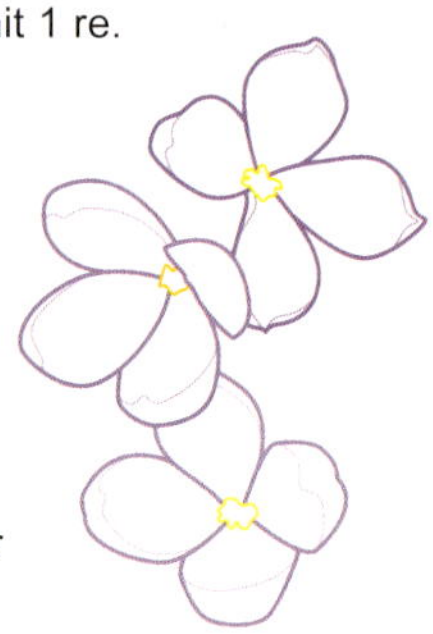

Stricke die 1. Abnahme (Rück-R): 2 re zus – re bis zu den letzten 2 M str – 2 re verschr zus str = 55(61)67(69)75 M.

Im Muster weiter str.
Die Abn in jeder 6.(6.)6.(6.)4. R insg 13(14)8(8)18-mal str = 31(35)53(55)41 M.

Gr. L(XL):
Die Abn noch 7-mal in jeder 4. R str = 39(41) M.

Alle Gr.:
Weiter str, bis der Ärmel nach der Aufteilung ca. 41(40)40(39)38 cm misst.
Mit einer Hin-R enden.
A abschneiden.

Zu Nd Nr. 4 wechseln.
Einen Rand wie unten am Körper str.

Den zweiten Ärmel genauso str.

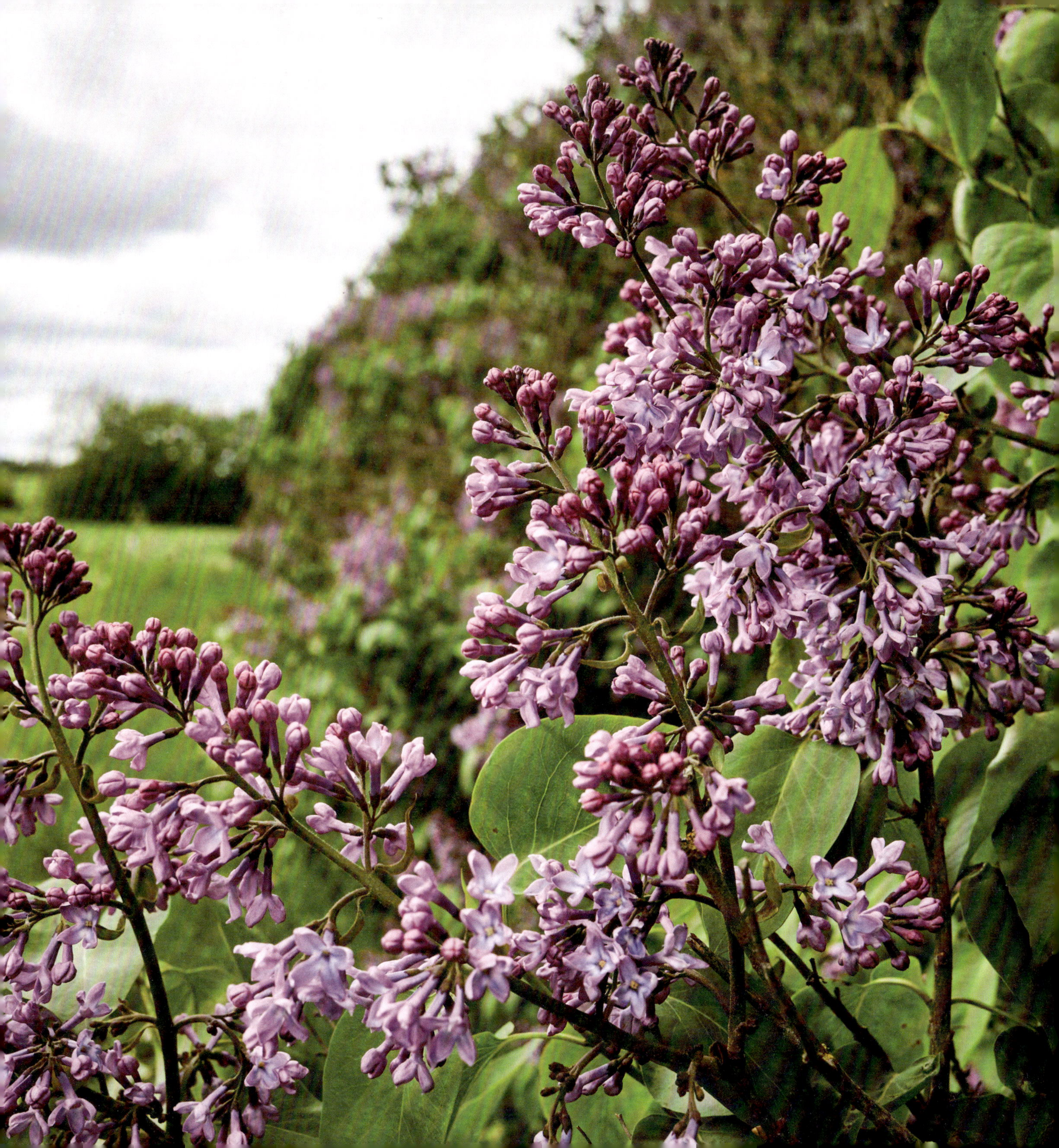

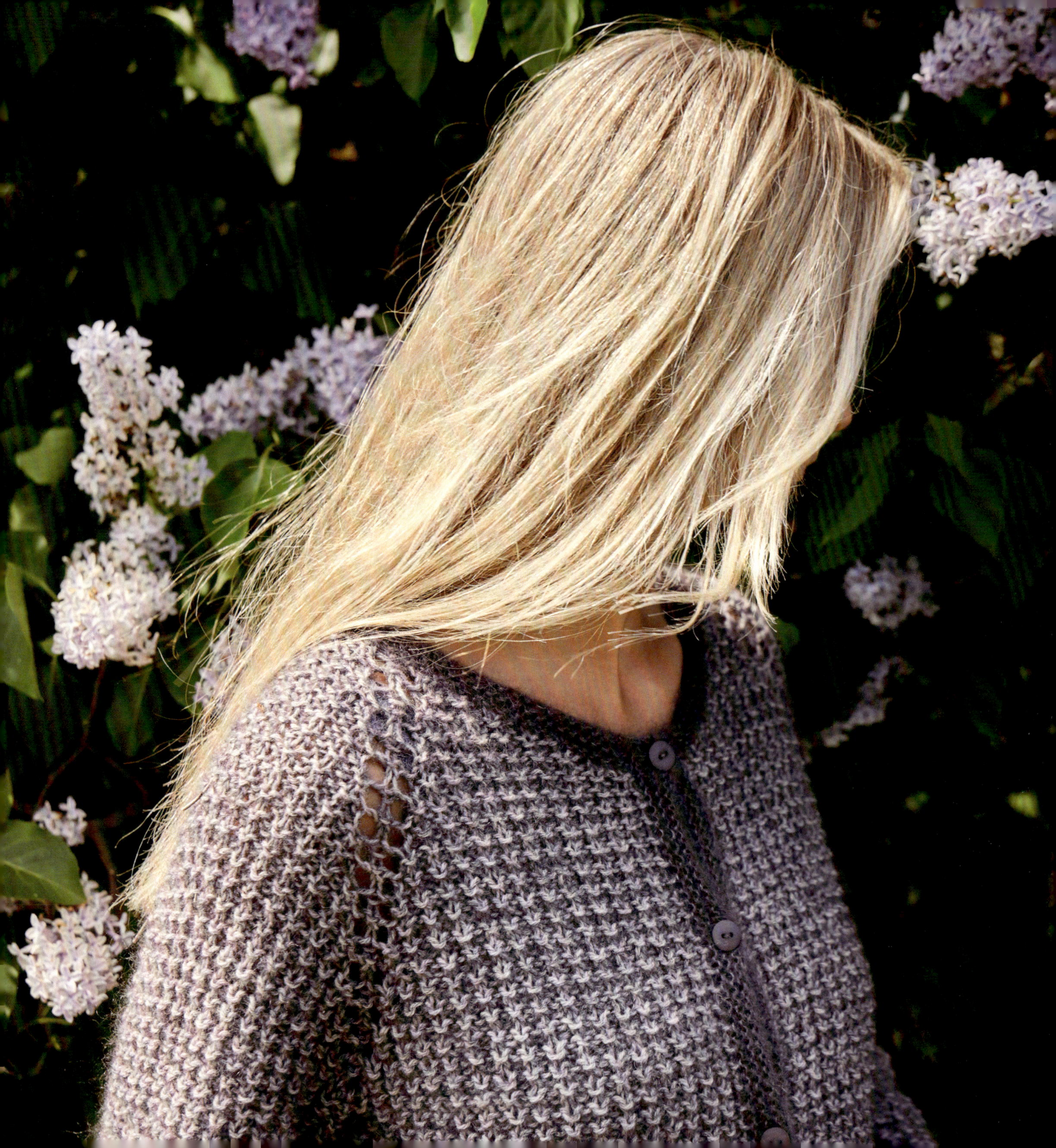

HALSRAND

Neue M rund um den Halsausschnitt mit Nd Nr. 4 und 2 Fäden B heraus str:

17(19)20(22)23 M aus dem rechten Halsausschnitt bis zum Anschlagrand str – 49(51)53(55)57 M aus der Anschlag-R str – 17(19)20(22)23 M aus dem linken Halsausschnitt str = 83(89)93(99)103 M.

5 R re str.

In der Hin-R alle M abk.

RECHTER VORDERRAND

87(87)87(86)86 M aus dem rechten Vorderteil mit Nd Nr. 4 und 2 Fäden B heraus str. Die M ganz außen aus dem äußersten Maschenbogen str.

Reihe 1 (Rück-R): 1abhFv (s. Abk.) – 86(86)86(85)85 re.
Reihe 2: Wie Reihe 1 str.
Reihe 3 mit Knopflöchern: 1abhFv – 1 re – *2 re zus – U – 14 re*. Von * bis * wdh. Ende mit 2 re zus – U – 3(3)3(2)2 re.
Reihen 4 – 5: Wie Reihe 1 str.

In der Hin-R alle M abk.

LINKER VORDERRAND

Die M wie am rechten Vorderrand heraus str.
5 R wie Reihe 1 str.
In der Hin-R alle M abk.

FERTIGSTELLUNG

Alle Fäden vernähen und die Knöpfe annähen.

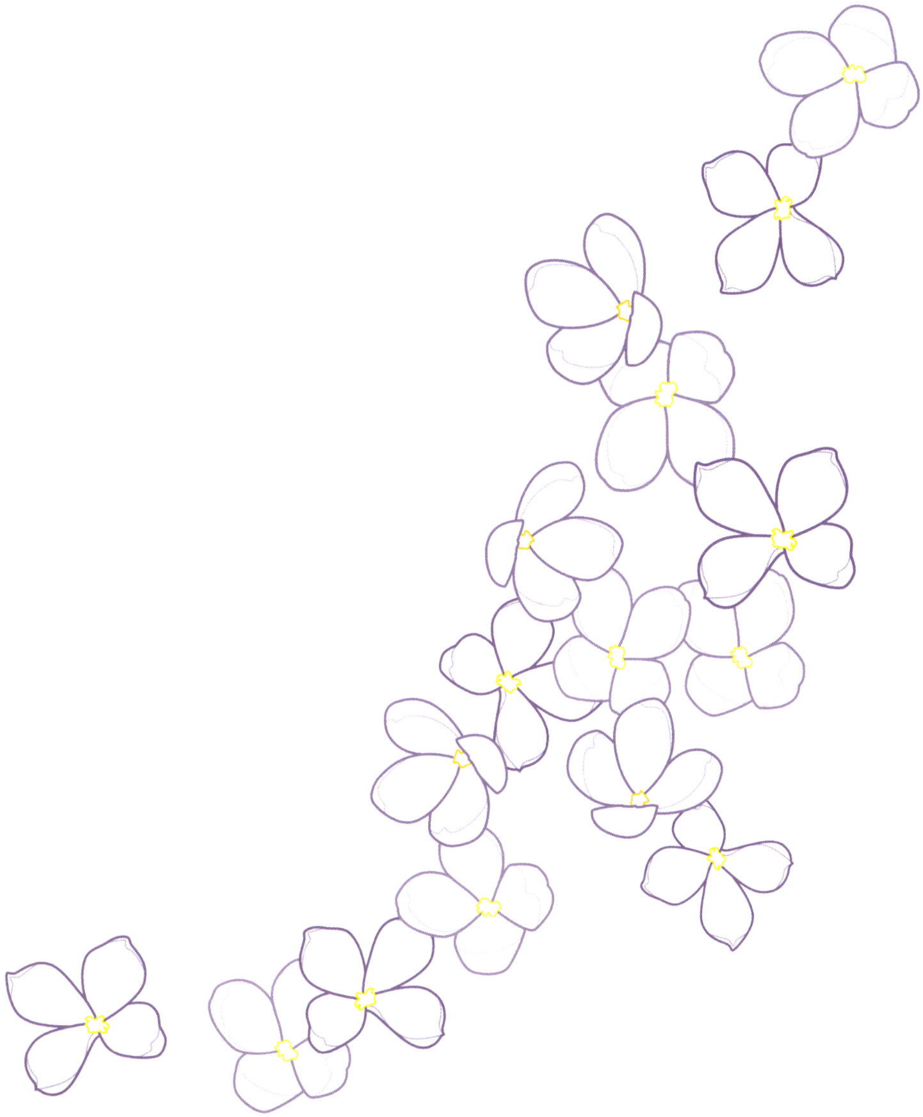

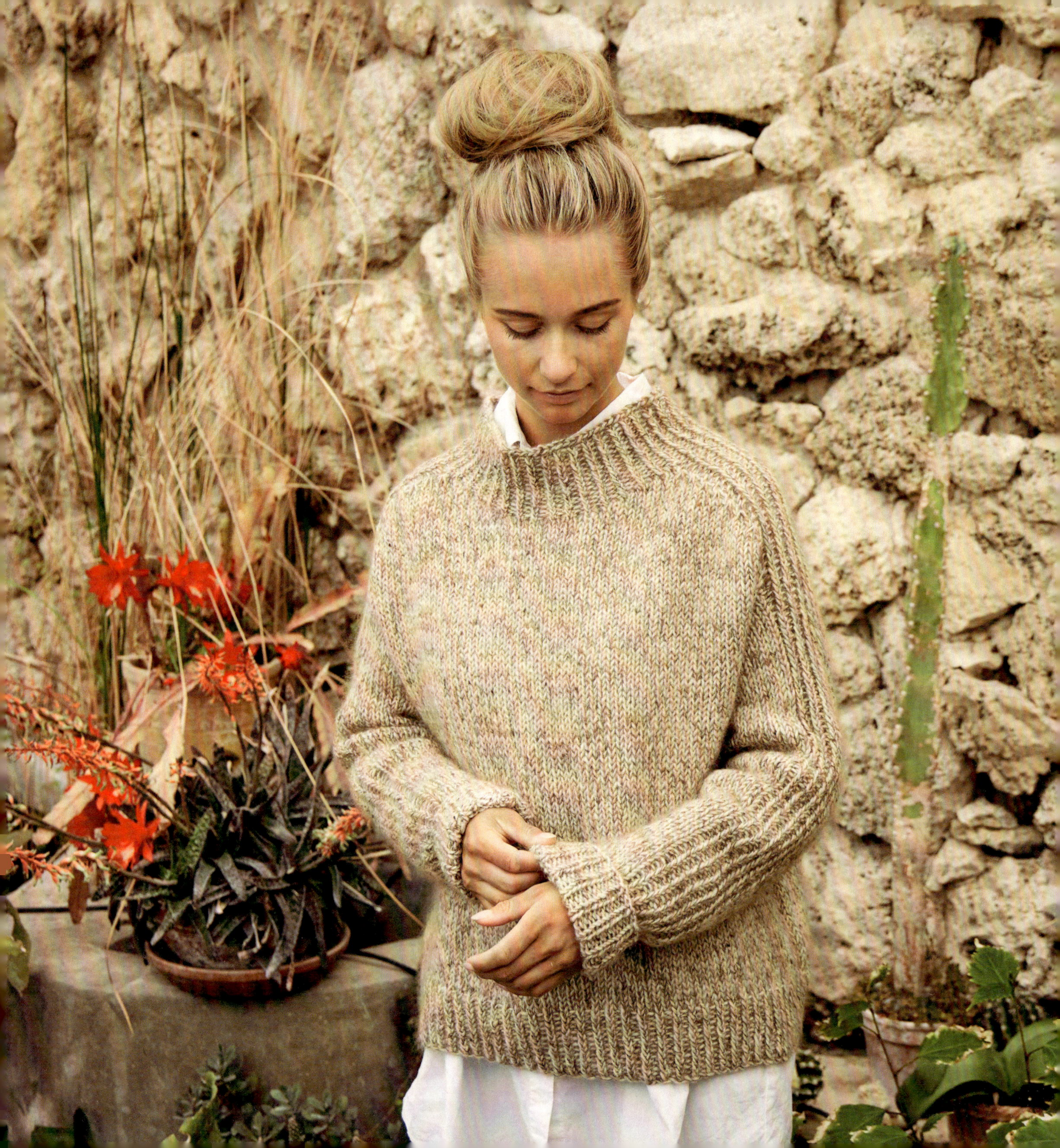

DER NEBEL LICHTET SICH

In den Jahren um 1870 lief ein barfüßiger Junge durch Mittelfünen und hütete Gänse. Seine Flöte steckte immer im Hosenbund und bei jeder Gelegenheit, die sich bot, spielte er kleine Melodien. Seine Eltern waren Tagelöhner und Carl gehörte zu den vielen Kindern, die mithelfen mussten, das tägliche Brot zu verdienen.

Im Elternhaus gab es viel Musik, denn auch der Vater war Spielmann und bereits mit 6 Jahren hielt Carl eine Violine in der Hand. Zufälle führten ihn in der Musik weiter. Heute ist Carl Nielsen als einer der größten Komponisten Dänemarks bekannt. Er lebte von 1865 bis 1931.

Carl Nielsen hat die Melodie zu „Solen er så rød, mor" (Die Sonne ist so rot, Mutter) komponiert. *Das* Gute-Nacht-Lied, das viele von uns als Kinder gesungen und später den eigenen Kindern vorgesungen haben. Carl Nielsen steckt auch hinter der Melodie „Jeg ved en lærkerede" (Ich kenne ein Lärchennest), das alle von uns – ob groß oder klein – kennen. Zu beiden Melodien hat Harald Bergstedt die Texte geschrieben.

Innerhalb der klassischen Musik ist „Tågen letter" (Der Nebel lichtet sich) vielleicht das bekannteste Werk von Carl Nielsen, komponiert 1920.

Gr.: S(M)L(XL)XXL
Halbe Oberweite: 51(56)60(64)69 cm
Länge: 56 cm
Ärmellänge: 45(43)42(39)38 cm.

Material

100(125)125(125)150 g Isager Silk Mohair Farbe 7s
500(600)600(600)700 g Isager Aran Farbe Sand
Mit je 1 Faden beider Qualitäten stricken

Rund- und Strumpfnadeln Nr. 5 und 5½

Maschenprobe glatt rechts mit Nd Nr. 5½: 10 cm = 14 M und 18 R

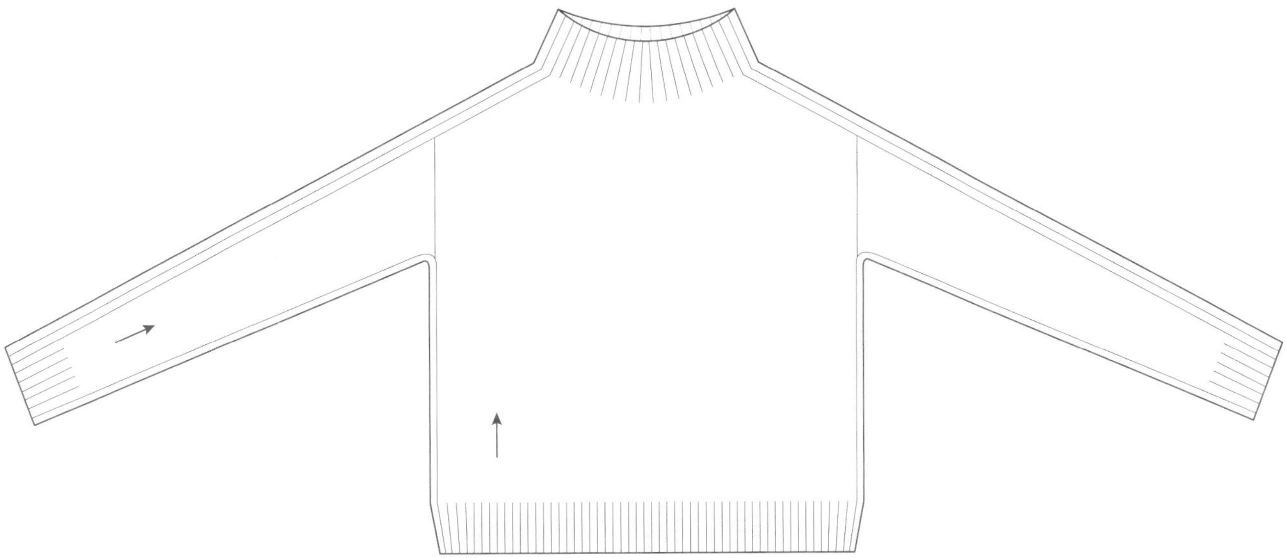

KÖRPER

144(156)168(180)192 M mit Rund-Nd Nr. 5 und beiden Qualitäten anschl.

Zur Runde schließen und 12 Rd im Rippenmuster str: *1 re verschr – 1 li*.
Von * bis * wdh.
Die Arbeit misst ca. 6,5 cm.

Zu Nd Nr. 5½ wechseln.
Im Muster str: *1 re verschr – 1 li* – 67(73)77(83)87 re – 1 li – von * bis * insg 2(2)3(3)4-mal str – 67(73)77(83)87 re – 1 li – von * bis * insg 1(1)2(2)3-mal str.

Das Muster fortsetzen, bis die Arbeit insg 31(30)28(28)26 cm misst.

Für die Armausschnitte abk: 1 re verschr – 1 li – 67(73)77(83)87 re – 5(5)7(7)9 M abk – 67(73)77(83)87 re (die 1. M ist bereits auf der Nd) – 5(5)7(7)9 M abk (die letzten 2 M gehören bereits zum Vorderteil).
Die Fäden nicht abschneiden.

RÜCKEN

Über die 67(73)77(83)87 Rücken-M glatt rechts weiter str. Die 1. M ist bereits auf der Nd. 24(26)28(30)32 R str und dabei die erste und letzte M in allen R re str.
Mit einer Rück-R enden.
Die Fäden abschneiden und die M stilllegen.

VORDERTEIL

Über die Vorderteil-M wie am Rücken hin und her str.
Mit einer Hin-R beg.
Die Fäden abschneiden und die M stilllegen.

ÄRMEL

30(30)32(32)34 M mit Strumpf-Nd Nr. 5 und beiden Qualitäten anschl.

Zur Runde schließen und 12 Rd im Rippenmuster str: *1 re verschr – 1 li*.
Von * bis * wdh.

Zu Nd Nr. 5½ wechseln.
Stricke Zunahmen nach dem Bündchen: *1 re verschr – 1 li* – 1 re – 1 neue re (s. Abk.) – 5 re – 1 neue re – 1 re – 1 li – von * bis * insg 5-mal str – 1 re – 1 neue re – 5 re – 1 neue re – 1 re – 1 li – von * bis * insg 1(1)2(2)3-mal str = 34(34)36(36)38 M.

4(4)4(3)5 Muster-Rd str: *1 re verschr – 1 li* – 9 re – 1 li – von * bis * insg 5-mal str – 9 re – 1 li – von * bis * insg 1(1)2(2)3-mal str.

1. Ärmel-Zun: *1 re verschr – 1 li* – 1 re – 1 neue re – 8 re – 1 li – von * bis * insg 5-mal str – 8 re – 1 neue re – 1 re – 1 li – von * bis * insg 1(1)2(2)3-mal str = 36(36)38(38)40 M.

9(7)5(4)3 Muster-Rd str: *1 re verschr – 1 li* – 10 re – 1 li – von * bis * insg 5-mal str – 10 re – 1 li – von * bis * insg 1(1)2(2)3-mal str.

2. Zun: *1 re verschr – 1 li* – 1 re – 1 neue re – 9 re – 1 li – von * bis * insg 5-mal str – 9 re – 1 neue re – 1 re – 1 li – von * bis * insg 1(1)2(2)3-mal str = 38(38)40(40)42 M.

Die Zun in jeder 10.(8.)6.(5.)4. Rd wdh, bis insg 7(8)10(11)12 Ärmel-Zun gestr sind = 48(50)56(58)62 M.

Nach der letzten Zun noch 5(5)4(4)6 Muster-Rd str.
Der Ärmel misst ca. 45(43)42(39)38 cm.

Das Muster fortsetzen.
Für die Armausschnitte abk: *1 re verschr – 1 li* – 16(17)19(20)21 re – 1 li – von * bis * insg 5-mal str – 16(17)19(20)21 re – 5(5)7(7)9 M abk (die letzten 2 M gehören bereits zur nächsten Rd = 43(45)49(51)53 M.

Reihe 1 (Hin-R): 43(45)49(51)53 M im Muster str.
Die Arbeit wenden und in Reihen hin und her str.

Reihe 2: 3(4)6(3)4 M abk – 13(13)13(17)17 li (die 1. M ist bereits auf der Nd) – *1 re – 1 li verschr*. Von * bis * insg 5-mal str – 1 re – 16(17)19(20)21 li = 40(41)43(48)49 M.
Reihe 3: 3(4)6(3)4 M abk – 37(37)37(45)45 M im Muster str.
Weiterhin zu Beginn jeder R 4 M abk.
In den Hin-R das Muster wie bisher str.
In den Rück-R die mittleren 11 M wie folgt str: *1 re – 1 li verschr*. Von * bis * insg 5-mal str – 1 re.
Wenn noch 13 M auf der Nd sind die Fäden abschneiden und die M stilllegen.

Den zweiten Ärmel genauso str, aber zum Schluss die Fäden nicht abschneiden.

PASSE

Die Rücken- und Vorderteil-M, sowie die 13 M des ersten Ärmels wieder auf die Nd setzen.

Das Muster wieder in Rd str (Hin-R): 67(73)77(83)87 Rücken-M re str – im Muster über die 13 M des ersten Ärmels str – 67(73)77(83)87 Vorderteil-M re str – im Muster über 12 M des zweiten Ärmels str. Die letzte Ärmel-M nicht str.
Hier eine Markierung für den Rd-Beginn setzen.
Es sind insg 160(172)180(192)200 M auf der Nd.

Rd 1 mit Schulter-Abn: *3 re zus – 63(69)73(79)83 re – 3 re verschr zus, dafür die 1. und 2. M re abh, 1 re str, die 2 abgehobenen M über die gestr M heben – eine Markierung setzen – 11 M im Muster – eine Markierung setzen*.
Von * bis * wdh = 152(164)172(184)192 M.
Rd 2: *re bis zur Markierung str – 11 M im Muster str*. Von * bis * wdh.

Rd 3: *3 re zus – re bis 3 M vor die Markierung str – 3 re verschr zus – 11 M im Muster*.
Von * bis * wdh = 144(156)164(176)184 M.
Rd 4: *re bis zur Markierung str – 11 M im Muster str*. Von * bis * wdh.

Die Abn in jeder 2. Rd wdh, bis insg 5(6)7(7)8 Schulter-Abn gestr sind = 120(124)124(136)136 M.
Nach der letzten Abn noch 1 Rd str.
Die Fäden abschneiden.

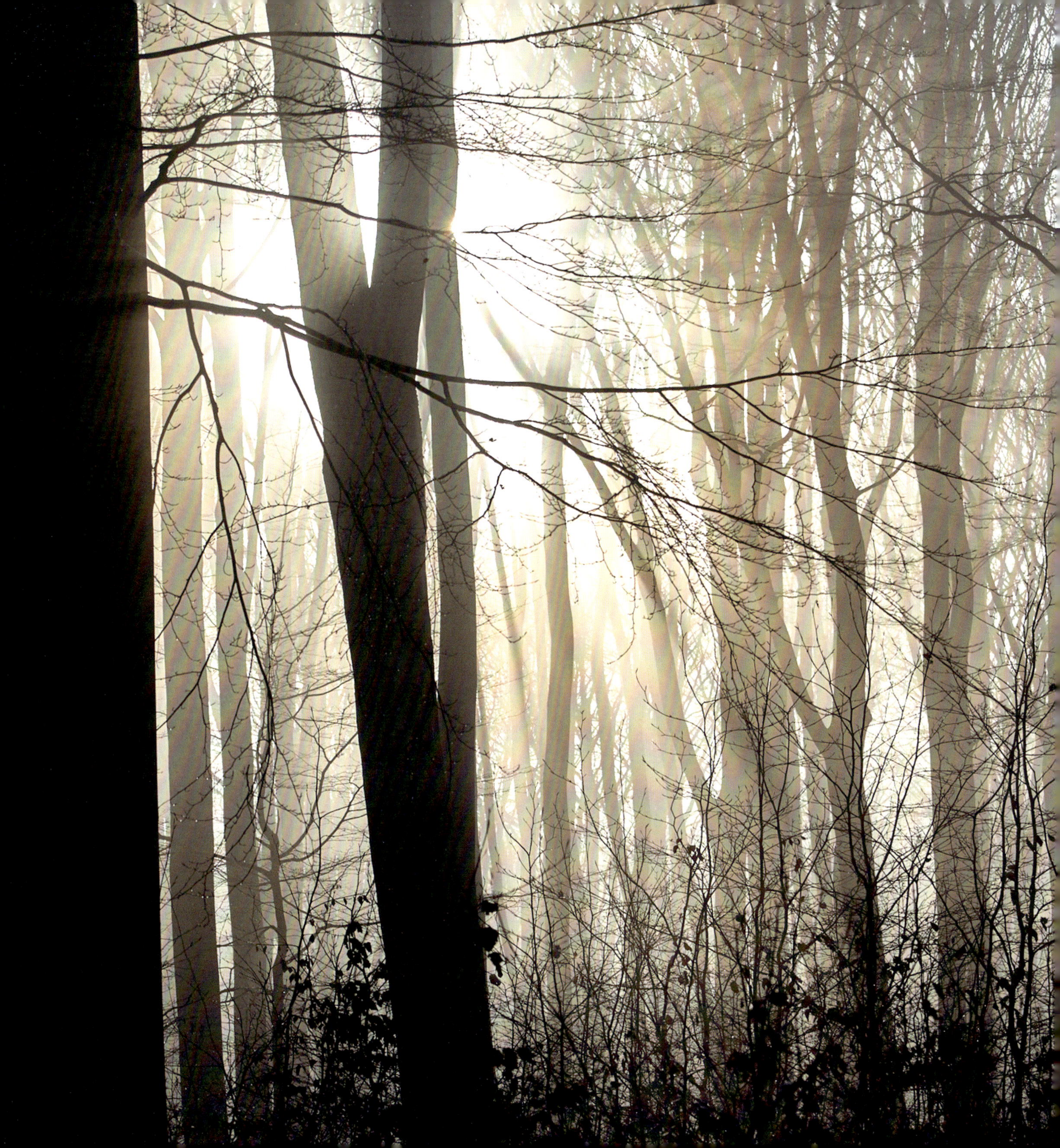

Die M auf der Nd verschieben, um die mittleren 7(9)9(7)7 Vorderteil-M stilllegen zu können. Die Hin-R beginnt nun nach den stillgelegten M.

Reihe 1 (Hin-R): 2 M abk – *re bis 3 M vor die Markierung str – 3 re verschr zus – 11 M im Muster str – 3 re zus*. Von * bis * str.
Die R re zu Ende str = 103(105)105(119)119 M.

Reihe 2: 2 M abk – li bis zur Markierung str – 11 M im Muster: *1 re – 1 li verschr*.
Von * bis * insg 5-mal str – 1 re – li bis zur Markierung str – 11 M im Muster: *1 re – 1 li verschr*. Von * bis * insg 5-mal str – 1 re – die R li zu Ende str = 101(103)103(117)117 M.

Das Muster und die Schulter-Abn weiter str wie bisher.
Weiterhin zu Beginn jeder R 2 M abk, bis beidseitig 4(4)4(5)5-mal abgekettet wurde = 65(67)67(69)69 M.

Letztes Abketten in der Hin-R: 1 M abk – 3 M re verschr zus str, bevor sie auch abgekettet werden – im Muster mit Schulter-Abn weiter str = 55(57)57(59)59 M.
Letztes Abketten in der Rück-R wie bisher str = 53(55)55(57)57 M.
Die Fäden nicht abschneiden.

HALSRAND

Zu Nd Nr. 5 wechseln.
Die stillgelegten 7(9)9(7)7 Vorderteil-M wieder auf die Nd setzen.

An der rechten Seite des Halsausschnittes beg (Hin-R): 1abhFh – 11 M im Muster str – 3 re zus – 23(25)25(27)27 re – 3 re verschr zus – 11 M im Muster str – 1 re – 10(10)10(12)12 M aus dem Vorderteil bis zu den Mittel-M heraus str – 7(9)9(7)7 re str – 10(10)10(12)12 M aus dem Vorderteil bis zu den Schultermaschen str = 76(80)80(84)84 M.
Wieder 1 re – 11 M im Muster wie bisher str.
Hier eine Markierung für den neuen Rd-Beginn setzen.

14 Rd im Rippenmuster str: *1 re verschr – 1 li*.
Von * bis * wdh.
Der Halsrand misst ca. 8 cm.
Alle M rechts abk.

FERTIGSTELLUNG

Die Ärmel in den Armausschnitten annähen.
Alle Fäden vernähen.

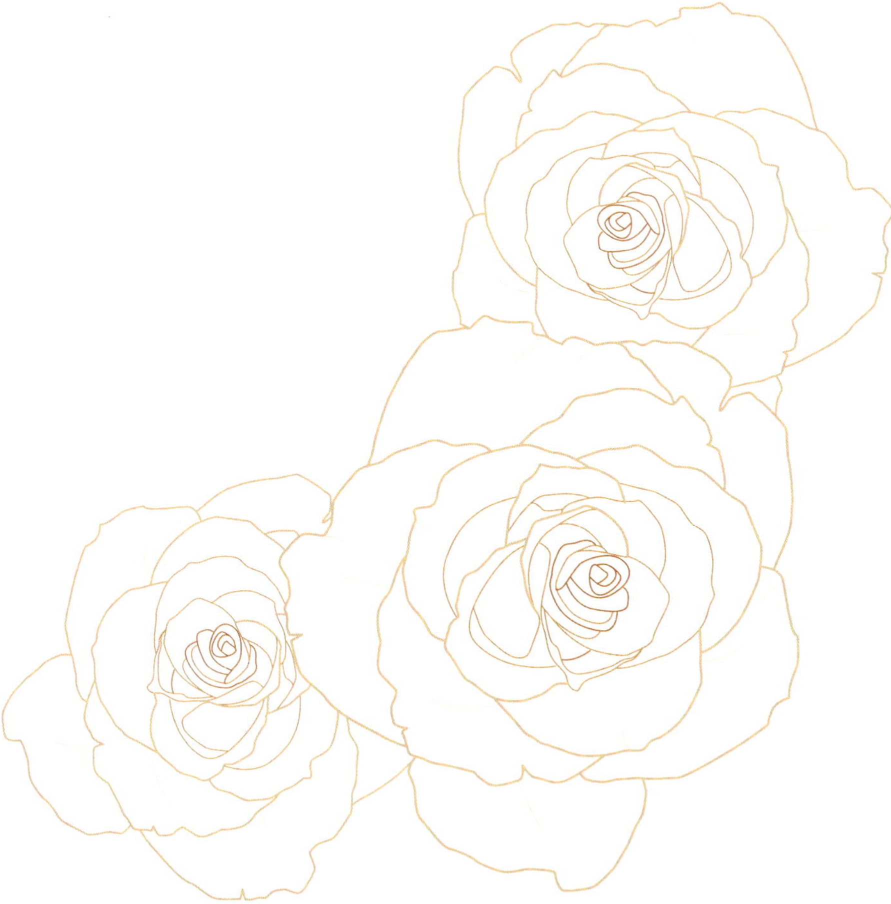

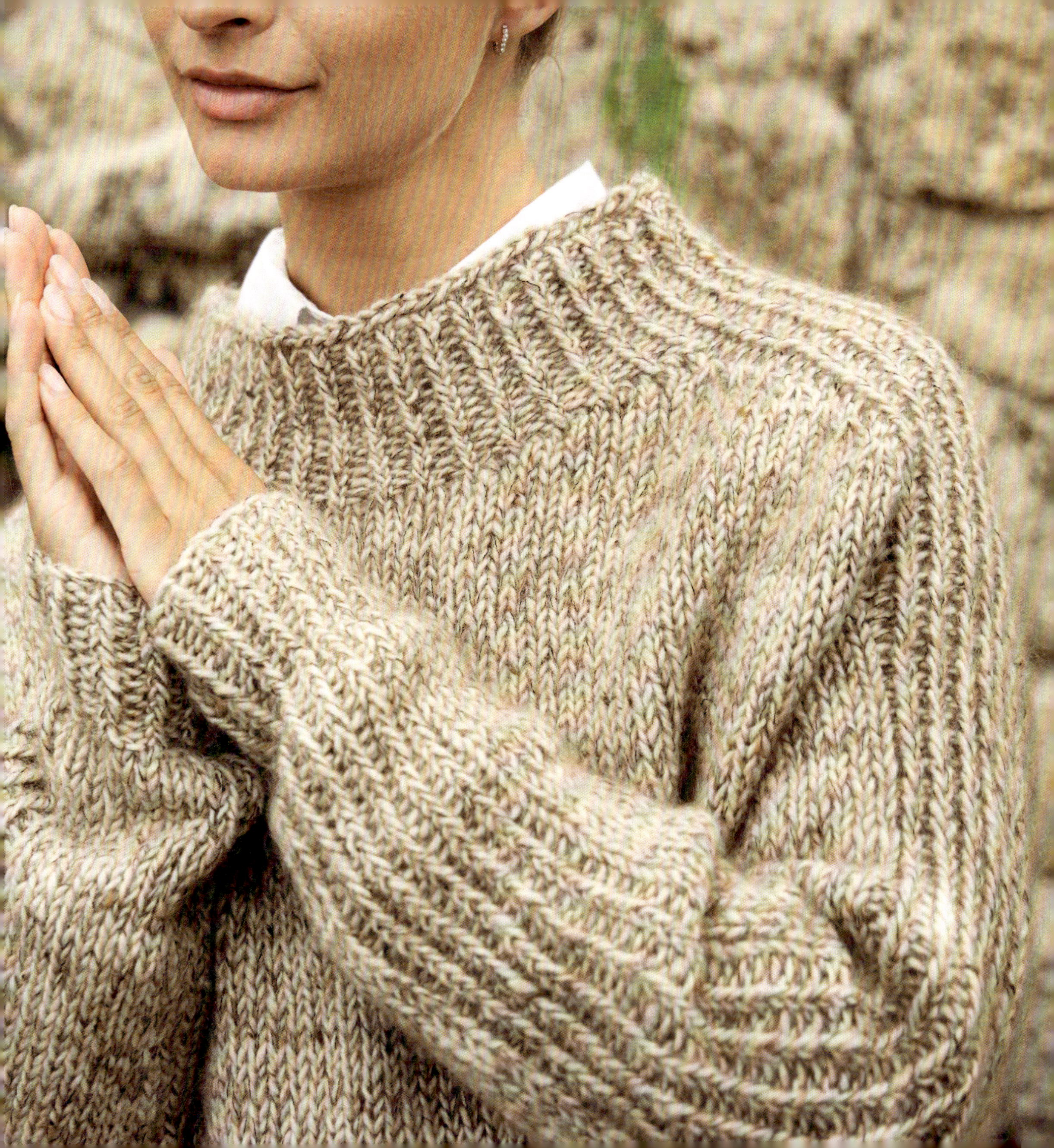

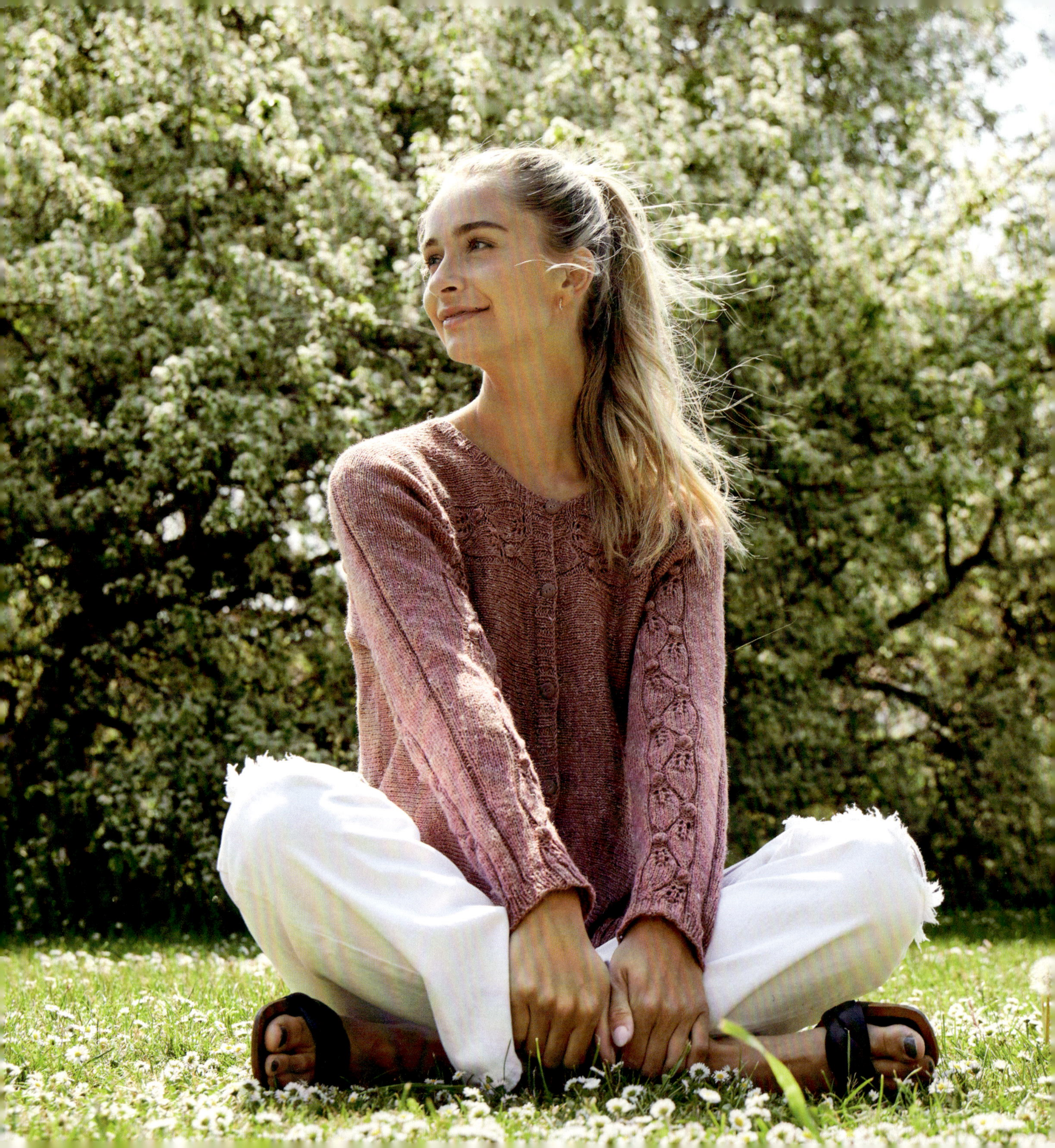

APFELBÄUME

Einige unserer dänischen Apfelsorten stammen von Fünen. Jeder, der einen Garten besitzt, hat schon mal einen oder mehrere Apfelbäume gehabt. Die Äpfel mit den Apfelkernen fallen zu Boden und wenn sie nicht von Schweinen oder Igeln gefressen wurden, wuchsen die Kerne heran und wurden zu neuen Bäumen. Trug der neue Baum gute Äpfel, wurde er auf den Baum des Nachbarn aufgepfropft und so hat man die Sorten verbessert und weiter entwickelt, bis man die Apfelbäume erhielt, die sich am besten für Apfelgrütze, Apfelmus oder als Speiseäpfel eigneten.

Entlang der stillgelegten Eisenbahnstrecke von Odense nach Assens wurden viele neue Apfelsorten gefunden. Von 1884 bis 1966 fuhren hier Züge und damals konnte man die Zugfenster noch öffnen. Wenn die Passagiere ihre Äpfel gegessen hatten, öffneten sie das Fenster und schmissen das Kerngehäuse hinaus. Dadurch entstand die Möglichkeit für die Entwicklung neuer Apfelsorten.

Gr.: S(M)L(XL)XXL
Halbe Oberweite: 48(52)56(60)64 cm
Länge: 57 cm
Ärmellänge ab Armausschnitt: 45(43)41(39)37 cm

Material
300(300)300(300)350 g Isager Merilin Farbe 70

6(6)6(6)7 Knöpfe

Rund- und Strumpfnadeln Nr. 3 und 3½

Maschenprobe glatt rechts mit Nd Nr. 3½: 10 cm = 22 M und 30 R

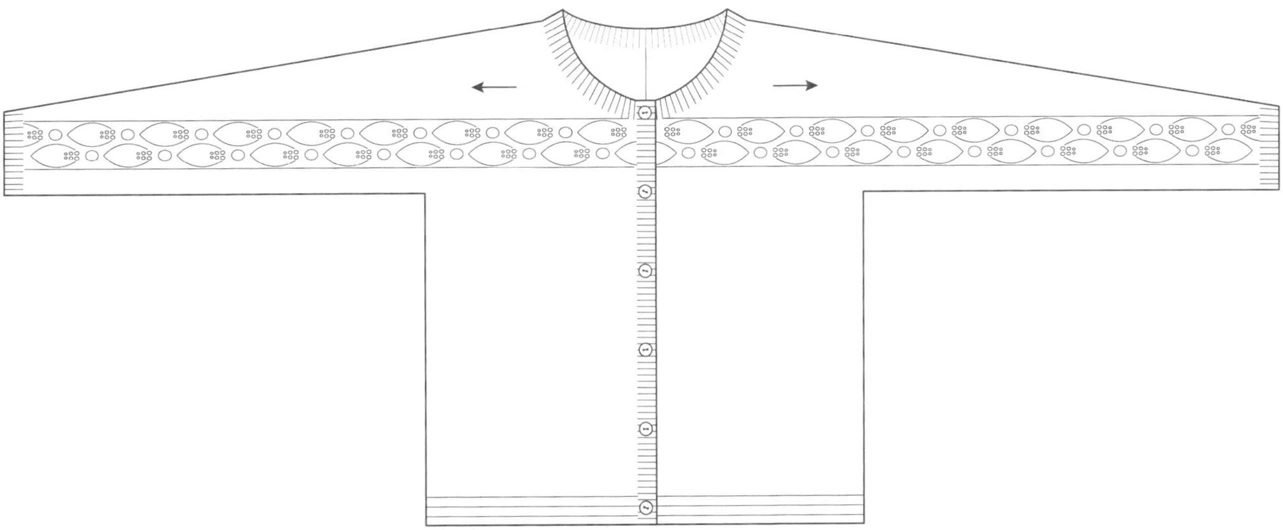

Die Jacke wird von der Rückenmitte nach außen in Richtung der Ärmel gearbeitet.

LINKER RÜCKEN

126 M mit Nd Nr. 3½ anschl.

In Reihen hin und her str.
In den Rück-R das Diagramm von links nach rechts str.
In den Hin-R das Diagramm von rechts nach links str.
Reihe 1 (Rück-R): 1abhFv (s. Abk.) – *2 li – 2 re*.
Von * bis * insg 3-mal str – 82(78)74(74)70 li – laut Diagramm str – 16(20)24(24)28 li – 1 re.
Reihe 2: 17(21)25(25)29 re – laut Diagramm str – 82(78)74(74)70 re – *2 li – 2 re*.
Von * bis * insg 3-mal str – 1 re.

Die Reihen 1 – 2 fortlaufend wdh und insg 23(25)27(27)29 R laut Diagramm str.
Die letzte R ist eine Rück-R.
Den Faden abschneiden und die M stilllegen.

LINKES VORDERTEIL

110(106)102(102)98 M mit Nd Nr. 3½ anschl.

In Reihen hin und her str.
Reihe 1 (Rück-R): 1 re – laut Diagramm str – 82(78)74(74)70 li – *2 re – 2 li*. Von * bis * insg 3-mal str – 1 re.
Reihe 2: 1abhFv – *2 re – 2 li*. Von * bis * insg 3-mal str – 82(78)74(74)70 re – laut Diagramm str – 1 re.

Die Reihen 1 – 2 wdh, bis insg 5 R gestr sind.
Die letzte R ist eine Rück-R.

Laut Diagramm weiter str und gleichzeitig Zun für den Halsausschnitt str.
Die äußerste M an der Halsseite in allen R re str.
Die übrigen neuen M in den Hin-R re und in den Rück-R li str.

Stricke Zunahmen (Hin-R): 1abhFv – *2 re – 2 li*. Von * bis * insg 3-mal str – 82(78)74(74)70 re – laut Diagramm str – aus der letzten Masche 2aus1M (s. Abk.) str = 111(107)103(103)99 M.

Die Zun am Ende jeder Hin-R noch weitere 2(2)2(2)3-mal str = 113(109)105(105)102 M.

Nun 5(4)4(4)2-mal am Ende jeder Hin-R 2 neue M anschl = 123(117)113(113)106 M.

1(3)3(3)4-mal am Ende jeder Hin-R 3 neue M anschl = 126(126)122(122)118 M.

Gr. L(XL)XXL:
1(1)2-mal am Ende jeder Hin-R 4 neue M anschl = 126 M.

Alle Gr.: Eine Rück-R str.

LINKE SCHULTER

Die 126 M der linken Rückenhälfte wieder auf eine Nd setzen.

Wie bisher über die 126 Vorderteil-M str – 10 neue M anschl – wie bisher über die 126 Rücken-M str = 262 M.

In Reihen hin und her str.
Reihe 1 (Rück-R): 1abhFv – *2 li – 2 re*.
Von * bis * insg 3-mal str – 82(78)74(74)70 li – laut Diagramm str – 21(25)29(29)33 li – 2 re – 21(25)29(29)33 li – laut Diagramm str – 82(78)74(74)70 li – *2 re – 2 li*.
Von * bis * insg 3-mal str – 1 re.

Reihe 2: 1 re – *2 re – 2 li*. Von * bis * insg 3-mal str – 82(78)74(74)70 re – laut Diagramm str – 21(25)29(29)33 re – 2 li – 21(25)29(29)33 re – laut Diagramm str – 82(78)74(74)70 re – *2 li – 2 re*.
Von * bis * insg 3-mal str – 1 re.

Die Reihen 1 – 2 wdh, bis insg 11(11)7(7)7 R gestr sind.
Die letzte R ist eine Rück-R.

Stricke Abnahmen (Hin-R): 1 re – *2 re – 2 li*. Von * bis * insg 3-mal str – 82(78)74(74)70 re – laut Diagramm str – 18(22)26(26)30 re – 2 re verschr str – eine Markierung setzen – 1 re – 2 li – 1 re – eine Markierung setzen – 2 re zus – 18(22)26(26)30 re – laut Diagramm str – 82(78)74(74)70 re – *2 li – 2 re*.
Von * bis * insg 3-mal str – 1 re = 260 M.

Laut Diagramm weiter str.
Die Abn in jeder 10.(8.)6.(6.)6. R wdh – immer 2 re verschr zus vor der ersten Markierung und 2 re zus nach der zweiten Markierung.
Weiter str, bis die Abn insg 3(4)6(7)7-mal gestr sind = 256(254)250(248)248 M.

Nach der letzten Abn noch 7(5)3(3)3 R str.
Die Schulter misst ca. 13(14)14(16)16 cm.

LINKRES SEITENTEIL

Über die ersten 88(84)80(80)76 M am Anfang der Nd 10(14)16(18)20 R im Muster wie bisher str.
Den Faden abschneiden.
Die M stilllegen.

Die mittleren 80(86)90(88)96 M für die Ärmel ebenfalls stilllegen.
Über die letzten 88(84)80(80)76 M auf der Nd 10(14)16(18)20 R im Muster wie bisher str.
Mit einer Hin-R beg.

Die ersten 88(84)80(80)76 M wieder auf eine Nd setzen.
Die 2 Seitenteile von der Innenseite zus str.
Dafür die Außenseiten aneinanderlegen und mit einer dritten Nd die gegenüberliegenden M zus str und gleichzeitig abk.
Den Faden abschneiden.

LINKER ÄRMEL

Die 80(86)90(88)96 Ärmel-M wieder auf eine Nd setzen.
Den Ärmel in Runden str.

8(10)12(13)15 M ab der Seitennaht bis zu den Ärmel-M heraus str – im Muster über die 80(86)90(88)96 Ärmel-M wie bisher str – 8(10)12(13)15 M bis zu der Seitennaht heraus str = 96(106)114(114)126 M.

Zur Runde schließen: 1 li – 14(16)18(19)21 re – laut Diagramm – 18(21)23(22)26 re – 2 li – 18(21)23(22)26 re – laut Diagramm – 14(16)18(19)21 re – 1 li.

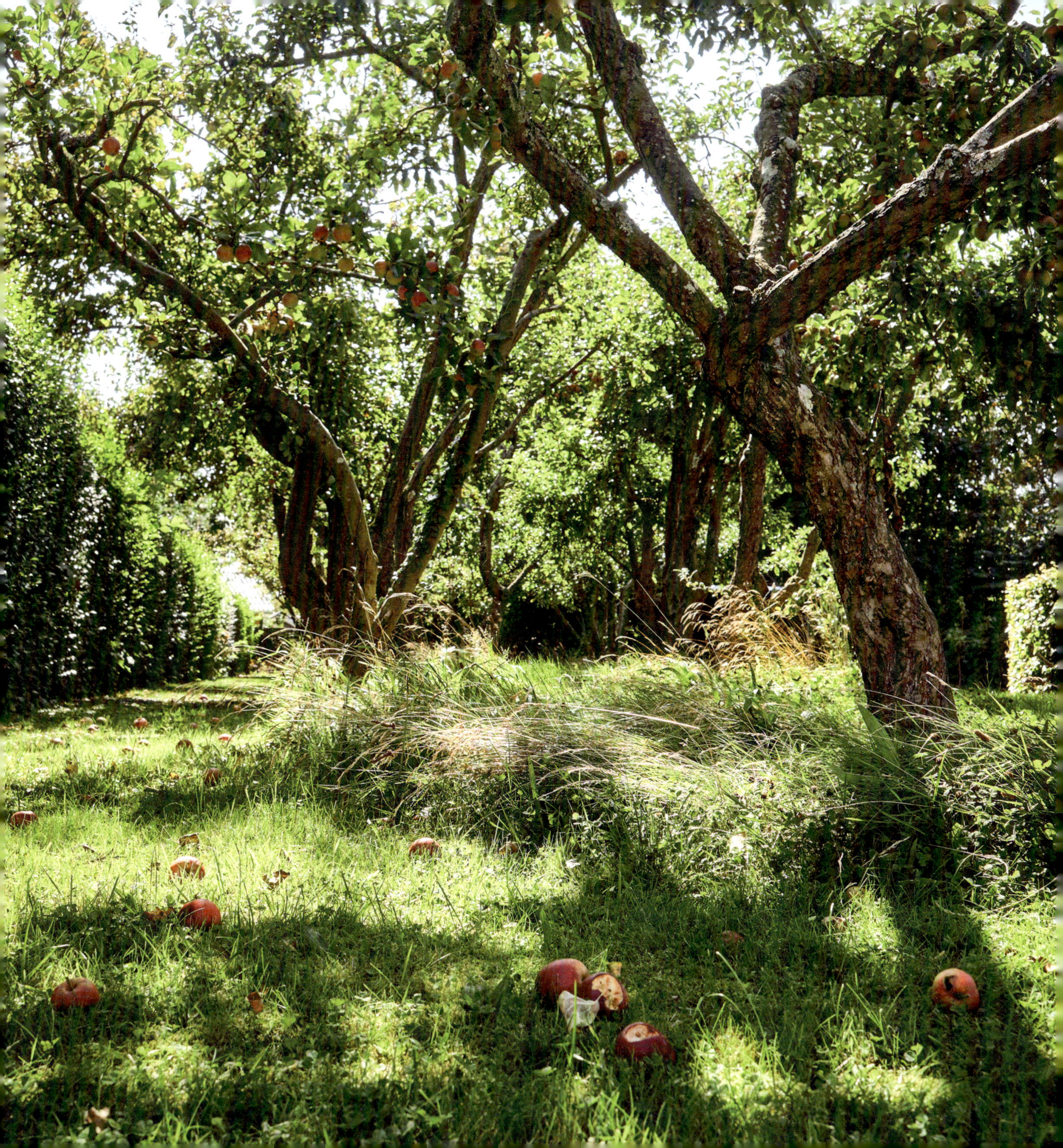

Das Muster und die Abn auf dem Ärmel fortsetzen, 2 re verschr vor der ersten Markierung und 2 re zus nach der 2. Markierung = 94(104)112(112)124 M.
9(7)5(5)5 Rd im Muster str.

Stricke doppelte Abn: 1 li – 1 re – 2 re zus – im Muster und mit den Abn auf dem Ärmel wie bisher bis zu den letzten 4 M str – 2 re verschr zus – 1 re – 1 li = 90(100)108(108)120 M.
9(7)5(5)5 Rd im Muster str.

Die Abn in jeder 10.(8.)6.(6.)6. Rd str.
Abwechselnd die Abn nur in der Ärmelmitte und doppelte Abn auf und unter dem Ärmel str, bis insg 7(8)6(7)6 doppelte Abn gestr sind = 54(58)78(72)90 M.

Gr. L(XL)XXL:
Nun in jeder 8.(8.)4. Rd abwechselnd die Abn nur auf dem Ärmel und doppelte Abn str, bis weitere 3(2)5 doppelte Abn gestr sind = 60 M.

Alle Gr.:
Weiter str, bis das Diagramm insg 8-mal gestr ist.
Weitere 10 Rd str.

Im Muster weiter str.
Gr. S: Eine Abn wie zuvor str, aber nur in der Ärmelmitte = 52 M.

Gr. (M): Eine Abn wie zuvor str, aber nur zu Beginn und am Ende der Rd = 56 M.

Gr. L: 1 li – 3 re zus – im Muster wie zuvor bis zu den letzten 4 M der Rd str – 3 re verschr zus – 1 li = 56 M.

Gr. (XL)XXL: Doppelte Abn wie zuvor str = 56 M.

Alle Gr.:
Zu Strumpf-Nd Nr. 3 wechseln.

6 Rd str: *1 li – 1 re*.
Von * bis * insg 4(4)4(5)5-mal str.
2 li – 2 re str. Von * bis * insg 3-mal str – 2 li – 1 re – *1 li – 1 re*.
Von * bis * insg 1(2)2(1)1-mal str – 2 li (Ärmel-Mitte) – *1 re – 1 li*.
Von * bis * insg 1(2)2(1)1-mal str – 1 re – 2 li – *2 re – 2 li*. Von * bis * insg 3-mal str – *1 re – 1 li*. Von * bis * insg 4(4)4(5)5-mal str.

Alle M im Muster abk.

RECHTES VORDERTEIL

110(106)102(102)98 M mit Nd Nr. 3½ anschl.

In Reihen hin und her str.
Reihe 1 (Rück-R): 1abhFv – *2 li – 2 re*.
Von * bis * insg 3-mal str – 82(78)74(74)70 li – die 13. Diagramm-R str – 1 re.
Reihe 2: 1 re – 14. Diagramm-R str – 82(78)74(74)70 re – *2 li – 2 re*.
Von * bis * insg 3-mal str – 1 re.

Die Reihen 1 – 2 wdh und laut Diagramm str, bis insg 4 R gestr sind.
Die letzte R ist eine Hin-R.

Laut Diagramm weiter str und gleichzeitig Zun für den Halsausschnitt str.
Die äußerste M an der Halsseite in allen R re str.
Die übrigen neuen M in den Hin-R re und in den Rück-R li str.

3(3)3(3)4-mal aus der letzten M jeder Rück-R 2aus1M str = 113(109)105(105)102 M.

5(4)4(4)2-mal am Ende jeder Rück-R 2 neue M anschl = 123(117)113(113)106 M.

1(3)3(3)4-mal am Ende jeder Rück-R 3 neue M anschl = 126(126)122(122)118 M.

Gr. L(XL)XXL:
1(1)2-mal am Ende jeder Rück-R 4 neue M anschl = 126 M.

Alle Gr.:
Nach der letzten Zun noch 2 R str.

RECHTER RÜCKEN

126 M mit Nd Nr. 3½ aus der Anschlagreihe der linken Rückenhälfte heraus str.

In Reihen hin und her str.
Reihe 1 (Rück-R): 1 re – 16(20)24(24)28 li – die 11. Diagramm-R str – 82(78)74(74)70 li – *2 re – 2 li*. Von * bis * insg 3-mal str – 1 re.
Reihe 2: 1abhFv – *2 re – 2 li*.
Von * bis * insg 3-mal str – 82(78)74(74)70 re – die 12. Diagramm-R str – 17(21)25(25)29 re.

Die Reihen 1 – 2 fortlaufend wdh und insg 25(27)29(29)31 R laut Diagramm str.
Die letzte R ist eine Rück-R.

RECHTE SCHULTER, SEITENTEIL UND ÄRMEL

Die 126 M des rechten Vorderteils wieder auf eine Nd setzen.

Wie bisher und laut Diagramm über die 126 Rücken-M str – 10 neue M anschl – weiter wie bisher und laut Diagramm über die 126 Vorderteil-M str = 262 M.

Fertig str wie an der linken Schulter und dem linken Seitenteil.
Den Ärmel wie den linken Ärmel str.

HALSRAND

Rund um den Halsausschnitt M mit Nd Nr. 3 heraus str.
27(31)35(35)39 M aus dem rechten Halsausschnitt bis zur Schulternaht str – 2 M aus der Schulternaht str – 46(46)50(50)54 M aus dem Rücken bis zur anderen Schulternaht str – 2 M aus der Schulternaht str – 27(31)35(35)39 M aus dem linken Halsausschnitt str = 104(112)124(124)136 M.

Reihe 1 (Rück-R): 1 re – *2 li – 2 re*.
Von * bis * wdh. Ende mit 2 li – 1 re.
Reihe 2: 3 re – *2 li – 2 re*. Von * bis * wdh. Ende mit 1 re.
Die Reihen 1 – 2 wdh, bis insg 6 R gestr sind.
In der Rück-R im Rippenmuster abk.

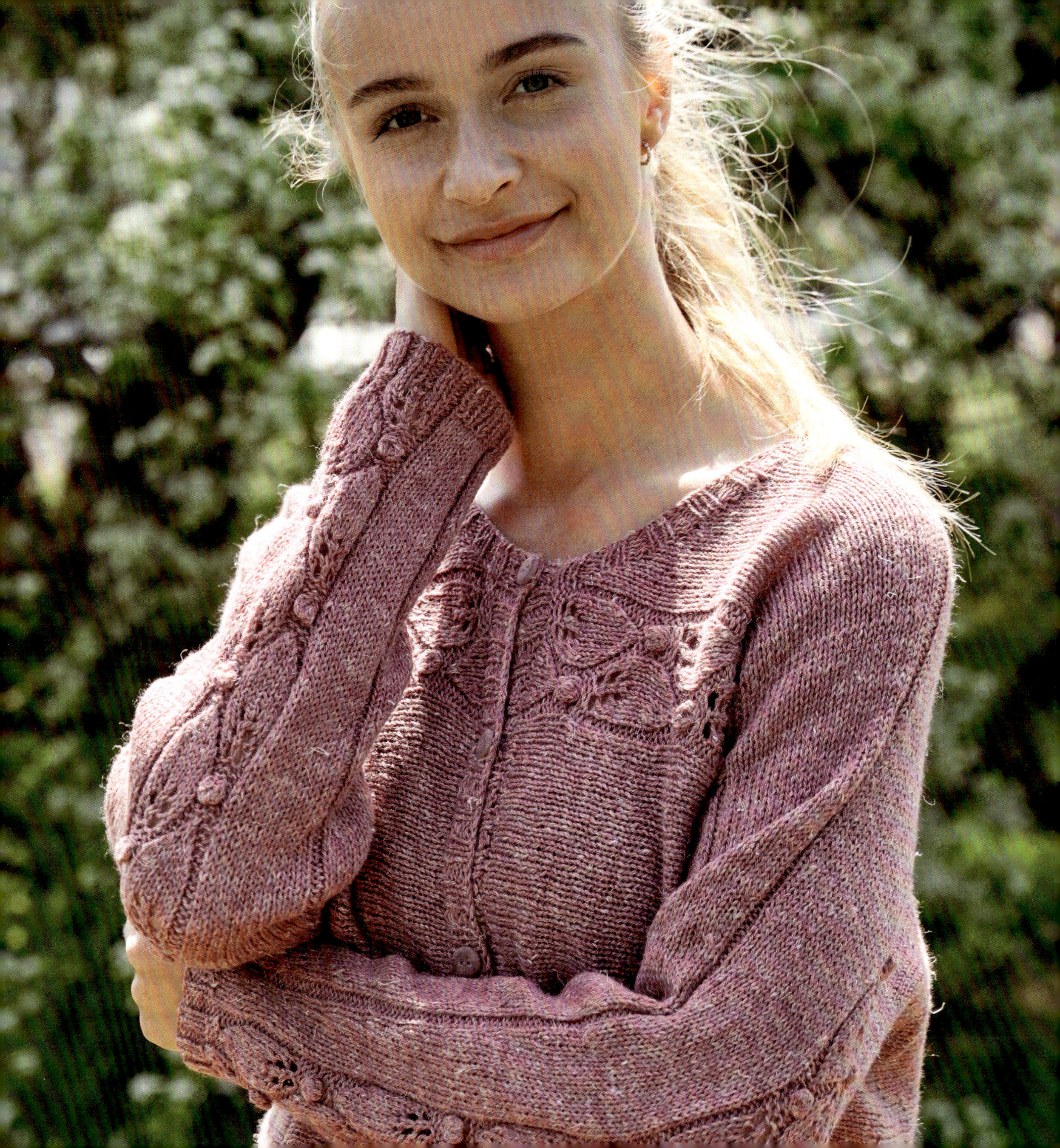

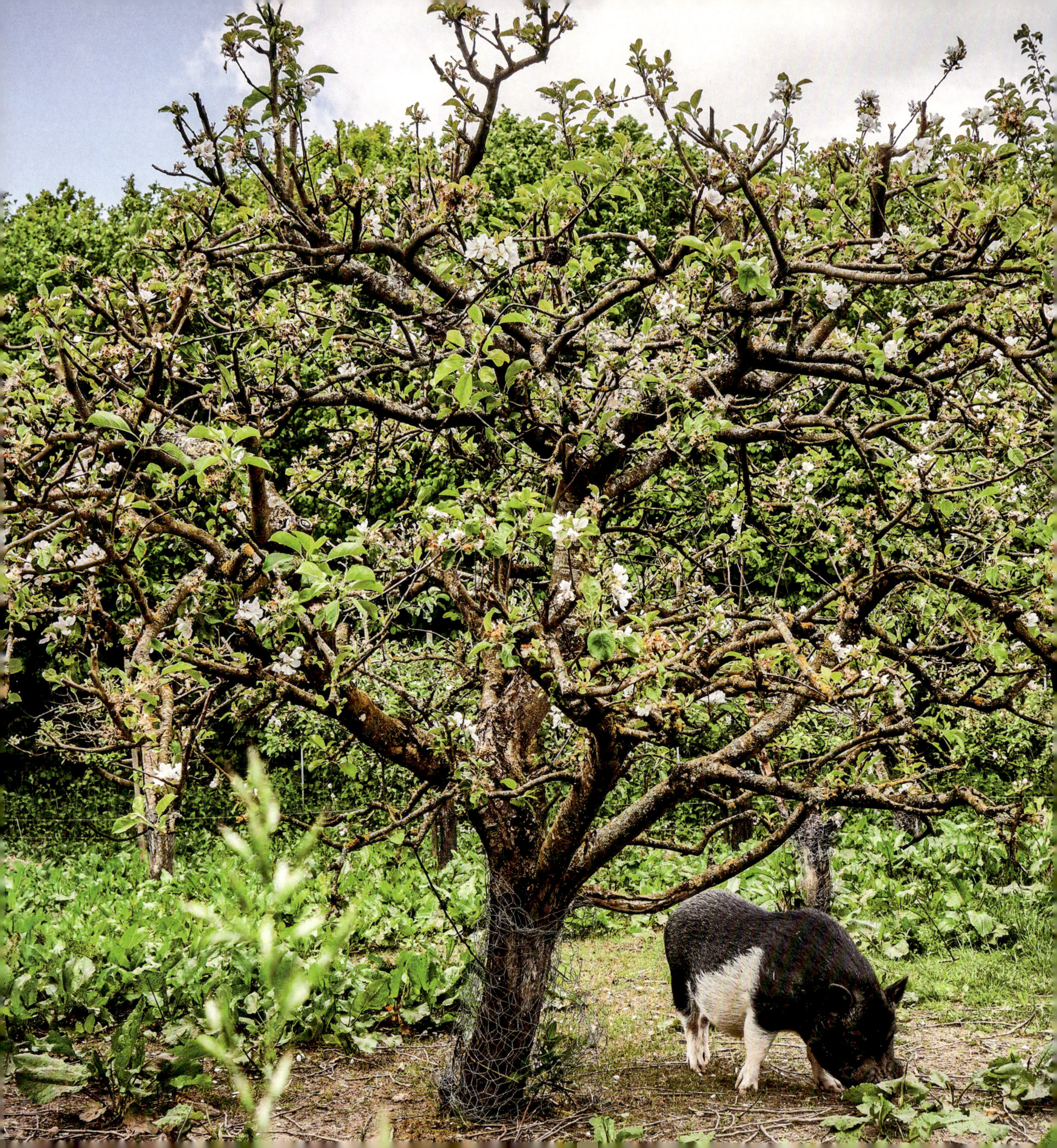

RECHTER VORDERRAND

Von der Außenseite M mit Nd Nr. 3 heraus str. 13 M aus dem unteren Rippenrand str – 82(78)74(74)70 M am Vorderteil bis zum Diagramm str – 14 M aus dem Diagramm str – 7 M aus dem Halsrand str = 116(112)108(108)104 M.

Reihe 1 (Rück-R): 1abhFv – *2 li – 2 re*.
Von * bis * wdh. Ende mit 2 li – 1 re.
Reihe 2: 1abhFv – 2 re – *2 li – 2 re*.
Von * bis * wdh. Ende mit 1 re.
Reihe 3: Wie Reihe 1 str.
Reihe 4 mit Knopfloch: 1abhFv – 10(6)2(2)2 M in Rippen – *2 re verschr zus – 2 neue M anschl – 2 re zus – 16(16)16(16)12 M in Rippen*.
Von * bis * wdh. Ende mit 2 re verschr zus – 2 neue M anschl – 2 re zus – 1 re.

Reihe 5 – 6: Wie Reihe 1 – 2 str.
In der Rück-R alle M im Rippenmuster abk.

LINKER VORDERRAND

Von der Außenseite M mit Nd Nr. 3 heraus str. 7 M aus dem Halsrand str – 14 M aus dem Diagramm str – 82(78)74(74)70 M aus dem Vorderteil bis zum unteren Rand str – 13 M aus dem unteren Rippenrand str = 116(112)108(108)104 M.

Reihe 1 – 6: Wie Reihe 1 – 2 am rechten Vorderrand str.
In der Rück-R alle M im Rippenmuster abk.

FERTIGSTELLUNG

Alle Fäden vernähen und die Knöpfe annähen.

DIAGRAMM

☐ = in den Hin-R re, in den Rück-R li str

■ (rosa) = in den Hin-R li, in den Rück-R re str

// = 2 re zus

\\ = 2 re verschr zus

⅄ = 3 re zus, dafür 2 M re abh, die nächste M str, die zwei M zurück über die gestr M heben

∩ = Umschlag

// (rosa) =2 li zus

O = 1 neue li (s.Abk.)

■ (dunkel) = Noppe: 5 M aus der nächsten M str, dafür 1 re str und die M nicht von der linken Nd heben, U, 1 re aus derselben M str und die M nicht von der linken Nd heben, U, 1 re aus derselben M str. Nun die M von der Nd heben. Wenden, 5 li, wenden 5 re, wenden, 5 li, wenden. Stricke 2 re verschr zus, 3 re zus, die 2 zus gestr M zurück über die 3 zus gestr M heben = 1 M

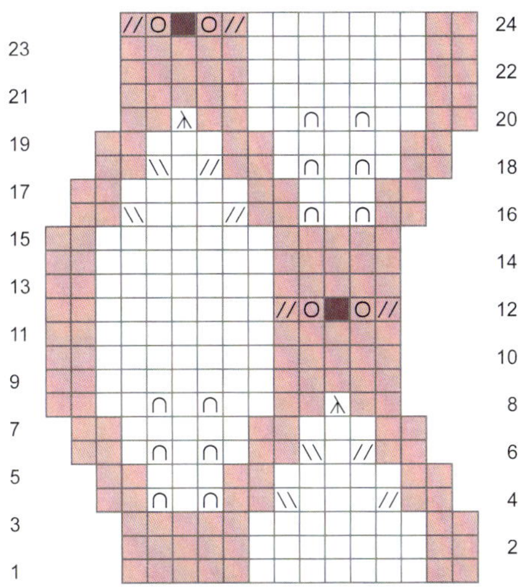

Liebe Leserinnen und Leser,

wir freuen uns, dass Sie unser Buch in den Händen halten.
Ihre Meinung ist uns sehr wichtig und von entscheidender
Bedeutung für die Weiterentwicklung unserer Arbeit.
Dabei hilft uns Ihr Feedback. Sagen Sie uns, was Sie bewegt und
was Sie sich wünschen.

Vielen Dank für Ihre Unterstützung!

Erfahren Sie mehr über unser Qualitätsversprechen:
www.lv-buch.de/qualitaetsversprechen

Schicken Sie Ihr
Feedback an
buch@lv.de

IMPRESSUM

Herausgeber:
Annette Danielsen I www.annetted.dk

Originaltitel:
Fynsk Forår
August 2022

Strickdesign:
Annette Danielsen | www.annetted.dk | www.facebook.com/AnnetteDStrik

Übersetzung:
Dörte Dietrich, www.wollwerkstatt-kiel.de

Styling:
Gitte Damgaard Nielsen

Modell:
Asta Paludan

Modellfotos:
Sanne Berg | www.sanneberg.dk

Inspirationsfotos:
Annette Danielsen

Fotos auf Seite 23, 26, 37 und 40:
Knud Mortensen

Fotos auf Seite 67:
Lennart Larsen, Nationalmuseum
Ausschnitt der Malerei auf Seite 59 von Johannes Larsen

Gestaltung:
Randi Schmidt | www.randis.dk

Druck:
Grafisches Centrum Cuno, Calbe

ISBN:
978-3-7843-5754-6

annette d

RANDIS.DK

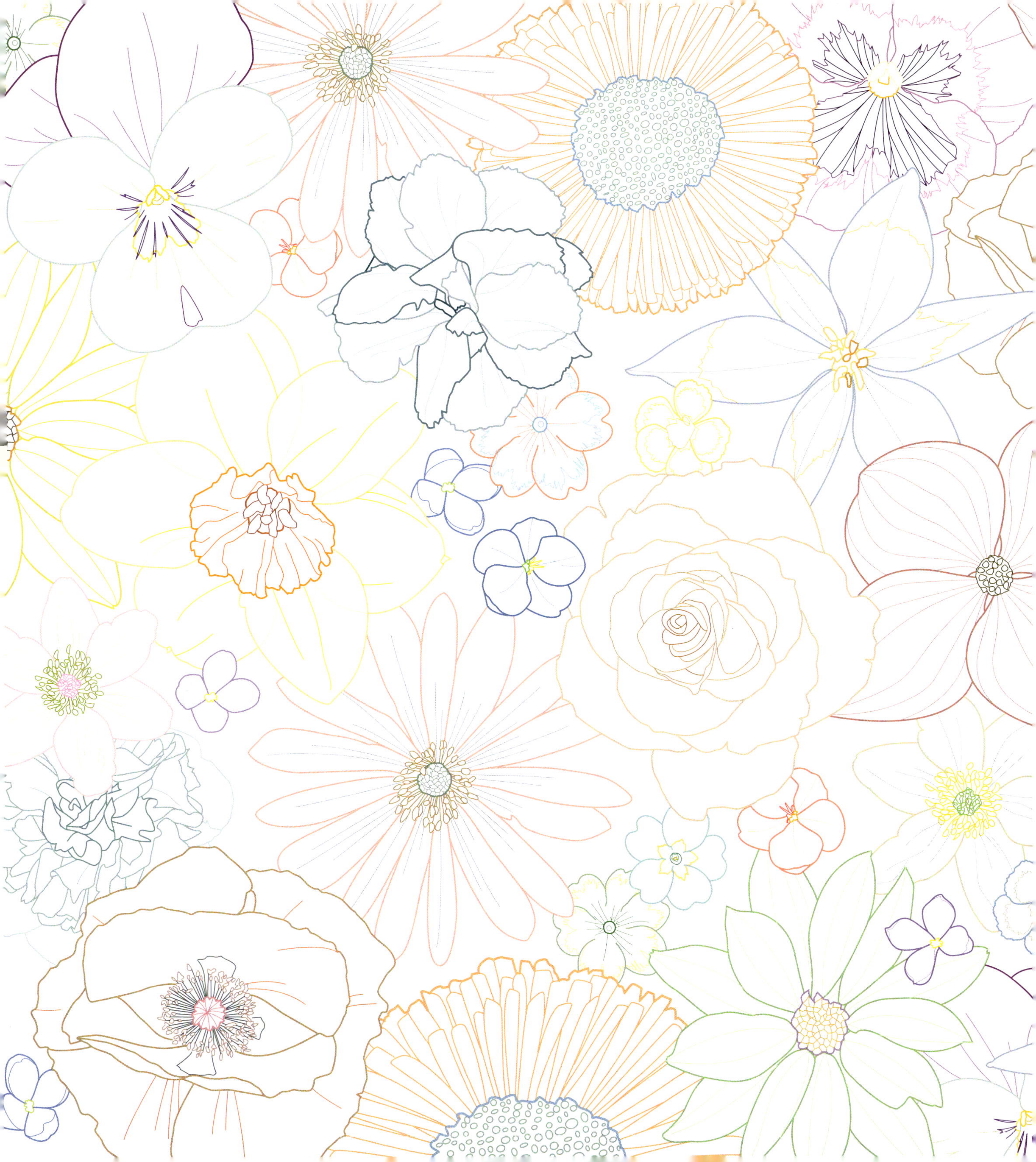

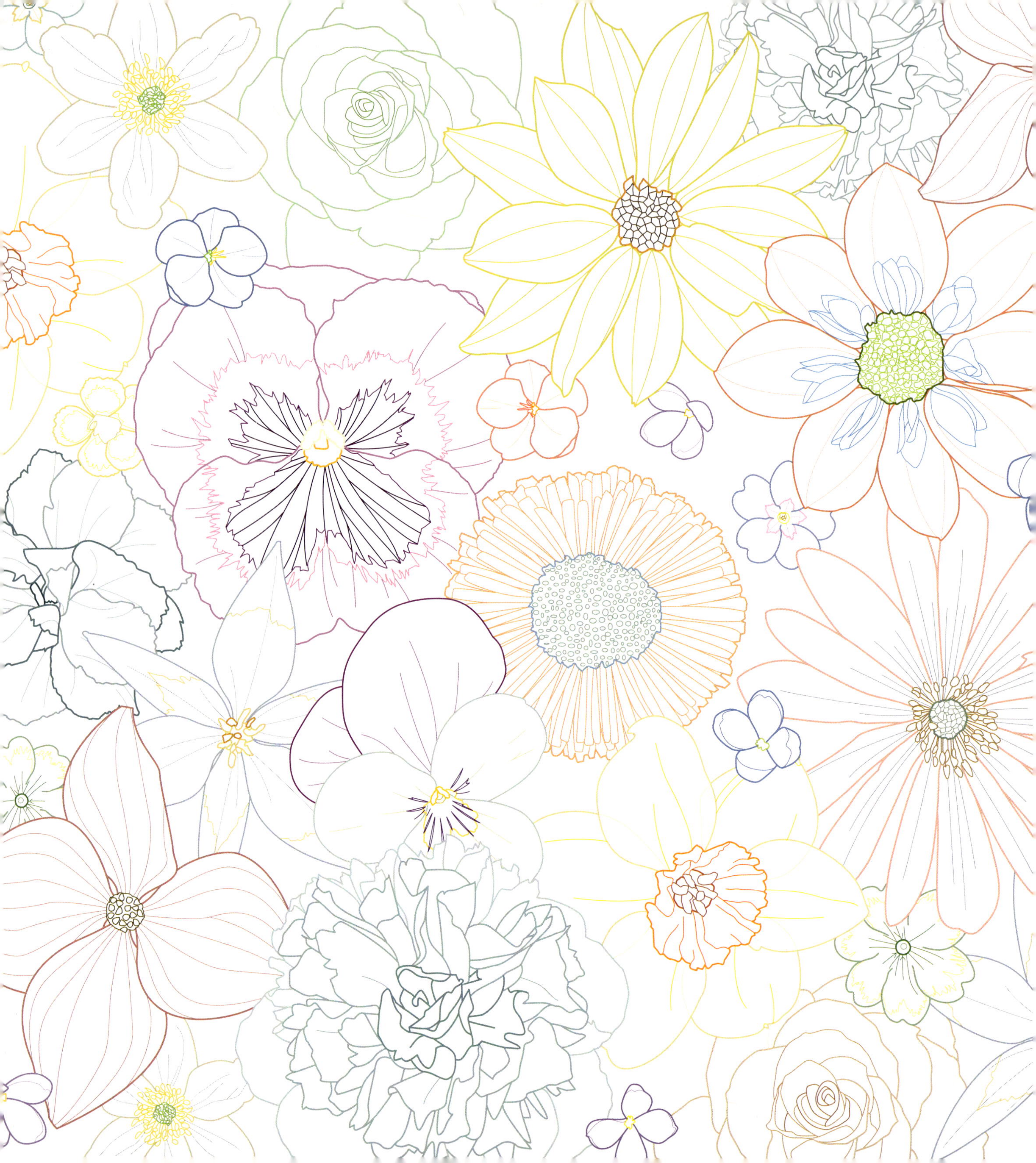